21世纪高等学校旅游管理专业本科教材

旅游法教程

（第二版）

TOURISM LAW COURSE

杨富斌◎主编

王天星　申海恩　汪传才◎副主编

中国旅游出版社

目 录

第一章 旅游法概论 ... 1
- 第一节 旅游法的产生、发展及其社会作用 ... 1
- 第二节 我国旅游法概述 ... 8
- 第三节 学习和研究旅游法的目的与方法 ... 17
- 【思考题】 ... 19

第二章 旅游者权益保护法律制度 ... 20
- 第一节 公民旅游权 ... 20
- 第二节 旅游者的概念及其法律地位 ... 22
- 第三节 旅游者合法权益的保护 ... 30
- 【思考题】 ... 36

第三章 旅游促进法律制度 ... 37
- 第一节 旅游促进政策 ... 37
- 第二节 旅游形象宣传 ... 41
- 第三节 旅游公共信息服务 ... 42
- 第四节 旅游应急救援服务 ... 44
- 第五节 旅游基础设施 ... 45
- 第六节 旅游人才队伍建设制度 ... 47
- 【思考题】 ... 48

第四章　旅游规划法律制度 …… 49
第一节　旅游规划的含义和体系 …… 49
第二节　旅游发展规划 …… 55
第三节　旅游功能区规划 …… 58
第四节　旅游资源管理制度 …… 61
【思考题】 …… 65

第五章　旅行社法律制度 …… 66
第一节　旅行社概述 …… 66
第二节　旅行社的设立 …… 70
第三节　旅行社的经营管理制度 …… 73
【思考题】 …… 82

第六章　导游人员法律制度 …… 83
第一节　导游人员概述 …… 83
第二节　导游人员的管理 …… 90
第三节　导游人员的权利和义务 …… 91
【思考题】 …… 96

第七章　旅游安全法律制度 …… 97
第一节　政府的旅游安全保障职责 …… 97
第二节　旅游经营者的安全保障职责 …… 104
第三节　旅游者与旅游安全 …… 111
【思考题】 …… 113

第八章　涉外旅游监管法律制度 …… 114
第一节　旅游者出入境监管 …… 114
第二节　旅游者出入境的权利和义务 …… 123
第三节　外国旅游者在华旅游管理制度 …… 125

第四节　出入境检查、检疫法律制度 128
　　【思考题】 132

第九章　旅游饭店法律制度 133
　　第一节　旅游饭店基本制度 133
　　第二节　旅游饭店标准化服务制度 136
　　第三节　旅游饭店监管制度 139
　　第四节　旅游饭店与旅客之间的权利义务关系 141
　　【思考题】 147

第十章　旅游景区法律制度 148
　　第一节　旅游景区概述 148
　　第二节　旅游景区质量等级的划分与评定 150
　　第三节　旅游景区监管制度 152
　　第四节　旅游景区与游客之间的权利义务关系 162
　　【思考题】 169

第十一章　旅游新业态法律制度 170
　　第一节　民俗和乡村旅游经营法律制度 170
　　第二节　高风险旅游监管法律制度 173
　　第三节　网络旅游经营监管法律制度 176
　　【思考题】 182

第十二章　旅游经营法律制度 183
　　第一节　旅游经营的一般原则 183
　　第二节　旅游经营的具体规则 187
　　第三节　委托经营的连带责任 194
　　第四节　经营者的报告义务 195
　　【思考题】 197

第十三章　旅游合同法律制度·····················198
   第一节　旅游合同概述························198
   第二节　旅游合同的订立与履行················202
   第三节　旅游合同的效力······················210
   第四节　旅游合同的变更、转让与解除··········214
   第五节　旅游合同的违约责任··················218
   【思考题】····································222

第十四章　旅游纠纷解决法律制度·················223
   第一节　旅游纠纷概述························223
   第二节　旅游纠纷的协商与调解················227
   第三节　旅游投诉及其解决方式················230
   第四节　旅游纠纷的仲裁······················232
   第五节　旅游诉讼····························236
   【思考题】····································240

后　　记···241

再版后记···243

第一章

旅游法概论

旅游法是随着旅游市场经济的发展和旅游法制的发展，于20世纪中叶以来在西方国家逐步发展起来的一门产业法。我国旅游法的产生是改革开放以来逐步发展起来的。直到2013年4月25日全国人大常委会通过并颁布《中华人民共和国旅游法》（以下简称《旅游法》），并于同年10月1日开始施行，旅游法律体系在我国逐步健全。任何国家和地区，要想保持旅游业持续健康发展，就必须建立和健全旅游法律制度。当前我国正在大力推进全域旅游，旅游业正在成为国民经济发展的支柱性产业和人民群众满意的现代服务业。在这一大背景下，学习和贯彻落实我国旅游法和相关法律制度，对我国依法兴旅和依法治旅，保护旅游者合法权益，促进旅游业可持续健康发展，具有极其重要的现实意义。

第一节　旅游法的产生、发展及其社会作用

要全面系统地学习和掌握旅游法，首先必须了解旅游法的概念、特征及其社会作用，以及旅游法的产生、发展概况及其未来发展趋势。

一、旅游法的概念、特征及其社会作用

（一）旅游法的概念

旅游法的概念有广义和狭义之分。一般而言，广义的旅游法是指调整一个国家或地区旅游活动领域中发生的各种社会关系的法律规范的总称。就我国而言，广义的旅游法应当包括全国人民代表大会及其常务委员会制定的同旅游有关的所有法律；国务院制定的所有旅游行政法规；国家旅游行政主管部门制定的所有部门规章；以及所有地方性旅游法规和我国政府缔结、承认的国际旅游公约和规章等。

狭义的旅游法指各国或各地区立法机构通过法定程序制定和实施的旅游法律制度，它通常规定了一个国家或地区发展旅游业的根本宗旨、基本原则和旅游活动各主体的权利和义务、旅游监管部门的职能等。各个国家和地区对狭义的旅游法的称呼并不相同，有的国家和地区称之为"旅游基本法"，如日本、巴西、墨西哥等；

有的国家称之为"旅游促进法",如美国等;而有的国家则直接称之为"旅游法",如中国、意大利、西班牙、越南、老挝、柬埔寨等。也有的国家和地区称之为"旅游振兴法",如韩国等。法国则称其旅游法为"旅游法典"。

(二)旅游法的特征

由于各国和各地区对旅游法概念的含义理解和解说不同,对旅游法特征的理解和概括也不尽相同。综合各国旅游法的总体情况,我国学者通常把旅游法的特征概括为以下几点。

(1)旅游法通常是一个国家或地区为保障旅游者和旅游经营者的合法权益,规范旅游市场秩序,保护和合理利用旅游资源,促进旅游业持续健康发展的法律。简言之,旅游法是保护旅游者和旅游经营者的合法权益,规范和发展旅游市场秩序的专门法或产业法。

(2)旅游法调整的对象是在旅游活动中形成的带有旅游特点或者体现旅游活动特点的社会关系。这些社会关系主要包括旅游者与旅游经营者之间的关系,不同的旅游经营者如旅行社与旅游辅助服务人(如景区、饭店、航空公司、铁路、公路等)间的关系,以及旅游者、旅游经营者与旅游监管部门之间的关系等。我国旅游法所调整的主要社会关系包括:国家旅游行政管理机关与旅游经营者之间的关系;旅游者与旅游经营者之间、旅游经营者与相关部门之间及不同旅游经营者相互之间的关系;旅游企业内部的关系和具有涉外因素的法律关系。

(3)旅游法既是带有强烈行政法特点的民事法律关系,同时又是涉及多种法律关系的综合法。因此,在通常的旅游综合立法体系中,往往涉及旅游者的权利和义务问题、旅游规划和促进的问题、旅游经营的相关问题、旅游服务合同的相关问题、旅游安全和旅游监管的相关问题,以及旅游救济和法律责任的相关问题。因此,旅游法的内容往往包含旅游资源保护、旅游促进、旅游发展规划、旅游综合协调机制、旅游市场规范和旅游纠纷解决等多方面的问题。

(三)旅游法的社会作用

从总体上看,一个国家和地区的旅游法的建立和健全,对于促进各国、各地区的旅游活动持续健康发展具有极其重要的作用。概括来说,这些作用大体包括如下几点。

(1)通过制定和实施旅游法律制度,可以对旅游业的发展进行宏观规制与调控,可以促进旅游业的持续健康发展,进而促进整个国家、地区和整个人类社会旅游业的发展,从而有利于促进社会和谐发展和国民生活质量的提高。任何国家和地区都可以通过制定和实施旅游法律制度和其他相关的规范性文件,确定该国家和地区旅游业发展的基本原则、基本方针和基本的产业政策,对旅游业的经营活动和旅游者的旅游活动进行有效的宏观调控,从而把旅游业和旅游活动纳入整个社会和经济发展规划之中，使旅游业的发展能够发挥促进经济和社会发展，以及促进国民生活质量和幸福指数逐步提高的作用。就我国而言，制定和实施旅游法律制度，有利于我国社会主义旅游市场经济的良性发展，有利于我国生产方式转型和发展模式的优化，有利于促进劳动力就业，有利于规范我国旅游市场秩序，促进我国旅游业持续健康发展，同时有利于促进我国的国际交往，协调国内外关系，完善我国相关法律制度等。

（2）通过制定和实施旅游法律制度，明确旅游经营者和旅游者的权利、义务和责任，可以有效地保护和规范旅游经营者和旅游者的合法权益。对不法旅游经营者的经营活动、合法旅游经营者的不法经营活动、旅游者的旅游权利、休闲权利、旅游者的合法权益等进行明确的规定，可对这些活动进行有效的法律保护，规范旅游经营者的经营行为和旅游监管者的监管行为，对旅游者合法合理的维权也有重要的规范作用，同时有利于旅游监管部门和司法机关依法调解、仲裁和通过司法程序解决旅游纠纷等。

（3）通过制定和实施旅游法律制度，可以为一个国家和地区的旅游业发展创设良好的法律环境和社会秩序，把旅游业和旅游活动纳入正常的法治轨道。既可规范各种社会组织对公民旅游权的维护和职工旅游权、休闲权的行使，也可保障旅游经营主体和旅游者在法律的范围内从事自己的活动，各享其权、各尽其责、各得其利，从而在根本上保证旅游活动的正常秩序，保障旅游资源的开发、利用、规划和保护有法可依，保障旅游安全、旅游救济和旅游监管有法可依，为旅游业的健康和可持续发展奠定良好的法律制度基础。

（4）通过制定和实施旅游法律制度，可以促进一个国家和地区建立和健全自己的法律体系，形成比较完备的法律制度。市场经济是法治经济，而完备的法治必须以完备的法制即法律制度为前提。在当今世界市场经济充分发展的大背景下，在经济全球化日益普遍化的今天，一个国家或地区是否有相对完善的法律制度，是衡量一个国家是否为法治国家的重要标志。到2010年年底，我国已经形成和建立相对完备的社会主义法律制度体系，而2013年4月25日通过、2013年10月1开始施行的《旅游法》无疑也是我国社会主义法律制度的有机组成部分。这部旅游基本法的制定和实施，极大地促进了我国社会主义法律制度的完善和发展，全面推动了我国向社会主义法治国家迈进的步伐。同时，我国《旅游法》的制定和实施也是对世界旅游法律制度的推动和贡献。

二、旅游法的产生及其在我国的发展

（一）旅游法在我国的产生及发展阶段

从世界范围来看，"旅游法"的概念产生于20世纪五六十年代。最早是在英美等旅游业相对发达、旅游法制较早的国家提出来的。我国旅游法制的发展，在改革开放之前基本上处于空白状态。随着我国改革开放和社会主义法制的发展，旅游法制建设工作才被逐渐地提到议程。

（1）1978—1989年是我国旅游法制建设的起步阶段。在这一阶段里，我国旅游业开始作为一种产业逐步发展起来，国家着力从宏观调控的高度为旅游业的发展理顺关系，从各个具体环节上对旅游业给予扶持。随着我国社会主义法治建设的整体发展，国家对旅游业也逐步地通过立法形式予以调整和监管。1985年，国务院制定和实施了《旅行社管理暂行条例》，这是我国第一个规范旅游业的单行法规，它的制定和颁布实施，标志着我国旅游法制建设开始起步，并迈上一个新台阶。2009年2月20日，在修订原有条例的基础上，国务院颁布实施了《旅行社条例》。随后，国家旅游局通过对旅行社、旅游涉外饭店、导游人员、旅游价格和企业财务管理等基本环节实行规范管理，在旅游经营和监管实践中逐步摸索和形成了一套旅游行业的行政规章，并配合国家相继修订宪法和颁布相关的民商事法律制度、经济法律制度、行政法律制度和各项行政法规等，一直到制定和颁布《旅游法》，逐步在我国形成一套以宪法及相关制度为统领，以行政法律制度、民事和商事法律制度、经济法律制度、消费者权益保护法律制度和旅游法律制度及地方旅游法规等为基本内容的，具有中国特色的旅游法制体系。

（2）2010年11月1日最高人民法院制定和实施的《最高人民法院关于审理旅游纠纷案件适用法律若干问题的规定》（以下简称《旅游纠纷适用司法规定》），是我国旅游法制建设发展历程中一个极其重要的里程碑。《旅游纠纷适用司法规定》为我国目前通过司法途径解决旅游纠纷案件适用法律做出了明确规定，统一了我国各地司法机关对旅游纠纷案件的裁判尺度，有利于现阶段我国旅游法制和法治的统一。《旅游纠纷适用司法规定》在许多具体的旅游制度方面有所突破、有所创新，从司法层面对旅游者和旅游经营者合法权益的保护做出明确的规范。譬如，《旅游纠纷适用司法规定》第一次明确地以司法解释的形式，确认了旅游者和旅游经营者的平等保护原则；明确了在何种情况下，旅游者和旅游经营者不负赔偿责任，旅游经营者承担责任的范围、旅游纠纷中的第三人制度等。《旅游法》中的相关规定吸收了《旅游纠纷适用司法规定》的基本原则和观念。当然，在《旅游法》颁布和实施之后，《旅游纠纷适用司法规定》应当服从上位法《旅游法》。二者相比较，《旅游法》主要是关于旅游法律制度的实体法规定，而《旅游纠纷适用司法规定》则主要是关于适用旅游法和相关法律法规的程序法规定。

（3）《旅游法》的制定和实施，是我国旅游法制建设趋于成熟的标志，它使我国旅游法制建设真正进入一个全新的发展时期。早在改革开放之初，作为旅游法立法项目之一，曾经列入七届全国人大常委会立法规划和国务院立法计划，国家旅游局会同有关部门起草了旅游法草案。但由于当时我国旅游业发展尚处于起步阶段，旅游市场很不成熟，旅游业中各种错综复杂的社会关系尚未生成和充分表现出来，有关方面和部门对旅游立法涉及的一些重要问题在认识上也不尽一致，因此，当时的旅游法草案最终未能提请全国人大审议。

第八届全国人民代表大会以来，社会上要求制定旅游法的呼声进一步高涨，全国人大代表也多次提出旅游法议案和建议，要求尽快制定我国的旅游法。2009年12月，全国人大财政经济委员会牵头组织国家发展改革委员会、国家旅游局等23个部委和有关专家成立了旅游法起草组。经过3年多的调研、反复研讨和起草、修改，并在广泛征求社会各界和专家学者的意见基础上，最终形成了中华人民共和国旅游法草案，于2012年3月14日由全国人大财政经济委员会第六十四次全体会议审议并通过，于2012年8月27日提交第十一届全国人民代表大会常务委员会第二十八次会议审议。最后，由第十二届全国人民代表大会常务委员会第二次会议于2013年4月25日通过，并予以公布，自2013年10月1日起在全国施行。

2016年11月7日，第十二届全国人民代表大会常务委员会第二十四次会议通过《全国人民代表大会常务委员会关于修改〈中华人民共和国对外贸易法〉等十二部法律的决定》，就取消"领队证核发"许可对《旅游法》第三十九条、第四十一条、第九十六条和第九十八条至第一百零三条的相关规定做了修改。2016年12月12日，国家旅游局令第42号公布了新修订的《旅行社条例实施细则》。2017年3月1日，中华人民共和国国务院令第676号公布了新修订的《旅行社条例》。这是自《旅游法》颁布实施以来，我国有关旅游法律法规所做的正式修订。其中主要是把领队管理由资格准入制改为备案管理制，旅游主管部门不再对领队从业进行行政审批。

（二）我国旅游法立法的必要性

根据全国人大《关于〈中华人民共和国旅游法（草案）〉的说明》，我国旅游法立法的必要性体现在如下几点。

（1）制定旅游法是转变我国发展方式、促进劳动就业的迫切需要。旅游业已经成为我国国民经济的重要支柱产业，也是我国劳动密集型的现代服务业。旅游消费是最终消费和大众化消费。通过立法促进旅游业发展，可以有效地带动社会投资和居民最终消费，提高第三产业比重，推动我国经济结构战略性调整，实现科学发展，降低就业成本，扩大就业规模，优化就业结构，增加旅游接待地居民收入。当前，随着我国实行供给侧经济结构改革，旅游业在国民经济发展和现代服务业中的地位更为重要。

（2）制定旅游法是规范旅游市场、促进旅游业持续健康发展的迫切需要。旅游业包括食、住、行、游、购、娱六大要素，涉及多个行业，是综合性强、关联度高、产业链长的现代服务业，客观上需要综合规范。协调旅游管理与有关行业的关系是一项比较复杂、难度较大的工作。在《旅游法》颁布和实施之前，我国旅游市场不正当竞争问题比较严重，特别是越演越烈的"零负团费"经营模式、强迫或变相强迫旅游者购物或另行安排付费旅游项目、"黑社"和"黑导"经营模式等，严重地损害了旅游者和经营者的合法权益，因此迫切需要通过制定旅游法来明确一些基本法律规范和旅游合同制度的特殊规定，建立和改进旅游与相关行业管理的协调机制，为实现旅游业持续健康发展创造良好的法制环境。

（3）制定旅游法是提升法律层次、完善旅游法律制度的迫切需要。在旅游法出台之前，我国还没有统一的旅游法，对旅游活动的规范主要依赖国务院制定的《旅行社条例》《导游人员管理条例》《中国公民出国旅游管理办法》等行政法规、各个省（区、市）制定的《旅游管理条例》或《旅游业条例》等地方性法规及有关部门制定的旅游行政规章。由于缺少上位法的支持，这些法规、规章不能规定一些基本民事制度和协调与相关法律的关系，因而难以适应旅游业跨地域、跨行业发展的需要。因此，制定旅游法、提升法律层次对完善我国旅游法律制度、促进旅游业持续健康发展意义重大。

（4）制定旅游法是促进国际交往、协调国内外旅游法律制度的迫切需要。据不完全统计，目前世界上已经有60多个国家和地区制定和实施了旅游法律，世界旅游组织、欧盟也制定了相关旅游公约。随着我国出境旅游和入境旅游的发展，需要把一些通行的国际法规和准则通过法律的形式加以确认，促进我国旅游法律制度与相关国家或地区旅游法律制度的衔接。

三、世界其他国家旅游法的产生和发展趋势

自19世纪40年代以来，旅行社开始在欧洲和北美出现，标志着人类社会的旅游活动进入一个崭新阶段，现代旅游业由此产生。英国的托马斯·库克是公认的近代旅游业的创始人，是第一个真正意义上的旅行代理商。西方国家旅游法制的萌芽也由此起步。

但是，西方国家真正以国家名义制定旅游法是很久之后的事情。例如，直到1969年，旅游业相对发达的英国政府才颁布并实施《旅游发展法》。该法主要规范了三方面的内容：①建立英国国家旅游局、英格兰旅游委员会、苏格兰旅游委员会及威尔士旅游委员会，负责促进招徕外国旅游者到英国旅游及促进英国国内旅游业的发展。②规定从公共基金中拨出专款资助新旅馆建设及现有旅馆的扩建、改建和条件改善。③旨在为旅馆以及其他以贸易或经营方式提供住宿设施的企业进行登记注册，为保证上述住宿企业向住宿者公布收费价目及为其他有关目的做出各项规定。此后，英国陆续制定和颁布了一些相关的旅游法规，如1985年

制定了《旅行批发商条例》《旅行社代理人条例》，1992年制定了《英国包价旅游法规》等。

一向注重发展旅游业的美国，直到1979年才颁布实施《全国旅游政策法》。1979年5月8日，全美旅游政策法开始在美国实施，其目的在于在联邦政府、州和地方政府及有关公众和私人组织之间建立一种合作，采用一切可行的办法和手段，包括财政措施和技术手段，在美国全面推行旅游政策法。

2010年3月，美国总统又签署并颁布实施了《美国旅游促进法》。该法规定了美国政府要创建旅游促进公司，这是由联邦、州和旅游产业代表所领导的非营利性公司，通过这个公司实施美国旅行与旅游咨询部的多项建议。同时，政府要按照规定给旅游业注入资金，扶持旅游业振兴。

而在大陆法系国家中，法国和日本的旅游法规体系相对比较完备，它们不仅制定了自己的旅游基本法（日本）或旅游法典（法国），并且这些法律与其他相关法律相互促进和配合，极大地促进了这些国家的旅游业持续健康发展。

法国旅游法典中详细规定了法国旅游业的一般组织、旅游活动与旅游职业的相关规定、旅游设施与治理的相关规定、旅游度假费用和旅游业税收的有关规定，尤其是其度假支票的有关规定，极大地促进了法国旅游业的健康持续发展。

早在1947年，日本政府就制定了《禁止垄断及确保公平交易法》，用以规范包括旅游交易在内的所有交易活动；1948年日本政府颁布实施了《旅馆业法》；1952年日本实施了《旅行社法》；1959年又颁布实施了《国际旅游振兴会法》；1963年6月，日本制定了《旅游基本法》，以后每隔几年就加以修改和完善。与此相配套，日本政府先后还颁布实施了一系列相关法律法规，如《国立公园法》（1931年）、《温泉法》（1948年）、《航空法》（1952年）、《公路法》（1952年）、《自然保护法》（1972年）等。这些法律产生了良好的规范旅游市场的效果，对促进日本旅游业发展具有极其重要的作用。

德国由于其自身法律体系的完备性和系统性，虽然没有制定专门的旅游法律法规，但是在德国民法典等有关法律中，明确制定了有关旅游契约的规定，并涉及旅游政策、旅游企业及其经营规则、保护旅游者权益等方面的内容。德国的立法者认为，通用法律的一般规定已经足以调整国民的旅游活动，因此不必要再专门针对旅游活动制定专门的立法。

世界各国旅游法的发展如今呈现出蓬勃发展的态势。根据联合国世界旅游组织在21世纪初提供的"国家旅游行政部门"（NTA）和"国家旅游组织机构"（NTO）报告，在97个响应这个调研报告的国家中，有22个国家设有旅游部（占这些国家的23%）；30个国家设有既分管旅游也分管其他事务的部；25个国家设有负责旅游事务的部，但是"旅游"字眼并没有出现在这些部的名称里；28个国家设有旅游董事会①。综观整个世界各国旅游法制的发展，我们相信，随着我国《旅游法》的实施，必将对世界各国旅游法及旅游业的持续健康发展产生极其重大的积极影响。

第二节 我国旅游法概述

《旅游法》的颁布和实施是我国旅游法制建设重要的里程碑，也是我国旅游业和旅游法制建设历程中的重大事件。它不仅结束了我国长期以来没有旅游基本法的历史，而且由于其一系列制度创新，必将对保障旅游者和旅游经营者的合法权益，规范我国旅游市场秩序，保护和合理利用旅游资源，促进我国旅游业持续健康发展，从而对我国从旅游大国发展为旅游强国和旅游法治强国，产生极其重大的积极影响。

一、我国旅游法的立法原则和立法宗旨

（一）立法原则

从总体上说，根据我国旅游业的地位和特点及我国现有法律制度的现状，我国旅游立法采取了综合立法的模式。我国目前旅游业的健康持续发展，既需要明确旅游发展的促进措施，明确旅游者权益保护和旅游业的可持续发展要求，也需要确立统一的市场规则和规范的权利义务关系，建立国家旅游发展协调机制和监管机制等，这些方面都需要通过立法来予以规范。但是从立法现状和现实需要来看，上述各类立法需求很难分别制定单项法律，因此，我国目前的旅游法立法模式采用了综合立法模式。在这种综合立法模式下，我国旅游法立法坚持了如下几项基本原则。

（1）采取综合立法的原则。我国以往制定的旅游行业行政法规具有单一分散的特点。国务院制定了三个有关旅游的条例，即《旅行社条例》《导游人员管理条例》和《中国公民出国旅游管理办法》，主要是针对旅行社、导游和旅游者的相关规定，从总体上看还是单一分散的规定，不能适应和满足旅游综合产业发展的需要。因此，制定一部规范旅游业的综合性法律，对旅游发展促进措施、旅游者权益保护、旅游业可持续发展、旅游资源的合理利用、开发与保护、制定有效的市场规制和规范各方的权利和义务关系，建立国家旅游发展协调机制等方面，都有紧迫的立法需求和必要。在当前我国立法资源十分有限的情况下，国家不可能就某一个领域单独立法。所以，坚持综合立法的原则符合旅游业实际和我国旅游法制和整个法制建设的实际。从颁行的《旅游法》来看，它涉及行政法、经济法、民商事法、侵权法和

---

① 杨富斌，韩玉灵，王天星．旅游法论丛（第二辑）[M]．北京：中国法制出版社，2010．

程序法等的多个方面，具有多项制度创新。

（2）保障旅游者合法权益的原则。我国旅游立法坚持以人为本，安全第一，以保障旅游者合法权益为主线，平衡旅游者与旅游经营者和旅游从业人员之间的权利、义务和责任。一般地说，我国旅游立法坚持对旅游者和旅游经营者的合法权益同等保护的原则。旅游法不可能只保护旅游者的合法权益，不保护旅游经营者的合法权益；也不可能以牺牲旅游经营者的合法权益为前提，片面地强调保护旅游者的合法权益。只是在旅游者与旅游经营者和旅游从业人员发生旅游纠纷时，旅游法倾向于首先考虑保护相对地作为弱者的旅游者的合法权益，同时兼顾旅游经营者和旅游从业人员的合法权益。而当旅游经营者和旅游从业人员与其他更为强势的航空公司、铁路、公路交通等相关部门和人员发生经济纠纷时，旅游法应当考虑首先保护相对处于弱势的旅游经营者和旅游从业人员的合法权益。而在旅游经营者与旅游从业人员发生劳动纠纷等相关纠纷时，旅游法应当首先考虑保护相对处于弱势的旅游从业人员的合法权益。

在我国旅游法中，将旅游者的权利和义务单设一章，在权利方面，充分体现"以人为本"的思想，突出了旅游者权利保护的地位。这主要是因为在旅游者与旅游经营者发生矛盾和纠纷时，考虑到旅游者与旅游经营者相比处于弱势和不利地位，如旅游者与旅游经营者信息不对称、旅游者旅游时间、精力和财力相对有限，正因如此，在旅游活动中，旅游经营者侵犯旅游者合法权益的事时有发生，如强制消费、欺诈行为和虚假宣传等，旅游运营中的安全问题也经常发生。因此，明确规定保护旅游者合法权益的规范，有利于旅游者合法权益的维护。与此同时，旅游法也要求旅游者要尽到自己的义务，譬如旅游者要尊重旅游目的地习俗、爱护旅游资源和不损害当地居民、其他旅游者、旅游经营者合法权益的义务等。

从总体上说，法律的天平应当保持公平，对旅游者和旅游经营者应当平等保护，不应当偏袒任何一方。只有当旅游者与旅游经营者发生冲突时，才应当适当考虑优先保护旅游者的合法权益。这是符合目前我国国情和旅游市场实际的，必须予以坚持。

（3）国家监管、行业自律和市场调节相统一的原则。我国坚持社会主义市场经济制度，对旅游市场实行统一的旅游市场准入和监管的原则。实行这一原则的宗旨是解决旅游资源及其经营管理部门、行业和地区分割问题，实行统一的服务标准和市场准则，破除影响和阻碍我国旅游市场发展的体制和机制性障碍。例如，旅游法的旅游经营部分规定了旅游经营的条件，即从事旅游经营应当依法取得相关资质，接受当地有关部门的监管管理；设立旅行社应当具备相应的条件，经旅游行政主管部门许可，并依法进行工商登记等。同时，国家鼓励行业自律，充分发挥市场调节的作用。国家监管、行业自律和市场调节同时起作用，有利于我国旅游市场正常运行和健康持续发展。国家必须根据经济发展的总体目标和发展规划,制定纲领性的旅游产业体系和产业政策,注重引导、鼓励和促进旅游业的发展,同时对于扰乱旅游市场秩序的行为和旅游经营者的运营进行严格监督,对于旅游出现的矛盾和纠纷予以及时解决。这体现在我国旅游立法方面,就是规定了县级以上人民政府要建立有关部门分工负责的旅游市场监管工作机制。

同时,由于现代市场经济是法制经济,旅游法基本原则必须反映市场经济的基本要求,必须符合市场经济的基本规律。在坚持政府监管的前提下,要充分发挥行业自律和市场调节的作用,既要把行业自律作为企业自我约束的重要形式,作为政府监管的重要补充,以行业自律来约束市场主体的不良行为,维护市场秩序,同时要充分发挥市场自身的调节作用,随着市场经济法律制度的完善,逐渐地使政府监管职能越来越弱化。旅游法中对旅游行业组织规定的依法成立的旅游行业组织实行自律管理,引导会员诚信经营、公平竞争,便是这一原则方面的具体体现。当然,对于旅游行业组织如何发挥行业自律和市场调节的作用,还需要我们在实践中不断探索和总结,使这个原则具体落到实处。

(4)旅游资源合理保护的原则。《旅游法》明确规定了对自然资源和文物等人文资源的旅游利用,必须严格遵守有关法律、法规的规定,符合资源、生态保护和文物保护的要求,尊重和维护当地传统文化和习俗,维护资源的区域整体性、文化代表性和地域特殊性。同时,从国外旅游业发展实践来看,要充分发挥旅游开发和利用的作用,必须解决好旅游规划的问题。因此,《旅游法》对旅游规划的地位、编制规划的主体、内容、程序及同其他规划的衔接和协调,旅游规划的执行情况评估和向社会公布等,做出了明确规定[①]。

旅游资源是旅游活动的重要客体之一,是旅游业发展的前提和基础。然而,无论是自然景观资源,还是古文物资源,大多数旅游资源属于不可再生资源,如果旅游资源利用不当,甚至遭到破坏,就会使旅游资源质量下降甚至有毁灭的危险。因此,合理地利用、开发和保护旅游资源具有十分重要的意义。目前,在我国旅游高峰时期,景区游客流量过多,人满为患现象严重。过度开发和使用旅游资源,甚至破坏性开发和使用旅游资源的现象也时有发生,不仅造成了对旅游资源的严重破坏,还会引发安全问题和环境问题等。因此,我国旅游法明确规定了景区流量控制制度,规定了景区实行旅游者流量控制制度,不得超过景区主管部门核定的最大承载量;规定了旅游发展规划制度,并且规定旅游发展规划应当依据国民经济和社会发展规划编制,并与主体功能区规划、土地利用总体规划、环境保护规划、城乡规

---

① 刘小军《旅游法》立法的四大原则[EB/OL]. http://travel.people.com.cn/n/2013/0509/c41570-21422838.html.

划、海洋功能区规划相衔接，与自然保护区规划、风景名胜区规划、林地湿地草原森林公园保护利用规划、文物保护规划、历史文化名城名镇名村保护规划等规划相协调，这些都是旅游资源合理保护原则的具体体现。

（5）旅游业可持续健康发展的原则。坚持我国旅游业可持续发展的原则，体现在我国旅游法的立法宗旨上，明确规定了我国制定旅游法的目标之一是"促进旅游业持续发展"。同时，旅游法中的其他各项原则和相关规范的规定，如关于旅游资源保护原则的规定、旅游规划的规范、旅游监管机制的规范、旅游安全的规范等，实际上都是坚持我国旅游业可持续发展的具体体现。旅游业的发展应当建立在不损害环境可持续性的基础之上，既要满足当代人高质量旅游需求的需要，又不能妨害后代人对高质量旅游的基本要求。寅吃卯粮式的旅游发展模式不可取，我们需要的是可持续发展的旅游业。因此，旅游业的可持续发展是我们应当坚持的旅游法最重要的基本原则。

（6）坚持旅游业发展应当遵循社会效益、经济效益和生态效益相统一的原则。这是《旅游法》总则第四条中明确地概括为"原则"的一个规范。要把我国旅游业培育成国民经济战略性产业和人民群众更加满意的现代服务业，就必须从我国转变发展方式、规范旅游市场秩序、促进旅游业持续健康发展的高度来认识旅游业在国民经济中的重要地位和作用。为此，旅游立法不仅要注重提高我国旅游业的经济效益，同时也要注意协调旅游业的社会效益和生态效益的统一。这同我国从2017年10月1日开始施行的《民法总则》第九条规定的"绿色原则"[①]相一致，同习近平主席提出的"两山理论"即"绿水青山就是金山银山"的理论相一致。只有坚持这一原则，我国旅游业才有可能实现持续健康发展。

中国旅游业从改革开放之初入境旅游"一花独放"，到20世纪90年代入境旅游、国内旅游"双轮驱动"，发展到现在，入境旅游、国内旅游、出境旅游"三足鼎立"。旅游从单一的接待型事业发展成大众化产业，旅游业对国民经济的贡献大幅提升。2016年，全国国内旅游人数达44.4亿人次，旅游总收入4.69万亿元，旅游业对国民经济贡献率达到11%，旅游直接投资和带动投资对财政综合贡献超过11%[②]。由于旅游业不仅涉及旅游者、旅游经营者和从业者，还涉及旅游相关行业和企业等多主体的多元利益，因此，旅游立法必须兼顾经济效益、社会效益和环境效果的统一，甚至还要兼顾相关的国际交往、国际关系和国家间的利益。因此，发展旅游业既要保护相关旅游企业的经济效益，又要兼顾相关的社会效益和生态效

[①] 《民法总则》第九条规定，民事主体从事民事活动，应当有利于节约资源、保护生态环境。这一规定被法学界称为"绿色原则"。

[②] 国家旅游局发布《2016中国旅游投资报告》。转引自《中国旅游之声》总第59期，2017年第10期，第27页。

益，为建设生态文明做出贡献。这就要求我国旅游立法必须坚持经济效益、社会效益与生态效益相统一的基本原则，防止旅游业发展单纯追求经济效益的片面做法和观点。

因此，在《旅游法》总则第三条明确提出"国家发展旅游事业"，明确把旅游业作为我国一项"事业"来看待。尽管这并非沿用传统做法，把旅游部门作为专事接待工作的事业单位来对待，但也表明我们不能把旅游业仅仅看作一种"赚钱"的手段，而要把它视为一项影响国计民生的事业来大力发展。

（7）坚持与我国现行法律和国际通行做法相衔接的原则。一方面，我国已经在2010年年底基本建立起社会主义法律体系，出台了许多与旅游业相关的法律法规；另一方面，世界各国的旅游法制建设已经进行了多年，各国的旅游法律法规的规定也不尽相同。如何既同我国已有的法律法规相协调和衔接，同时又同国际社会通行的旅游法律法规相协调，也是我国旅游立法坚持的基本原则之一。旅游法条文中虽没有这方面的直接规定，但是在每个基本规范的规定中，已经内含了这一基本原则。现有旅游法规范既不能同我国现有的其他法律相抵触，也不能与国际通行的旅游法律法规相抵触，这便充分体现了这一原则的基本要求。虽然我国旅游法作为国内法只能规范国内旅游活动和旅游经营，对国内旅游经营机构组织的境内居民出境游及境外居民入境旅游，我国现有旅游法也从旅游经营者和旅游者的角度分别进行了必要的规定。

（二）立法宗旨

（1）保障旅游者和旅游经营者的合法权益保障旅游者的合法权益是旅游立法的首要目的。坚持以人为本，安全第一，以保障旅游者合法权益为主线，平衡旅游者与旅游经营者和旅游从业人员的权利、义务和责任，是我国旅游立法的基本方针。当旅游者的合法权益与旅游经营者的合法权益发生冲突时，我国旅游立法的基本宗旨是以保护旅游者的合法权益优先，兼顾保护旅游经营者的合法权益。这也是我国立法机关制定和实施旅游法的初衷。因为相对于旅游企业等旅游经营者，旅游者作为个人通常是弱势者。且不说不法经营者的不法经营，即使是合法的旅游经营者，其自身的利益诉求与旅游者并不完全相同。当二者的合法权益发生冲突时，旅游法首先注重保护作为弱者的旅游者的合法权益。至于旅游经营者与诸如航空、铁路、知名景区等其他旅游辅助服务商相比，也可能成为弱势者，当它们之间发生矛盾和纠纷时，旅游经营者的合法也应当得到法律的保护。旅游法对旅游者和旅游经营者合法权益同等保护，法律的天秤在这里不应当向任何一方倾斜。当然，在旅游者与旅游经营者发生冲突时，如果是旅游者的责任，旅游经营者没有责任时，法律同样保护旅游经营者的合法权益，对个别旅游者恶意维权的行为，法律不应予以支持。

（2）规范我国的旅游市场秩序为了实现保护旅游者合法权益的首要目的，必须通过强化和规范政府监管职能，以及明确旅游市场法律规则来规范旅游市场秩序和旅游经营活动，通过对旅游经营者资质、从业人员资格及经营规则的制定，使旅游经营企业自觉地遵守和执行经营规范，接受旅游监管部门的监管，按照社会主义市场经济规律和经营规则做好旅游经营的各项工作，使我国旅游市场秩序健康有序地可持续发展。为此，我国旅游法对旅游经营、旅游服务合同、旅游安全、旅游监管和法律责任等均做了规定，明确了县级以上政府部门要建立专门的旅游综合协调机制。同时，结合我国最高人民法院已经出台和实施的《关于审理旅游纠纷案件适用法律问题的若干规定》，形成了规范我国旅游市场秩序的相对完备的立法、执法和司法规范。这对改变目前我国存在的旅游市场乱象，严厉打击"零负团费"等非法经营活动等，具有重要意义。

（3）保护和合理利用我国的旅游资源 为了使我国旅游业健康和可持续发展，必须合理地开发、利用和保护旅游资源。同任何其他自然资源和社会资源一样，旅游资源并不是无限的。这些年来，在我国旅游资源的开发和利用过程中，破坏旅游资源甚至"竭泽而渔"式的掠夺性开发和破坏时有发生。究其原因，这同我国没有随着旅游业的快速发展而及时出台旅游规划和促进、旅游资源合理利用、开发与保护等相关法律规范密切相关。现在，我国《旅游法》明确规定了旅游发展规划编制的主体、内容和规划的衔接及评价方法，规定各级政府应当在产业政策和资金方面，加大对旅游业的支持，编制土地利用总体规划和城乡规划时需要充分考虑旅游设施建设的要求，加强旅游宣传和信息服务，鼓励和支持旅游职业教育和培训，提高旅游开发、经营等从业人员素质等。同时，在强调同我国已经制定的多部法律和法规相衔接的同时，确立了旅游业发展要坚持社会效益、经济效益和环境效益相统一的原则，并提出了对旅游资源依法保护的原则和总体要求。另外，根据近些年来，我国不少地方旅游项目存在盲目开发、热衷建造人工景点、忽视资源的自然价值和人文内涵等问题，《旅游法》从规划的层面予以规范，要求在旅游发展规划中明确旅游发展的总体要求和目标、旅游产品开发重点、旅游文化建设、旅游基础设施和公共服务建设需求等，通过制定和实施旅游发展规划来规范各方面的行为，解决景点低水平重复建设问题。

（4）我国旅游立法的宗旨是促进我国旅游业的持续健康发展。上述保护旅游者和旅游经营者合法权益、规范旅游市场秩序、保护和合理利用旅游资源等立法宗旨，最终落实在促进我国旅游业持续健康发展上。我们既不能在旅游业发展问题上过于保守，停滞不前，也不能寅吃卯粮，提前把祖孙后代应当享有的旅游资源消耗殆尽。在当前我国实施全域旅游发展战略过程中，要特别注意防止旅游投资过热、旅游开发过度、旅游资源浪费的现象，坚持以创新、协调、绿色、开放、共享五大发展理念来指导全域旅游的发展。

二、我国旅游法的立法体系和基本内容

我国《旅游法》共有 10 章 112 条，除总则、法律责任和附则外，分别对旅游者、旅游规划和促进、旅游经营、旅游服务合同、旅游安全、旅游监管、旅游纠纷处理和法律责任等内容做了规定，从以下几方面确立了我国旅游法律基本制度。

（一）旅游综合管理制度

《旅游法》中涉及旅游综合管理制度的规范主要有三个方面。

（1）建立健全旅游综合协调机制。《旅游法》主要确立了两个机制：一是确立了国务院旅游综合协调机制；二是确立了地方县级以上人民政府统筹协调旅游业发展和管理的职能，明确要求县级以上人民政府要明确相关部门或者机构，统筹协调本辖区的旅游业发展和监管。这是《旅游法》在旅游法治建设方面做出的重要的制度性规定。这一规定必将对我国旅游业的总体发展产生重要的积极作用。

（2）建立健全旅游市场综合监管机制。《旅游法》对旅游市场综合监管机制的基本要求是：一是建立健全由政府牵头、部门分工负责的监管机制；二是建立健全旅游联合执法机制；三是建立健全旅游违法行为查处信息共享机制；四是建立健全跨部门、跨地区督办机制；五是建立健全部门公布监督检查情况制度。这些制度的确立无疑为我国旅游市场的综合监管和治理奠定了基本的制度基础，弥补了我国旅游市场长期缺乏基本法律层面的制度建设的缺陷和不足，为依法兴旅和依法治旅奠定了法律制度基础。

（3）建立健全投诉统一受理机制。这是《旅游法》根据我国旅游业监管实际，结合国内外旅游执法和监管经验，创造性地制定的符合中国旅游市场运行实际的一项法律制度。根据这一制度，一是要建立投诉受理机构整合制度，要求县级以上人民政府要指定或者设立统一的旅游投诉受理机构，克服以往旅游者投诉无门或者不知到哪个部门投诉的弊端；二是建立投诉受理后的部门间转办机制，克服以往不同旅游监管部门之间相互推诿或拖延办理旅游者投诉的弊端；三是建立投诉处理结果告知（旅游者的）制度，使旅游者能及时知晓和掌握投诉处理的结果，增加旅游者对旅游投诉的信任和满意度。

在《旅游法》颁行之后，要切实加大执法力度。治乱必用重典，《旅游法》就是可用的重典。要集中力量，联合执法，严厉打击各种破坏旅游环境、扰乱市场秩序、侵害游客权益的不法行为，做到有法必依、执法必严、违法必究。特别是对非法经营、拒不履行合同、擅自改变行程、指定购物场所、诱骗和强迫消费等违法行为，要从严惩处。依法吊销、停业整顿一批违法经营者，处罚结果向社会曝光，起到保护消费者、震慑违法者的作用。同时，要规范旅游执法行为，加大对执法行为

的监督力度，提高旅游监督管理的制度化、法制化和规范化水平[①]。

（二）旅游者权益保障制度

把"旅游者"在《旅游法》中专设一章，这在中外旅游立法中尚属首次，特别体现了我国政府以人为本，在平衡旅游者与旅游经营者合法权益的前提下，着重和优先保护旅游者合法权益的基本原则和立法精神。这主要体现在以下几个方面。

（1）从6项具体权利上落实了对旅游者合法权益的保护。具体包括：一是旅游者有自主选择权；二是旅游者有知悉真情权；三是旅游者有要求严格履行权；四是旅游者有受尊重权；五是旅游者有求助保护请求权；六是旅游者中的特殊群体具有获得便利优先权。这在随后相关条文中有具体解释。

（2）对政府旅游公共服务提出了明确要求，强调满足旅游者的基本旅游需求。具体包括：一是明确了全面提供旅游公共服务信息的义务；二是明确了加强旅游基础设施建设的要求；三是明确了公共资源景区的公益性要求；四是明确了旅游目的地安全风险提示、安全监管和救助的义务。

（3）对旅游经营者及其从业人员设定了较为严格的义务，体现了对旅游者权益更多的保护。

（4）在遵循《中华人民共和国消费者权益保护法》（以下简称《消费者权益保护法》）和《中华人民共和国合同法》（以下简称《合同法》）的一般原则基础上，根据旅游活动的特点，规定了一些特殊的、有针对性的旅游者权益。

（三）旅游促进和公共服务制度

这一制度中主要包括以下具体制度：一是资金保障制度；二是政策支持制度；三是完善旅游基础设施的要求；四是提供旅游公共信息服务的要求；五是旅游形象推广制度；六是教育培训要求。

（四）旅游资源保护和利用制度

根据这一制度的基本要求，《旅游法》明确提出了三项要求和两个具体制度。三项要求包括：提出了完整的旅游规划体系的要求；提出了旅游规划与其他规划多层次衔接的要求；提出了事前、事中、事后旅游资源保护利用的要求。两项具体制度包括：景区流量控制制度；完善景区门票价格制度。

制定《旅游法》是有效保护和合理利用旅游资源的根本保障。在旅游业快速发展的过程中，一些地方盲目开发、过度开发旅游资源的问题日益突出。热点旅游景

[①] 参见2013年5月16日国务院副总理汪洋在贯彻实施《旅游法》电视电话会议上的讲话:《全面提高依法兴旅和依法治旅的水平》。

区普遍超负荷经营,人满为患;一些景区生态环境受到严重破坏;个别城市或景区在发展旅游业中破坏珍贵的自然遗产和文化遗产,造成的损失不可逆转。《旅游法》全面界定了政府、旅游经营者和旅游者三方的责任,确定了旅游规划的法律效力,对于旅游资源的整体性保护、禁止重复建设和掠夺性开发、促进旅游业持续健康发展,意义重大[①]。

(五)旅游服务合同制度

在《旅游法》中不仅明确提出了"旅游服务合同"这一概念,而且对旅游合同的基本内容和要求及相应的旅游服务制度做出了全面具体的规定,确立了在特殊情况下对旅游者保护的规则,提出了特殊的责任承担制度和旅游服务合同特殊的变更、解除制度。

(六)旅游经营规范制度

(1)明确了相关的民事规范。在平衡旅游者与旅游经营者合法权益的基础上,《旅游法》加强对旅游者的保护,主要表现在规定了旅行社对合同内容的说明或者告知义务;旅行社、履行辅助人严格履约、不得擅自变更行程的义务;组团社、委托社违约责任先行承担义务;无正当理由拒绝履行合同造成滞留时的惩罚性赔偿义务;旅游行程结束后30日内旅游者可要求旅行社为其办理退货并先行垫付退货货款的权利等。

(2)明确了相关的经营规范。比如,对旅行社提出"五不得"要求:不得低价组织旅游活动,诱导、欺骗旅游者,并通过安排购物或者另行付费旅游项目获取回扣等不正当利益;不得指定具体购物场所;不得安排另行付费旅游项目;不得要求导游垫付或者向导游收取任何费用;不得拖欠导游工资或者服务费。再比如,对导游、领队等旅游从业人员提出"三不得"要求,即不得擅自变更旅游行程、中止服务活动;不得索取小费;不得诱导、欺骗、强迫或者变相强迫旅游者消费。此外,还对其他旅游经营者提出"一不得"要求,即不得给予或者收受贿赂。

(3)明确了旅游综合监管机制。一是建立由政府牵头、部门分工负责的监管机制;二是建立健全旅游联合执法机制;三是建立健全旅游投诉统一受理机制;四是建立健全旅游违法行为查处信息共享机制;五是建立跨部门、跨地区督办机制;六是建立监督检查情况公布制度。

(七)旅游安全保障制度

《旅游法》的一大亮点之一是专门以"旅游安全"为一章,明确确立了旅游安全保障制度。主要体现在:一是明确了主体责任制度,规定县级以上人民政府统一

---

① 参见2013年5月16日国务院副总理汪洋在贯彻实施《旅游法》电视电话会议上的讲话:《全面提高依法兴旅和依法治旅的水平》。

负责、部门依法履职的监管责任制度；二是明确了旅游安全全程责任制度，规定了事前安全风险提示制度、事中安全管理制度和事后应急处置制度。

（八）旅游纠纷处理和法律责任制度

为了解决目前我国旅游纠纷高发和纠纷解决机制不健全等问题，最高人民法院专门针对旅游纠纷案件审理适用法律的若干问题做出了规定。《旅游法》在总结我国旅游纠纷解决的实践经验和吸收最高人民法院的旅游纠纷适用司法规定的基础上，从有利于旅游者权益保护和旅游纠纷解决的角度，对投诉处理、调解、仲裁、诉讼等进行了明确规定，从而为解决旅游争议和纠纷提供了明确的法律规范。2016年2月23日，最高人民法院和国家旅游局联合发布了《关于进一步发挥审判职能作用，促进旅游业健康发展的通知》，要求各级人民法院和旅游委（局），要充分认识及时妥善化解旅游纠纷的重要性，人民法院要不断夯实基层基础，有针对性地加强旅游景区等游客相对集中区域派出法庭建设和巡回审判工作，各级旅游主管部门要积极支持人民法院审理旅游纠纷案件，并要建立人民法院与旅游主管部门解决旅游纠纷的沟通交流机制。迄今各级人民法院依据《旅游法》有关条款进行判决的判例已有数百件。

第三节 学习和研究旅游法的目的与方法

学习和研究旅游法，对于旅游管理专业和法律专业等相关专业的学生、旅游从业人员、旅游行政管理人员和广大旅游者，均具有重要的现实意义和作用。

一、学习和研究旅游法的目的

（1）学习、研究旅游法不仅有助于同学们了解和掌握我国旅游法的立法宗旨、基本原则和基本内容，并通过同国外旅游法律法规相比较，全面把握当今世界旅游法律法规的发展趋势，了解旅游法律法规的实施对于促进我国旅游业健康可持续发展的重大意义，并对推进我国依法兴旅和依法治旅，从旅游大国发展到旅游法治大国具有重大作用。

当前我国正在全面推进依法治国伟大战略，努力建设社会主义法治国家。党的十八大强调，依法治国是党领导人民治理国家的基本方略，法治是治国理政的基本方式，要更加注重发挥法治在国家治理和社会管理中的重要作用，全面推进依法治国，加快建设社会主义法治国家。而要把旅游业建设成为我国国民经济的支柱性产业和现代服务业，就必须坚持依法兴旅和依法治旅，对旅游业的促进、发展和监管，都要纳入社会主义法治建设的轨道。因此，学习和研究旅游法对于旅游专业等相关专业的学生来说，具有必要性和重要性。

（2）学习和研究旅游法律法规，对旅游专业等相关专业的学生将来从事旅游业务、旅游管理、旅游监管等工作，增强自觉按照国家的旅游法律法规从事旅游业务的能力，运用旅游法律法规知识和技能处理各种旅游矛盾和纠纷，具有重要的作用。众所周知，市场经济是法制经济，旅游市场经济也不例外。在旅游经营、旅游从业、旅游监管等活动中，能否自觉地遵守和执行国家的旅游法律法规，能否自觉地运用旅游法律法规知识和技能解决旅游活动中的矛盾和纠纷，无论对于旅游经营组织机构还是个人，都具有非常重要的意义。因此，学习和研究旅游法对于旅游专业和相关专业的学生来说，就不是可学可不学的知识和技能，而是将来就业和做好本职工作必须学好和充分掌握的基本法律知识和技能。

在旅游实践中经常可以看到，不管是旅游经营者、旅游监管者还是旅游者，由于了解和掌握一定的旅游法律法规知识，通常能够遵守国家有关规定，合法经营和诚信经营，取得良好经济效益；能够较好地处理经营管理、监管等工作中遇到的相关法律问题；作为导游、领队甚至旅游者，掌握一定的旅游法律法规知识和技能，也能较好地处理可能遇到的各种纠纷和矛盾，妥善地解决旅游活动中遇到的问题，并能较好地维护自身的合法权益。相反，由于没有掌握基本的旅游法律法规，有些旅游经营者在申请设立旅行社业务活动中，或者在招徕游客、组织旅游服务活动中违背法律规定，受到旅游主管部门行政处罚，或者被人民法院判决赔偿损失。有些旅游主管部门和执法者由于认定旅游经营者的违法事实不清，适用法律不当，或者行政处罚程序存在瑕疵，被法院判决撤销其行政处罚决定，甚至被判无效。

（3）学习和研究旅游法律法规，对于完善旅游专业等相关专业学生的知识结构，提高自身的整体素质，具有一定的作用。现代社会是法治社会，任何专业的学生要提高自身素质，适应社会需要，都需要掌握一定的法律知识和技能。法律教育已经成为一种基本的素质教育，而不是专门的职业教育。无论将来从事何种职业，要做一个合格的公民，做一名合格的劳动者，就必须具有基本的法律知识和技能。从事与旅游相关的职业，甚至作为一名普通公民，只要参加旅游活动，了解和掌握一定的旅游法律法规，对于维护自身的合法权益，提高自身作为旅游者的整体素质，均具有重要意义。

二、学习和研究旅游法的方法

学习和研究旅游法律法规的基本方法是理论联系实际。根据我国旅游业和旅游立法的实际状况，首先，要基本了解和掌握我国旅游法立法的宗旨、基本原则和基本内容，对相关的法律法规也要有大致了解。本教材侧重对我国旅游法的立法宗旨、基本原则和基本内容进行介绍和阐述。通过认真阅读和思考本教材的基本内容，参考相关的法律法规，就可大致了解和掌握我国旅游法律法规的基本内容和理念。

此外，要结合有关旅游法案例来学习和研究旅游法。任何法律规范由于立法技术和规范的要求，难免显得抽象和不好理解。为了真正了解和掌握我国旅游法的相关规范，结合旅游业出现的有关旅游法案例，分析和理解其中包含的旅游法原理和观点，是一种比较好的学习方法。

【思考题】

1. 旅游法的概念、特征及其社会作用是什么？
2. 我国旅游法的立法宗旨和基本原则是什么？
3. 我国旅游法的基本内容有哪些？
4. 学习和研究旅游法的目的、意义和方法是什么？

第二章

旅游者权益保护法律制度

旅游者合法权益保护法律制度是我国《旅游法》确立的重要制度。《旅游法》以专章规范旅游者的权利和义务,不仅体现了中国特色社会主义新时代我国旅游立法以人为本的基本原则和立法宗旨,而且对平衡旅游经营者和旅游者合法权益的保护,促进我国旅游产业的持续健康发展也有重要意义。

第一节 公民旅游权

我国《中华人民共和国宪法》(以下简称《宪法》)第四十三条规定了劳动者具有休息权。党的十九大报告指出,在现阶段,我国社会的主要矛盾是人民日益增长的美好生活需要和不平衡不充分的发展之间的矛盾。我国公民具有追求幸福生活的权利,其中公民的旅游权是其应有内涵。弄清公民旅游权的内涵和外延,对于我们全面把握旅游者的权利和义务有很大帮助。

一、公民旅游权内涵和外延

随着我国国民经济的发展和综合国力的提高,如今外出观光旅游和休闲度假在我国已经从改革开放之初的有限的少数人活动逐渐转变为大众化的普遍性活动。而随着我国法治社会建设的不断进展和诉讼社会的到来,旅游者的权利意识、维权意识也越来越强,甚至通过诉讼而维护自己的合法权益也成为旅游者的日常选择。

公民旅游权也称为旅游权利。由于对这一概念的内涵和外延的理解不同,学界对此存在着一定争议。有学者认为,旅游权是指公民离开常住地实施旅行游览活动的权利[1]。这是从一种较直观的、单一含义的角度来下定义的。也有学者结合权利和旅游活动的特点将旅游权利定为个人针对特定主体,基于旅游活动而享有的,与旅游活动之开展有着直接且必要之关联性的特定权利的总称[2]。还有学者认为,旅游权

---

[1] 刘红婴.旅游权的法理释义[J].旅游学刊,2006,9(11):11-14.
[2] 傅林放.论旅游权利的内涵[J].旅游学刊,2012,27(3):23-32.

利是现代社会中人们离开常住地实施旅行游览活动的权利，是人们通过利用时间和空间去获得精神、文化、健康等需求的一种权利[1]。

本书认为，对公民旅游权的理解可以从几个方面来把握：第一，公民旅游权和旅游者权利的区别。从性质上来，前者是一种公法权利，属于公民的社会权利范畴，其对应的义务主体是国家，即国家要积极地建立各种旅游机制来保障旅游者权利的实现；后者是一种私法权利，本质上是民事权利，其对应的义务主体是旅游经营者，包括通过合同约定的权利和《中华人民共和国民法通则》（以下简称《民法通则》）、《合同法》及《消费者权益保护法》中规定的法定权利。第二，从概念群的层次来说，公民旅游权是一个权利束的概念，即它不是一个独立的权利，而是一类或一组权利的总称[2]。第三，公民旅游权的理论基础。从现有的研究成果来看，大部分学者认为公民旅游权来源于国际组织文件和本国的宪法关于人权和公民基本权利的规定。如1948年的联合国《世界人权宣言》、1980年的《马尼拉世界旅游宣言》、1982年《阿卡普尔科文件》、1985年的《旅游权利法案和旅游者守则》、1999年的《全球旅游伦理规范》等。同时，我国宪法中规定了公民的基本权利，包括政治、经济、文化权利。公民旅游权是宪法赋予的经济、文化权利在旅游领域的具体体现[3]。第四，公民旅游权是现代各国旅游法立法的基本价值取向。现代立法的基本特征之一就是以权利为本位，以规定权利为宗旨，以权利救济为目标。我国旅游立法也不例外。《旅游法》中不仅规定了旅游者在遇到危险时，有权请求政府、旅游服务提供者以及其他机构救助和保护的权利，而且设"旅游者"一章专门规定了旅游者在旅游活动中享有的各项权利。这些规定，对于宣告公民旅游权利，彰显旅游者的权利意识，保护旅游者旅游权利的实现必然会起到极其重要的作用。

二、公民旅游权的内容

在《旅游法》制定过程中，学者们对公民旅游权的内容争议颇多。有学者根据《旅游权利法案》第一条关于旅游权利的规定，推导出旅游权利包括4个方面的内容：一是闲暇权；二是娱乐权；三是带薪休假权；四是自由旅行权，即在法律范围内不加限制地在国内和国际上自由往来[4]。在《旅游法》草案中，曾将旅游权的内容界定为旅游自由权、旅游资源享有权、休假权和旅游权利救济权等四项权利[5]。但在

---

[1] 杜一力.谈旅游权利和旅游者权利——献给第一个中国旅游日[J].北京第二外国语学院学报，2011，33（5）：1-7.

[2] 刘红婴.旅游权的法理释义[J].旅游学刊，2006，21（9）：11-14.

[3] 张永奇.论公民的基本旅游权利及其法律依据[J].旅游论坛，2009，2（5）：637-641.

[4] 王德刚.再论旅游权利[J].北京第二外国语学院学报，2011（7）：1-6.

[5] 参见《中华人民共和国旅游法》草案.

正式颁布实施的《旅游法》中则去掉了这些相关的规定。

本书认为，旅游权利从性质上而言是一种公民社会权。谢睿智认为，社会权是基于社会国家之理念，由政府采取积极的作为，以保障人民过着尊严生活之权利的总称[①]。国家通过积极的作为来保障公民社会权的义务可以追溯自《联合国人权宣言》对人权的规定。因此，公民旅游权的保障强调国家、政府采取积极的作为方式。《旅游法》规定了在两种情况下，公民享有救济的权利。一是第七十八条第二款规定：突发事件发生后，当地人民政府及其有关部门和机构应当采取措施开展救援，并协助旅游者返回出发地或者旅游者指定的合理地点；二是第八十二条规定了旅游者人身、财产遇有危险时，有权请求旅游服务提供者、当地政府和其他相关社会机构进行及时救助。除此之外，旅游权更多是通过规定旅游者享有的各项权益体现出来的。

第二节　旅游者的概念及其法律地位

在我国《旅游法》中，鉴于旅游业界和旅游学界对"旅游者"均没有相对统一的定义，为避免不必要的争议，并没有明确地对"旅游者"予以界定。但是我们在学习和理解旅游法时，必须首先对"旅游者"的概念进行界定。

一、旅游者的概念及其与其他一般消费者的区别和联系

任何法律关系都是由其主体、客体及其内容这三个不可或缺的要素所组成的。在旅游法律关系中，旅游者作为旅游活动的核心主体占有不可或缺的地位。没有旅游者就无所谓旅游。旅游者又称为游客，在英文中表述为"tourist"，意思是出于一种好奇心，为了得到愉快而进行旅行的人。1937年，国际联盟统计委员会从技术操作的角度对旅游者做了界定，即旅游者是指离开自己的居住地到另一个国家访问超过24小时的人。这一概念被旅游学界广泛认同。依此定义，可将旅游者划分为以下几类：①为了娱乐、家庭和健康原因而旅行的人；②为参加国际会议而旅行的人；③为商业原因而旅行的人；④在海上巡游途中停靠某地，逗留时间超过24小时的人。从旅游法学的角度看，可将旅游者的概念界定为，旅游者是购买并消费旅游产品，接受旅游服务，从而获得旅游乐趣的人。对这一概念可从以下几方面来理解。

第一，旅游者是自然人，包括本国公民、外国公民和无国籍的人。一般地说，

---

① 谢瑞智.宪法新论[M].台湾：文笙书局，1999.

完全民事行为能力人、限制民事行为能力人和无民事行为能力人均可成为旅游者，但是，限制民事行为能力人和无民事行为能力人不能独立地与旅游经营者签订旅游合同，只能由其法定代理人代理。

第二，对于外国旅游者的法律地位，通常由旅游目的地国根据国际法上关于外国人法律地位的一般原则在国内法中加以规定，或者通过双边或多边协议加以规定，也可通过遵守所加入的国际公约进行规定。我国已加入WTO，关于旅游服务就要遵守关于WTO有关贸易和服务的规则。

第三，旅游者也属于消费者。消费是社会再生产的重要环节，是生产、交换、分配的目的和归宿。消费形式依照主体和目的的不同分为生产消费和生活消费两大类，消费的主体被称为消费者。国际标准化组织（International Organization for Standardization，ISO）的消费政策委员会对消费者所下的定义如下：消费者是以个人消费为目的而购买或者使用商品和服务的个体社会成员。我国《消费者权益保护法》规定，消费者为生活消费需要购买、使用商品或者接受服务，其权益受本法保护。这里包含两层含义：一是消费者消费的目的是生活需要；二是消费的形式是购买、使用商品和接受服务。有学者认为，如果将包括游、购、娱、食、住、行六要素的整个旅游活动的安排均看作旅行社推出的旅游产品，则旅游者支付价款可以看作购买了整个旅游产品。还有人认为，旅游活动就是旅游者接受服务、获得旅游乐趣的过程。旅游者消费的目的是满足自己的精神文化追求。但是，无论哪种观点都无法否认，旅游者就是消费者。

不仅如此，旅游者作为消费者与其他消费者相比还有特殊性。一方面，从概念上看，消费者是个广义的概念，包括生活消费中各个方面的主体，旅游者是其中的一个方面。从法律适用上看，《消费者权益保护法》当然适用于对旅游者的保护，该法中所规定的消费者享有的安全权、知情权、自主选择权、公平交易权、求偿权、结社权、获知权、受尊重权、监督权九项权利是一切消费者必然享有的法定权利，旅游者当然也能享有，不需要当事人的特别约定。

另一方面，旅游者作为消费者的特殊群体，有其与一般消费者不同的特点。我们知道，旅游活动是一种较为复杂的经济活动。它的典型模式是由旅游者与旅行社签订旅游合同，再由旅行社与交通、餐饮、住宿、景区等旅游服务的辅助提供者一并完成。其间所涉及的主体众多，法律关系错综复杂。从旅游活动的特点上来看，第一，旅游活动主要是以获得精神上的愉悦体验为目的，具有无形性和精神性的特点，这不同于普通消费活动的直观性和物质性。第二，旅游活动具有异地性的特点。要达到旅游的目的，旅游者必须离开自己的居所才能进行。第三，从旅游服务的提供方式上来看，旅游者往往是先交纳一定的费用，然后才能得到服务，这就决定了旅游服务的提供具有延时性的特点。

正是由于旅游活动的特点及旅游服务提供方式的独特性，决定了旅游消费活动与一般的消费活动不同，从而导致旅游者与一般的消费者也有所不同。这种不同具体表现为以下几方面：

第一，旅游者的消费活动具有二重性。旅游者不同于一般消费者或者享有物质利益或者享有精神利益，而是既享有物质利益又享有精神利益。在通常情况下，旅游者享有的精神利益显得更为重要。旅游者离开自己居所的目的就是欣赏不同的风景、游览不同的地域、体验不同的文化，从而享受精神上的愉悦感，达到休闲放松的目的。

第二，旅游者在法律关系中处于相对的弱势地位。旅游合同的格式化、旅游信息的不对称、旅游服务的异地给予、境外旅游中语言的障碍、先付款后服务的消费模式等因素导致旅游者处于弱势地位。

第三，旅游者受到损害时获得救济相对困难。旅游活动的异地性，旅游服务提供者众多，法律关系复杂，其造成的结果是一旦某个服务环节存在瑕疵或造成旅游者人身损害和财产损失，不仅不容易界定责任主体，而且旅游者需要前往异地取证，这给旅游者维权带来极大的不便。

由此可见，旅游活动的特殊性决定了旅游者主体地位的特殊性，也决定了法律必须从旅游者兼具的一般性和特殊性出发，才能真正达到保护旅游者权益的目的。从一般保护上说，可适用我国一般法的规定，如《消费者权益保护法》《民法通则》《合同法》等，以及《最高人民法院关于审理旅游纠纷案件适用法律若干问题的规定》等司法解释。

从特殊保护方面说，则是指对旅游者适用专门的法律法规，予以特别保护。《旅游法》中设专章规定了旅游者的各项权益及其保护。

（一）一般消费者权益在旅游活动中的体现

《旅游法》第九条中规定了旅游者享有对产品和服务的自主选择权、知悉真情权等；第十条规定了旅游者的受尊重权；第十二条规定了旅游者的安全权。这些内容显然在《消费者权益保护法》中都有所规定。从概念上看，旅游者与消费者是种属概念的关系，即旅游者是种概念，消费者是属概念，属概念包括种概念。旅游者是一类特殊的消费者，其当然应享有普通消费者所享有的各项权利。《旅游法》中进一步强调《消费者权益保护法》中的内容，是针对目前我国旅游行业中突出存在的服务不规范及旅游欺诈、强制购物和旅游者的人格尊严得不到尊重等现象，旨在彰显法律保护旅游者应当享有的各项权益，否定那些损害旅游者利益的不法行为。

（二）特殊旅游者享有的特定权利

《旅游法》第十一条中规定的特殊旅游者包括残疾人、老年人、未成年人等，他们在参加旅游活动时，有权要求经营者提供参观上的便利及价格上的优惠。从世界各国立法中来看，对弱势群体进行规定体现特别的关爱已经是一个重要的立法理念。我国也有《中华人民共和国残疾人保障法》（以下简称《残疾人保障法》）、《中华人民共和国老年人权益保障法》（以下简称《老年人权益保障法》）及《中华人民共和国未成年人权益保障法》（以下简称《未成年人权益保障法》）等单行法专门保障这些群体在社会生活中的各项权益。《旅游法》中凸显了对这些主体的特殊保护，体现了法律的人文关怀。同时，在某种程度上也为经营者设定了相应的义务，即为这些主体提供参观上的便利和优惠。

除此之外，专项行政立法中也体现了这种保护方式。具体的法规、规章主要有《旅行社管理条例》《导游人员管理条例》《风景名胜区条例》《旅游安全管理暂行办法》《旅游投诉处理办法》等。通过这些立法，使我国旅游者权益的保护方法更加具体和周延。

二、旅游者的法律地位

旅游者的法律地位是指旅游者在法律关系中所处的地位，由旅游主体所形成的相互关系所确定。法律地位决定着旅游者所享有的权利和承担的义务，以及权利受到侵害时获得法律救济的内容和方式。

旅游是一种满足精神文化需求的消费活动，它涉及游、购、娱、食、住、行六大环节。在旅游活动中，旅游者与旅游经营者（通常是旅行社）通过签订合同约定双方的权利义务，形成旅游法律关系。旅游者在这种旅游法律关系中常常处于弱势地位。究其原因，主要体现在以下几个方面。

（1）旅游消费行为的特殊性。旅游活动不是一般的商品消费，它具有异地性、延时性消费及无形性等特点，这就令旅游者对服务的质量无法事先予以确定，只有进入旅游环节阶段或者完成旅游活动后才能评价产品质量的好坏。旅游活动是否圆满，不在于约定的景点是否都看完，而在于旅游者是否通过旅游获得精神享受，在于旅游目的是否达到。而精神的愉悦感通常难以量化，是否获得精神上的享受也很难界定。

（2）旅游合同的格式化。旅游者与旅游经营者（旅行社）签订的合同多为格式合同。格式合同是交易主体为方便多次交易而事先拟定的合同，具有便利性、事先性及重复性的特点。旅游合同就是旅游行业部门为方便交易事先拟定的。但在现实中，由于缔约双方存在着经济上的极大差异，以及双方缔约能力和信息的知悉程度不同，旅游合同的制定方常常凭借其专业优势和格式条款的不可协商性，制定有利于自己而不利于旅游者的合同。最常见的是制定一方在条款中加入一些"霸王条款"来限制旅游者的权利，以减少或免除自己的责任，转移自己的风险。

（3）法律关系复杂，主体众多。旅游者与旅行社签订了整体的旅游合同之后，提供各项服务就依靠交通、餐饮、饭店、景区等主体的辅助才能完成。无论哪个环节存在服务瑕疵或造成损害，旅游者均面临着要求哪个主体来承担责任的局面，是与之签订合同的旅行社，还是造成直接损害的某个辅助主体或履行辅助人？法律关系的复杂性直接造成旅游者维权的艰难。

（4）现行法律救济机制的有限性。旅游是一种文化的体验，强调精神感受。如果仅仅是服务提供者造成违约行为，则在我国现行法律框架下，旅游者几乎无法主张精神上的损失。最常见的情形是旅行社缩短游览行程，将大部分时间花在带游客购物上；或者饭菜质量缩水，不符合约定；或者安排旅游时间不合理，游客大部分时间在路上奔波；等等。这些违约行为似乎没有造成太多物质方面的损失，但无疑会影响旅游者游览的心情，影响旅游的质量。但旅游者只能向旅行社主张承担违约责任，而由此造成的旅游时间的浪费和旅游精神感受上的不满则无法获得救济。

正确认识旅游者的法律地位，不仅可以帮助我们界定旅游者的权利，而且是保护旅游者权益和保证旅游业顺利发展的需要。旅游者是旅游业持续发展的原动力，是直接关系到旅游业是否能良性发展的关键因素。而旅游者只有进入旅游活动中，其公民旅游权才能转化为实际中的权利。对于旅游业者而言，应当强化他们保护旅游者的合法权益的法律意识，严格遵守法律和合同的约定，树立起以旅游者权利为本位的服务观念，提高服务质量，保障旅游者的人身和财产安全，达到双赢的交易局面。对于旅游者而言，应增强其契约意识和维权意识，善于用法律的武器保护自己的合法权益不受侵害。对于旅游行政管理部门而言，要重视对旅游者权利的保护，进一步完善相关法规，严格遵法、执法，打击侵害旅游者权利的行为。只有这样，才能促进旅游市场的良性、有序和可持续发展。

三、旅游者的权利及权利行使

旅游者的权利是指旅游者在旅游消费中所享有的，由法律、法规确认的或由合同约定的受法律、法规保护的权利。旅游者所享有的权利包含法定权利和约定权利两类。约定权利是通过签订有效的旅游合同而享有的，法定权利则不需要双方当事人的约定，法律直接对此进行了规定。作为消费者，旅游者当然享有《消费者权益保护法》中所规定的保障安全权、知悉真情权、自主选择权、公平交易权、求偿权、结社权、获得知识权、受尊重权、监督权九项权利。这些权利在旅游法律关系中表现比较突出的是保障安全权、知悉真情权、公平交易权、求偿权及监督权。相应地，旅游者的法定权利则体现为旅游经营者的法定义务。

（一）保障安全权

《消费者权益保护法》第七条规定，消费者在购买、使用商品和接受服务时享有人身、财产安全不受损害的权利。《旅游法》第十二条规定，旅游者在人身、财产安全遇有危险时,有请求救助和保护的权利。旅游者人身、财产受到侵害的,有依法获得赔偿的权利。安全是旅游的生命线,安全保障是旅游者最基本的权利,贯穿旅游活动始终,没有安全,旅游就无法进行,旅游业就无法发展。在旅游活动中,旅游者有权要求旅行社、饭店、景区等旅游经营者提供符合国家标准或法定标准的商品和服务,对可能危及人身、财产安全的情形,应当进行明确的提示、警告,并采取措施积极防范。对于已经发生的危害,经营者应采取积极的行为努力救助,协助处理,防止损害的进一步扩大。所以,旅游安全保障也体现为经营者对旅游者的安全保障的义务。《旅游法》第五十条规定,旅游经营者应当保证其提供的商品和服务符合保障人身、财产安全的要求。这种义务为经营者的附随义务,无须约定,但不能免除。

(二)知悉真情权

知悉真情权(又称知情权)是指旅游者有权知悉其所参加的旅游活动的真实情况和真实信息。《旅游法》第九条第二款规定,旅游者有权知悉其购买的旅游产品和服务的真实情况。实践中具体表现在:旅游者有权了解旅游合同的具体内容,有权对合同条款提出质疑;旅游者有权了解旅游行程的具体安排、旅游价格的构成、乘坐交通工具的种类和级别、入住宾馆饭店的等级和位置、旅游路线和具体项目、是否进行购物、是否已购买旅游保险等情况;旅游者有权知晓旅游目的地的基本情况,包括语言、风俗习惯、基本法律状况、社会治安状况等信息;旅游者有权了解领队、导游以及旅游主要提供人(如地接社)的基本情况、资质、等级等内容;在旅游服务提供人(如转团、拼团)发生变更时,旅游者有权知道并同意这一变更;等等。相应地,法律从规定经营者义务的角度也对旅游者享有的知情权进行保障。如《旅游法》第三十二条规定,旅游者为招徕、组织旅游者发布信息,必须真实、准确,不得进行虚假宣传,误导旅游者。第四十四条规定,景区应当在醒目位置公布门票价格、另行收费项目的价格及团体收费价格。景区提高门票价格应当提前六个月公布。这些规定均体现了法律保护旅游者的知情权。

(三)公平交易权

公平是法律所追求的终极目标,《民法通则》《合同法》等都将公平作为其立法宗旨和根本原则。同时,公平也是一切交易的重要因素,是一切交易主体希望达到的理想的交易状态。公平交易权是指旅游者有权要求经营者提供质价相符的服务。《旅游法》第九条第三款规定,旅游者有权要求旅游经营者按照约定提供产品和服务。第三十五条规定,旅行社不得以不合理的低价组织旅游活动,诱骗旅游者,并通过安排购物或者另行付费旅游项目获取回扣等不正当利益。目前,由于旅游业竞争激烈,一些经营者们不是想办法提高服务质量,而是使用"零团费""负团费"的方法来招徕生意,以低于成本价的方式欺骗旅游者签订合同,旅游行程中再以缩短行程、降低服务质量、强迫或引诱购物等违法方式来谋求利益。这种方式变相侵害了旅游者的公平交易权,造成了很坏的社会影响,阻碍了旅游业的正常发展。

（四）求偿权

旅游者的求偿权是指旅游者在因购买、使用旅游商品遭到违约或接受旅游服务时受到的人身、财产损害时,依法享有的获得赔偿的权利。求偿权设定的目的就是为了保障旅游者其他权利的实现。求偿权的产生有侵权和违约两种原因。没有救济就没有权利。当权利受到侵害时,法律允许受害人获得一定的物质补偿,从而补偿其受到的损害,可见求偿权又是一种必不可少的救济性权利。

旅游者享有的违约求偿权是指当经营者违反合同约定、不履行合同或不适当履行合同时,旅游者可以基于旅游合同要求经营者进行赔偿的权利。常见的经营者违约行为包括：旅行社未经旅游者同意将合同转给其他旅行社,旅游行程缩水、遗漏景点,增加消费项目,入住的饭店及餐食与合同约定不符,导游服务不符合服务标准及违反提示、通知及保障旅游者安全等附随义务等。

旅游者享有的侵权求偿权包括：一是人身损害求偿权。广义的人身损害既包括身体、健康损失和生命的丧失,也包含名誉、隐私等人格权受到侵害所遭受的损失,既有有形的损失,又有无形的损失。前者的救济方式一般为赔偿损失,后者的救济方式一般为赔礼道歉、消除影响、恢复名誉、赔偿损失等。二是财产损害求偿权。在旅游活动中,旅游者的财产受到损害时有权要求经营者赔偿。三是精神损害求偿权。旅游者主张精神损害赔偿的依据主要是《民法通则》及最高人民法院颁布的《关于确定民事侵权精神损害赔偿责任若干问题的解释》。一般认为,只能基于侵权行为提起精神损害赔偿,而且只有在因侵权行为造成人格权的损害时,才发生精神损害赔偿。违约责任则不能主张精神损害赔偿。《旅游法》规定了一种特殊的求偿权,即惩罚性求偿权。第七十条规定,旅行社具备履行条件,经旅游者要求仍拒绝履行合同,造成旅游者人身损害、滞留等严重后果的,旅游者可以要求旅行社支付旅游费用一倍以上三倍以下的赔偿金。

（五）监督权

监督权是指旅游者对旅游商品和旅游服务进行监督的权利,包括旅游者的检举、投诉、控告、批评和建议的权利。实践中,旅游者往往以对旅游质量向旅游管理部门进行投诉的方式行使该权利,所以旅游监督权的对象一般是旅游经营者。目前,我过旅游业已经建立了旅游服务质量监督体系,通过公布被投诉的经营者,督促旅游经营者改进服务质量,提高服务水平。

近年来,出境、入境旅游者不断增加,外国旅游者的权利也日益受到各国的关注。外国旅游者的法律地位,通常由其所在国根据国际法上关于外国人法律地位的一般原则加以规定,有时也通过双边或多边条约进行规定,或者遵守相关的国际条约。各国给予外国旅游者的待遇，主要有两种：其一是国民待遇。即一个国家给予外国国民在民事方面与本国国民大体同等的待遇，适用于本国国民的某些权利同样适用于外国人。其二是最惠国待遇。根据双方或多方条约，缔约一方给予另一方国民的待遇不得低于它给予任何第三方国国民的待遇。

四、旅游者的义务

任何法律关系都是权利义务的集合，旅游者享有权利的同时也承担着相应的义务。旅游者的义务从性质上划分可以分为法定义务、约定义务。法定义务是根据法律的明确规定而产生的义务，约定义务是基于双方当事人签订的旅游合同而产生的。我国《旅游法》规定旅游者权利的同时，也规定了相关的义务。具体包括：文明旅游的义务、不损害他人权益的义务、安全配合的义务等。

（一）文明旅游的义务

《旅游法》第十三条规定，旅游者应当遵守社会公共秩序和社会公德，尊重当地的风俗习惯、文化传统和宗教信仰、爱护旅游资源，保护生态环境，遵守旅游文明行为规范。这一义务的法理基础是公民应尊重公共秩序和善良风俗。旅游者在旅游目的地进行短暂的停留，要遵守当地的法律、社会风俗、文化传统等，这体现了对当地文化的一种尊重。《马尼拉世界旅游宣言》认为，旅游实践中，精神因素比技术和物质因素占有更重要的地位。精神因素中就包括承认文化属性并尊重各国人民的精神遗产。法律、社会秩序、风俗习惯、文化传统甚至宗教信仰等都是各国精神遗产中重要的组成部分，是当地文化的一部分。旅游的目的就是通过了解不同的文化从而实现人的价值。旅游资源包括山川、湖泊、江河等自然景观，也包括人文景观，是人类共同的遗产，具有不可再生性。旅游资源的保护应当是每个公民的义务，更应当是每个旅游者义不容辞的责任。当地居民世代生于斯长于斯，与该地的旅游资源已经融为一体，是旅游资源不可缺少的创造者和守护者。旅游者要尊重他们的生活习惯，维护他们的合法权益。

（二）不得损害他人权益的义务

《旅游法》第十四条规定，旅游者在旅游活动中或者在解决纠纷时，不得损害当地居民的合法权益，不得干扰他人的旅游活动，不得损害旅游经营者和旅游从业人员的合法权益。就我国目前的旅游状况而言，这一义务的规定具有重要意义。随着旅游者的不断成熟，他们的维权意识在逐步增强，许多旅游者开始懂得用法律的手段保护自己的合法权益，但遗憾的是有些旅游者出现了维权过度的情形。将这一义务规定为法定义务，不仅会对改变我国旅游活动的现状有益，而且对引导旅游者依据法律法规的规定理性维权具有重要的意义。

(三)安全配合的义务

安全配合的义务体现在三个方面。一是旅游者对国家应对重大突发事件暂时限制旅游活动的措施应与配合；二是旅游者应当告知与旅游相关的个人健康信息；三是遵守旅游活动中的安全警示规定，配合有关部门、机构或者旅游经营者采取的安全防范和应急处理措施。现代旅游活动很大程度上受政治、经济、文化因素的制约，其中国家的法律、政策、社会状况、国与国之间的关系等多种政治因素对旅游活动的影响很大。旅游者作为公民，应当理解国家在重大突发事件发生时采取必要措施的正当性，积极配合措施的顺利实施。旅游发展至今天，旅游活动被细致地不断分类，有些特定的旅游活动如登山、攀岩等对旅游者的健康状况有严格的要求。旅游者如实告知个人健康状况，不仅是对其他旅游者负责，也是对旅游者的自身的安全和健康负责。实践中，有些旅游者安全意识薄弱，怀着侥幸心理，看到安全警示却置若罔闻，结果造成不必要的人身或财产损害，甚至丧失生命，这样的血的教训不计其数。因此，将旅游者的安全配合义务提高到法律的高度，对旅游安全的防范、安全事故的处理有着深刻的意义。

第三节 旅游者合法权益的保护

旅游者合法权益是指旅游者享有的为国家法律保护的不受侵害的各种权利和利益。全面理解旅游者的合法权益应当注意以下几点。

（1）旅游者的合法权益包括权利和利益。在法理上，权利和利益有所不同。所有的权利都与利益相关，但并不意味着所有的利益都是权利，只有现行法律所承认和保护的利益才是法律意义上的权利。旅游者的合法权益既包括法律承认和保护的权利，又包括与此相关的利益。

（2）旅游者的合法权益来源于两个方面。一是法律、法规的规定，既包括实体法的规定，也包括程序法的规定。法律、法规主要有《旅游法》《合同法》《民法通则》《消费者权益保护法》及相应的司法解释等。境外旅游者的合法权益还包括中国签订的政府间的国际旅游条约或协定所规定的权益；二是旅游合同的规定。旅游者通过有效成立的旅游合同为自己设定相关的权利义务应当受到法律的保护。

（3）外国旅游者的合法权益。"旅游者"应做宽泛的理解，包含中国旅游者和外国旅游者。中外旅游者在中国境内旅游的合法权益保护问题应当以中国法律为准，如果中国法律与中国政府加入或签订的有关国际公约发生冲突，除中国政府声明保留的条款之外，应当执行国际公约或条约的规定①。

旅游者是旅游活动的核心主体。旅游者合法权益保护问题不仅涉及旅游者本人权利和利益，还直接关系到国家旅游事业的命运问题。因此，世界各国法律都做出了相关的规定来保护旅游者的合法权利，国际上也通过公约、国与国之间的条约等各种途径保护旅游者当前合法权益。

一、旅游者合法权益的国内保护和国际保护

（一）旅游者合法权益的国内保护

目前，我国旅游者合法权益保护方面存在以下问题：第一，旅游执法机制存在问题。虽然《旅游法》明确规定了旅游者的合法权益，但在旅游市场主体自觉守法意识较差的情况下，更能体现行政执法的必要性。目前，在旅游行政执法上还存在一些问题，主要体现在：对旅游法和其他行政法了解不够详细深刻，在行政执法过程中出现法律依据不清楚、执法程序不合法、处理结果不公正等问题，与依法行政相去甚远。第二，旅游者维权成本过高。旅游合同的复杂性和异地性常常使得权益受到侵害的旅游者无法向合适的赔偿主体主张权利，旅游的即时性又使得旅游者在权益受到侵害时不能得到及时的救济，需要等旅游活动结束后回到出发地寻求投诉，这就给旅游者在搜集证据、举证等方面带来不小的困难。第三，旅游经营者对旅游者合法权益没有足够重视。旅游经营者法律观念的淡薄导致旅游市场上侵害旅游者权益的现象时有发生。具体表现在：经营者通过虚假广告误导旅游者，推出质次价高的服务欺骗消费者；导游强行索要小费、强制购物甚至进行人身攻击逼迫旅游者购物；随意转团、拼团，旅游服务缩水；旅游者人身财产安全得不到充分的保障等。

随着人们对旅游者合法权益保护重要性认识的不断加深，保护旅游者权益的呼声不断高涨。其中最为有效的保护措施是法律措施。在法律的框架内保护旅游者权益，可采用二元制的保护方法，即保护旅游者作为普通消费者所享有的一般权益和旅游者自身所享有的特别权益。本书着重阐述后者。旅游者所享有的特别权益可以通过立法、行政、纠纷解决机制三个方面进行保护。

（1）通过不断完善立法以保障旅游者的合法权益。合法权益的来源是公正而有效的立法，做好旅游立法工作本身就是对旅游者合法权益的保障。近年来，我国旅游立法工作明显加强。2013年10月《旅游法》正式实施。《旅行社条例》也于2017年3月修订完善，《旅游投诉处理办法》自2010年7月1日开始实施。各地也制定了较为完善的地方旅游条例。旅游立法的进步丰富了有着合法权益的内容，

---

① 王健.旅游法教程[M].2版.天津：南开大学出版社，2011.

也为这些权益提供了更高水平的保护①。

（2）通过旅游行政规制保障旅游者的合法权益。原国家旅游局作为旅游业的行政主管部门，承担着规范旅游市场秩序、监督管理旅游服务质量、维护旅游者和经营者合法权益的责任。联合各部门出台旅游接待服务标准，对旅游经营者的服务质量进行规范。各地旅游局成立了旅游质监所，受理各地游客的旅游投诉问题，在处理旅游纠纷，进行旅游调解方面起着不可忽视的作用。同时，通过旅游行政执法整顿旅游市场，重点打击"黑社""黑导""零负团费"等严重扰乱旅游市场，侵害旅游者合法权益的不法行为。

（3）通过建立顺畅的纠纷解决机制来保障旅游者的合法权益。一般地，权益受到侵害的旅游者可以选择调解、仲裁、诉讼等途径来保障自己的利益。顺畅的纠纷解决机制是保障旅游者合法权益的重要保证。完善的立法、严格的执法，最后都要落实到问题的解决上，只有顺畅的解决机制，才能使权益受到侵害的旅游者得到及时的救济，保障他们依法行使自己的旅游权利。一般地，旅游纠纷有着标的额较小、事实简单清楚等特点，发生纠纷后，旅游者寻求解决的方式由纠纷本身的特点和解决机制的特点等因素决定。在我国，仲裁在旅游纠纷中适用空间不大，在纠纷发生时，我国旅游消费者更愿意通过向质监所投诉，通过接受调解来解决旅游纠纷。因此，我国旅游纠纷解决应注重调解的作用。各地旅游质监所应当以事实为依据，以法律为准绳，以理性为基础，充分发挥其调解的积极作用，在旅游者权益保护方面大有作为。

（二）旅游者合法权益的国际保护

保护消费者的合法权益已成为世界各国共同的任务之一。1962年，美国总统约翰·肯尼迪在美国国会发表了著名的《关于保护消费者利益的总统特别咨文》，首次提出了消费者"四项权利"，即有权获得安全保障，有权获得正确资料，有权自由决定选择，有权提出消费意见。之后，消费者权利保护的理念深入人心。20世纪60年代以来，消费者保护立法呈现出国际化的趋势，一些国际组织出现，国际条约日益发挥着重要作用②。同时，国际保护也延伸到旅游者的特别保护中来。

（1）国际消费者联盟——消费者的联盟。国际消费者联盟（IOCU）是1960年由美国、英国、澳大利亚、荷兰和比利时五国的消费者基金组织在海牙联合成立的，简称"国际消盟"。这是目前规模最大、影响范围最广的国际性的消费者权益保护组织。这个组织将每年的3月15日确立为"国际消费者权益日"。我国自1987年加入国际消费者联盟组织，成为其正式会员。每年3月15日，我国都会运

---

① 刘云亮.旅游法学[M].北京：法律出版社，2011.
② 宣海林.全球消费者权益保护的新发展[N].人民法院报，2010-03-19（8）.

用各种形式宣传保护消费者权益的有关法律法规及其成果，促进全社会都关心、支持消费者权益保护工作①。近年来，"3·15"晚会曝光了侵害旅游者权益的事件，如旅游合同中的一些"霸王条款"、"黑社"和"黑导"现象、非法"一日游"等，这些对旅游净化旅游市场，保护旅游者权益起到正面的宣传作用。

（2）联合国的文件中与旅游休闲相关的规定。联合国于1948年通过的《世界人权宣言》指出，任何人都有休息、消闲的权利，尤其是享有合理的工作时间和定期带薪休假的权利。1966年12月又通过了《国际经济、社会和文化权利公约》规定，各国应确保人人都能休闲、娱乐，合理限制工时和定期带薪休假，以及公共假日期间照常发薪。

（3）世界旅游组织对保护旅游者权益的积极作用。世界旅游组织（World Tourism Organization，UNWTO）是联合国系统的政府间国际组织，是目前世界上唯一全面涉及国际旅游事务的全球性政府间机构，同时也是当今旅游领域中最具知名度并且最具影响力的国际性组织。其宗旨是促进和发展旅游事业，使之有利于经济发展、国际相互了解、和平与繁荣。它主要负责收集和分析旅游数据，定期向成员国提供统计资料、研究报告，制定国际性旅游公约、宣言、规则、范本，研究全球旅游政策。1983年，我国正式成为它第106个会员国。1985年在保加利亚首都索菲亚召开的第六次全体成员会议上，通过了《旅游权利法案和旅游者守则》。其第一条就规定：人人享有休息和休闲、对工作时间的合理限制、周期性带薪休假和在法律范围内无限制地自由来往的权利。《旅游权利法案和旅游者守则》对旅游者的权利规范涉及了旅游者的享受休息和闲暇的权利、自由来往的权利、人身财产安全的权利、全面及时了解各种旅游信息的权利、自由享受旅游资源的权利、人格尊严和民族风俗习惯受尊重的权利及自主选择旅游经营者和旅游方式的权利等。这些权利可以说涉及了整个旅游行为和旅游过程，它从旅游者知情权到人身财产安全权、从自由来往权到自由享受旅游资源构成了一个有机的权利体系②。并规定了各国政府应制定并实施一系列政策以促进国内和国际旅游及闲暇活动的健康发展，以保障旅游者权益的实现。1980年，在菲律宾马尼拉召开的世界旅游组织大会上发表了《马尼拉世界旅游宣言》，全面提出了三点问题：旅游权利问题、旅游环境问题、国内旅游地位问题。并指出：发展旅游的根本目的是提高生活质量并为所有的人创造更好的生活条件。1982年8月在墨西哥举行的世界旅游会议上通过的《阿卡普尔科文件》第九条规定：人人有权休息、休闲和带薪休假。并提出：各国的责任不能局限于仅仅承认这一权利，而应创造实际的和恰当的条件，让那些享有假日

---

① 刘云亮.旅游法学［M］.北京：法律出版社，2011.
② 汤静.论《旅游权利法案》的国际法性质及在我国的适用［J］.时代法学，2008：6（3）：99-103.

的人更有效地享受，应该做出实质性努力错开休假时间。1999年，世界旅游组织又发表《全球旅游伦理规范》。全文包括导言和10条正文，除第10条"全球旅游伦理规则"的实施之外，正文部分共9条45款，其中"权利"占3条15款。第7条规定了旅游权利，第8条规定了旅游者往来的自由。这一文件可视为旅游权利主张的集大成者。这些文件的制定无疑对世界各国旅游者权益保护的立法理念、政府作为、保护内容、保护方式等方面起着积极的引导作用。

二、旅游者合法权益的维权途径和方式、方法

2009年，国务院发布了《国务院关于加快发展旅游业的意见》，给我国旅游业发展带来新的契机。在此基础上，于2013年又发布了《国民旅游休闲纲要》（以下简称《纲要》），该《纲要》以满足人民群众日益增长的旅游休闲需求，促进旅游休闲产业健康发展，推进具有中国特色的国民旅游休闲体系建设为其目标。这些文件的出台，无疑会进一步鼓舞国民旅游休闲的热情，增加旅游的机会。但目前我国有些旅游者并不成熟，他们不是不重视自己的权益、自我保护意识薄弱，就是维权过度，甚至损害其他主体的利益。

旅游者采用合适的方式维护自己的权益时，应注意考虑以下几点。

（1）知晓自己的合法权益，做个理性的消费者。保护旅游者的合法权益，最重要的是旅游者自己应知晓自己的权益，重视自己的权益。实践中有些旅游者的权利意识走两个极端。要么是根本不知道自己的权利，权利受到损害还不知情；要么是夸大自己受损害的事实，维权失当。这两种态度都不可取。要做到理性维权，应当做到两点。一是旅游者要培养自己理性的消费习惯，了解经济行为盈利的一般特性，善于辨别不法经营者打着低价、让利的幌子欺骗消费者的伎俩，才能不上当、不受骗；二是旅游者要了解必要的法律知识，对经营者的合法行为与不法行为有着基本的区分。旅游者的权益来自法律的规定和合同的约定，旅游经营者是否提供了合格的服务，是否侵害了自己的权利，其判断标准就是法律的规定和合同的约定。因此，旅游者应详细了解合同的内容，了解旅游服务的内容，对于自己的权利义务应当心知肚明，做到忠实履行自己的义务，坚决主张自己的权利。

（2）根据实际情况，合理合法主张自己的权益。旅游的服务数量和质量，完全掌握在经营者手中，旅游者只有在旅游过程中才能感知旅游产品质量优劣，且难以因旅行社的服务质量问题而中断旅游。显然，旅游者与旅游经营者利益的获取方式是不对称的，旅游者在旅游市场交易过程中处于弱势地位。当旅游者遇到合法权益受到侵害的情形时，要根据实际情况，根据侵害行为的不同程度，根据给自己造成损害的不同程度，合理、合法地主张自己的权益。

一般情况下，侵害旅游者的利益是由旅游经营者（一般包括旅行社、地接社、

旅游运输公司、宾馆饭店、旅游景区等主体，航空或铁路造成的损害适用航空或铁路运输损害的专门规定）的违约或侵权行为造成的。与违约行为对应的责任是违约责任，在《旅游法》颁布之前，主要适用《合同法》的相关规定。《旅游法》颁布后，其作为特别法应当效力优先。第五章"旅游服务合同"专门规定了旅游者与旅游经营者之间的法律关系应当适用的规范。第六十九条第一款规定，旅行社应当按照包价旅游合同的约定履行义务，不得擅自变更旅游行程安排。第七十条旅行社不履行包价旅游合同义务或者履行合同义务不符合约定的，应当依法承担继续履行、采取补救措施或者赔偿损失等违约责任；造成旅游者人身损害、财产损失的，应当依法承担赔偿责任。旅行社具备履行条件，经旅游者要求仍拒绝履行合同，造成旅游者人身损害、滞留等严重后果的，旅游者还可以要求旅行社支付旅游费用一倍以上三倍以下的赔偿金。《旅游法》还规定了其他旅游辅助人违约责任。第七十五条规定了住宿经营者未按照约定提供服务，应采取补救措施，即提供不低于原定标准的住宿服务。除此之外，为了保障旅游者的利益，《旅游法》还规定了在地接社、履行辅助人违约时，旅游者可向组团社直接主张，要求其承担违约责任。

与侵权行为相对应的是侵权责任的承担。《消费者权益保护法》和《中华人民共和国侵权责任法》（以下简称《侵权责任法》）都规定了经营者对消费者的安全保障义务，《最高人民法院关于审理旅游纠纷案件适用法律若干问题的规定》中也规定了经营者对旅游者的安全保障义务。《旅游法》更是将旅游经营者的安全保障义务细化到法条中，这一义务包括人身安全和财产安全的保障。《旅游法》第五十条规定，旅游经营者应当保证其提供的商品和服务符合保障人身、财产安全的需要。根据《侵权责任法》第十五条的规定，经营者侵害旅游者人身权和财产权的侵权责任的承担方式包括停止侵害、排除妨碍、消除危险、返还财产、恢复原状、赔偿损失、赔礼道歉、消除影响、恢复名誉。造成残疾的，还应当赔偿残疾生活辅助具费和残疾赔偿金。造成死亡的，还应当赔偿丧葬费和死亡赔偿金。另外，《最高人民法院关于确定民事侵权精神损害赔偿责任若干问题的解释》也规定，旅游者因生命权、健康权、身体权、姓名权、肖像权、名誉权、荣誉权、人格尊严权、人身自由权等向法院提起诉讼的，可以主张精神损害赔偿。

（3）选择适合的维权途径。旅游者在权益受到侵害时，可以选择投诉、调解、仲裁、诉讼等方式进行维权。旅游活动常常在异地进行，在自己不熟悉的地方权利受到侵害时，旅游者往往不知选择何种方式来维权，大部分旅游者选择回到出发地向旅行社的主管部门进行投诉。其实，旅游者维权的方式取决于以下几个因素：一是侵害权益的行为性质。如果是违约行为，旅游者常常选择与经营者交涉或者投诉的方式来维权。如果是侵权行为，则较多选择诉讼的方式来解决问题。二是维权的便利性。同样遭受侵害权益的行为，有的旅游者可能选择权益受到侵害的地方旅游主管部门进行投诉,有的可能回到出发地进行投诉,这是维权的便利性决定的。三是权益受到侵害的是个体还是群体。个体权益受到侵害的消费者常常采取较柔和的方式来维权,群体权益受到侵害的一般采用抗议性强的方式。如发生集体"罢游"事件,或航空延误集体拒绝登机。四是维权的成本核算。几乎每一个旅游者维权时都要考虑成本是否合算,这是由亚当·斯密所说的"经济人"的本质决定的。一般地,仲裁和诉讼的维权成本相应比较高,标的额通常比较小的旅游纠纷当事人就会考虑选择投诉、行政调解等成本较少的方式。五是维权的难易程度。经营者的侵害行为构成侵权和违约的竞合时,旅游者就会考虑选择哪种请求权方式更容易达到维权的效果。

【思考题】

1. 公民旅游权和旅游者权利有什么区别?
2. 旅游者与一般消费者有何不同?
3. 旅游者的国际保护主要有哪些方面?
4. 旅游者应当如何保护自己的合法权益?

第三章

旅游促进法律制度

旅游促进是指国家为促进旅游业发展而采取的法律、政策和措施的总和。旅游促进法律制度是指国家立法机关、地方立法机关以法律、法规、规章等形式确认、明确的促进旅游业发展的措施的总和。政策与法律是两个不同的概念，但是鉴于相关政策在我国社会实践中有较强的效力，本章将旅游促进政策也纳入旅游促进法律制度一并介绍，分别对国家及地方促进旅游业发展的相关制度进行阐述，主要包括旅游促进政策、旅游形象宣传制度、旅游公共信息服务制度、旅游应急救援服务制度、旅游基础设施建设制度和旅游人才队伍建设制度等。

第一节 旅游促进政策

所谓政策是指国家或政党为完成一定历史时期的任务而制定的具体行动准则。我国的旅游促进政策作为党和国家推动旅游业发展进步的具体行动准则和措施，在我国旅游业发展过程中发挥着极其重要的作用。

一、旅游促进政策概述

在我国，旅游促进政策是指党和国家促进旅游业发展的具体行动准则和措施的总和。旅游业自身的特点及中国旅游业在我国社会发展中的特殊情况，使得旅游业的发展需要党和国家在政策方面给予支持和促进。

这些年来，党和国家出台了不少有关促进旅游业发展的政策和措施。从习近平总书记的"两山"理论，即"绿水青山也是金山银山"理论，到习近平总书记对全域旅游的充分肯定，全域旅游如今已成为我国的国家战略，全国各地都在大力推进全域旅游的发展，从总体上看，旅游业快速发展的大好形势非常喜人。国务院出台的一系列推动旅游业发展的文件，如《国务院关于加快发展旅游业的意见》（国发〔2009〕41号）、《"十三五"旅游业发展规划》等，都可谓我国关于旅游促进政策的基本内容。

同时，地方各级人民政府也在大力推进全域旅游的发展，利用互联网+等现代科技手段，结合各地旅游发展的特色和优势，在贯彻落实党的十九大报告精神的过程中，大力推进本地旅游业的发展。

二、促进旅游业发展的意义

（一）促进旅游业发展有利于扩大内需

当前，内需不足、消费不振是制约我国经济发展的突出问题。而旅游消费具有拉动内需、促进消费的独特优势。首先，旅游是终端消费，普通民众用自己的钱直接购买服务。其次，旅游是综合性消费，包括对餐饮、娱乐、物品、游览、交通、住宿等各方面的消费。再次，旅游是多层次消费，不同收入档次、不同文化品位、不同出游方式的旅游者都可以找到适合自己的旅游服务。最后，旅游消费是可重复性消费，只要人们有时间、有收入、有愿望，就可以重复出游、不断消费。鉴于旅游消费的上述特点，发展旅游业将对国家的内需提升有极大的促进作用。

（二）促进旅游业发展有利于促进就业

旅游是集现代服务业与传统服务业、劳动密集型与知识、技术密集型于一身的产业，有着很强的吸纳基业能力。世界旅游组织测算，旅游业每增加3万美元的收入，就可以增加1个直接就业机会和5个间接就业机会。当前，由于技术进步带来的资本有机构成提高和产业结构不合理等原因，我国的就业弹性系数已经从改革开放初期的0.3下降到目前的0.1左右，这意味着当前经济发展吸纳就业的能力在下降。如果加上当前城镇化与调整经济结构的因素，第一、第二产业富余的和难以吸纳的人员，都要进入服务业。旅游业作为新兴产业，具有就业容量大、门槛相对较低、就业层次多、就业方式灵活等优势。发展旅游业，将有利于积极地促进就业，减缓我国的就业压力。

（三）促进旅游业发展有利于提升人民生活质量

随着人们收入的增加与生活水平的提升，人们的消费结构也在不断变化，逐渐由以物质消费为主转向以精神消费为主。旅游活动可以陶冶情操、开阔视野、增加知识、增进交往，可以舒缓工作压力与精神压力，根本性地提升个人和家庭的和谐幸福。可以说，旅游已经成为人们提升生活质量的重要途径。

（四）促进旅游业发展有利于促进对外交往

旅游是人在空间的移动，既有外国人到中国旅游，也有中国人到外国旅游，还有中国人在自己的国土上旅行、游览。无论是哪种方式，旅游者必然会在异地与当地民众发生交往，进行交流，增加对异地风土人情、风俗习惯的认识与了解。有人说，旅游是没有口号的外交。近年来，随着旅游业的发展，西方人对中国的认识有了很大改观，中国人也对祖国的大好河山有了全面的认识。

三、旅游促进政策的具体内容

（一）全域旅游发展协调机制

旅游发展协调机制是指各地协调部门之间、地方之间及地方与部门间关系以促进旅游业发展的机制，其具体形式为旅游领导小组、旅游发展大会等。建立上述协调机制，其目的在于协调相关部门、地方，形成促进全域旅游发展的合力，营造旅游业发展的良好环境。目前，国家及各地的旅游发展协调机制基本上属于假日旅游协调机制或特定旅游项目协调机制，如红色旅游，常态性的全域旅游发展协调机制尚未建立或健全。旅游业的发展在体制、机制上受到极大制约。为此，《旅游法》第七条规定，国务院建立健全旅游综合协调机制，对旅游业发展进行综合协调。县级以上地方人民政府应当加强对旅游工作的组织和领导，明确相关部门或者机构，对本行政区域的旅游业发展和监督管理进行统筹协调。据此，国务院及省级、市级、县级地方人民政府都应建立健全旅游综合协调机制，旅游乡镇也要明确专人负责乡村旅游工作，以体制机制的力量推动旅游业持续健康发展。

（二）旅游项目用地政策

旅游企业的发展需要落地，需要有一定的土地空间。无论是景区，还是宾馆、农家乐项目等，都需要建设在土地之上。《旅游法》第二十条对此做出了明确的规定，各级人民政府编制土地利用总体规划、城乡规划，应当充分考虑相关旅游项目、设施的空间布局和建设用地的要求。各地应根据《旅游法》的要求，结合地方实际，完善用地政策。年度土地供应，要根据当地旅游业发展的空间相应增加旅游业用地指标。为旅游配套的公益性城镇基础设施建设用地按照划拨方式提供。利用林地、水面、山头兴办的旅游项目，可以通过承包、租赁等形式取得使用权或经营权。以出让方式取得土地使用权的，可以依法转让、出租和抵押。城乡建设用地增减挂钩和土地整理节余的土地使用向乡村旅游业倾斜。

（三）旅游金融政策

旅游企业的发展离不开银行等金融机构的支持。金融机构的支持是旅游企业健康发展、跨越式发展的保障与基础。为此，各地应根据《旅游法》大力发展旅游业的精神及国务院41号文件的要求，不断完善融资政策，引导金融机构积极支持旅游业发展。鼓励金融机构在依法合规、风险可控的基础上，开展旅游企业建设用地使用权抵押、海域使用权抵押、水域滩涂养殖使用权抵押、林权抵押、养殖物抵押等抵押贷款业务。涉农金融机构要加大对乡村旅游的信贷投放和金融服务力度。在乡村旅游集聚地区要优先布设ATM机。鼓励有实力的企业发起设立旅游产业基金，组建融资性旅游担保公司。支持符合条件的企业发起成立小额贷款公司、旅游投资公司、民间资本管理公司。凡是符合小额担保贷款政策支持对象的乡村旅游企业，均可申请小额担保贷款，并按规定予以贴息。

（四）旅游税费优惠政策

旅游业的发展最终要落实到每一个旅游企业的发展。旅游企业的发展可以从两方面进行，一是增加收入，二是减少支出。对于旅游企业的发展而言，支持、促进的措施之一就是落实好国家已有的旅游税费政策。之所以说落实已有的税费优惠政策，不提出台新的旅游税费优惠政策，是因为在建设法治国家的今天，税费优惠的出台必须依法进行，不符合法律的地方税费优惠政策既无法出台，更无法持续。可以说，只要能把国家已有的旅游税费优惠政策落实到实处，落实到每一个旅游企业身上，就是对旅游企业的莫大支持与促进。具体来说，应根据国务院41号文件的要求，对星级饭店、旅游景区、旅游度假区、温泉企业、旅游商品生产企业等单位，实行与一般工业企业同等的用水、用电、用气价格政策。对经营采摘、观光农业的单位和个人，落实国家有关规定，其直接用于采摘、观光的种植、养殖、饲养的土地，免征城镇土地使用税。旅游企业的促销费用依法纳入企业的经营成本，减少企业的税收压力。

（五）财政政策

旅游业是产业，又是事业。产业的发展要靠市场、靠旅游企业自身，当然也需要政府的积极引导。事业的发展，其责任主要在政府，需要政府的投入。为此，《旅游法》第二十四条规定，国务院和县级以上地方人民政府应当根据实际情况安排资金，加强旅游基础设施建设、旅游公共服务和旅游形象推广。据此，国务院和县级以上地方人民政府都要根据旅游发展实际，设立旅游发展资金，并根据旅游业发展需要，逐步加大投入。

（六）旅游消费促进政策

旅游业的发展，既要靠投入，更要靠消费。因此，《旅游法》第二十三条要求：国务院和县级以上地方人民政府应当制定并组织实施有利于旅游业持续健康发展的产业政策。消费促进是产业促进政策的重要组成部分，由此，采取各种有利于促进、刺激旅游消费的措施就是落实《旅游法》精神的实质步骤。具体来说，行政事业单位和国有企业的交通、住宿、餐饮、会展、会务及出国境服务可以委托旅行社办理，既节省上述单位的精力、财力，又能促进旅游业的发展。切实落实带薪休假制度，鼓励企业将安排职工旅游休闲作为奖励和福利措施。鼓励学校组织学生进行寓教于游的课外实践活动，健全学校旅游责任保险制度。加快推进公益性景区、博物馆、纪念馆等免费开放，依托公共资源开发的旅游景区实行低票价制度。积极落实旅游景区对未成年人、高校学生、教师、老年人、现役军人、残疾人等群体减免门票等的优惠政策。

第二节 旅游形象宣传

旅游形象宣传是旅游促进政策的重要内容之一。为此，需要对旅游形象、旅游形象宣传的内涵和外延以及如何进行旅游形象宣传有基本了解。

一、旅游形象和旅游形象宣传的含义

旅游形象通常可分为国家旅游形象和地方旅游形象两个方面。国家旅游形象是一个国家在国际社会中所展示的整体旅游面貌，而地方旅游形象则是各个地方特有的在社会中所展示的整体旅游面貌。整体旅游形象推广或宣传是旅游业具有特殊要求的产业规律，加强国家旅游形象推广对于旅游业发展和扩大国家影响力具有重要意义。国际旅游形象合作是配合国家对外交往整体战略、营造旅游业发展外部环境、提升中国旅游业国际地位的重要渠道。

旅游形象是旅游目的地相关主体宣传与传播的成果，它是旅游目的地各旅游产品及其他因素综合作用产生的效果总和，是人们对旅游目的地各种感知、印象、看法、感情和认识的综合体现，在旅游目的地发展中占据极其重要的地位。因此，加强旅游形象推广就成为促进国家和各地旅游业发展的重要措施。

旅游形象具有公共产品的非竞争性和非排他性特征，它是一种公共产品，必须借助于国家或地方政权机构才能完成。《旅游法》第二十五条对此做出了明确规定：国家制定并实施旅游形象推广战略。国务院旅游主管部门统筹组织国家旅游形象的境外宣推广作，建立旅游形象推广机构和网络，开展旅游国际合作与交流。县级以上地方人民政府统筹组织本地的旅游形象推广工作。

二、旅游形象推广的主要内容

（一）旅游形象推广的主体

鉴于旅游形象往往与国家和地方整体形象密切相关，需要统筹有关部门共同推进，为此，这一责任应当由各级政府承担。《旅游法》明确规定国家制定并实施旅游形象推广战略。国家旅游行政管理部门在国家旅游形象境外推广中，具体承担的职责包括：统筹组织国家旅游形象境外推广工作，建立旅游形象推广机构和网络，开展旅游国际合作与交流。对于地方旅游目的地而言，《旅游法》则要求县级以上地方人民政府承担本地旅游形象推广的统筹工作。

（二）旅游形象推广的方式

根据旅游形象宣传的基本原理，国家或县级以上地方人民政府应整合旅游形象推广的各种方式，协调相关组织，整合相关资源，打造统一、协调的国家旅游形象或地方旅游形象。具体来说，在实施国家旅游形象的境外宣传工作中，国家可以在相关国家、地区设立国家旅游形象推广机构，建立国家旅游形象推广网络，并为此开展旅游国际合作与交流。县级以上地方人民政府主要负责地方旅游形象的境内宣传，境外宣传应与国家层面的旅游形象宣传战略保持一致，具体宣传方式应效仿国家层面的整合方式。

（三）旅游形象宣传的经费

旅游形象宣传的投入具有数额大、投入时效长等特点，因此需要有稳定的经费保障机制。境外发达国家的旅游形象宣传经费一般通过专项立法予以保障。例如，美国的国家旅游形象宣传经费来源于入境旅游者缴纳的费用，英国、爱尔兰、法国、澳大利亚的国家旅游形象宣传费用则有政府拨款等多种渠道，政府拨款的数额根据入境旅游收入总量确定。此种规定方式的好处是旅游形象宣传的效果与其经费直接挂钩，有利于激励旅游形象推广机构不断改善旅游形象宣传方式，不断提升旅游形象宣传的效果。

第三节　旅游公共信息服务

旅游公共信息服务也是旅游促进的重要内容。《旅游法》第二十六条对旅游信息服务做了明确规范。

一、旅游公共信息服务的概念及特点

旅游公共信息服务是指旅游目的地政府及其他公共组织为满足广大旅游者对该地相关旅游信息的需求，通过多种途径和方法，收集、加工、传输或公开旅游信息的职责、行为及其过程。

旅游公共信息服务具有权威性、有效性、广泛性、公共性、共享性等特点。

（1）权威性。这是由政府及其他公共组织所处的地位决定的。因为政府及其他公共组织握有国家权力或社会公共权力，能够获得一般旅游企业无法或无力获取的大量信息，如旅游目的地的总体接待能力、天气预报、地质灾害预警信息等。

（2）有效性。政府及其他公共组织的权威性确保了政府公共信服务的有效性。如果由某企业或私人部门提供公共信息，因其自利性而导致其提供的信息的可信度将大打折扣。

（3）广泛性。政府及其他公共组织的活动涉及旅游目的地经济与社会生活的方方面面，其信息来源之多、范围之广和内容之丰富是其他组织难以比拟的，各种旅游政务信息、旅游市场信息、旅游接待能力信息等主要由政府及其他公共组织掌握。

（4）公共性。旅游公共信息服务是政府及其他公共组织的公共服务形式之一，体现了政府及其他公共组织的性质和目的，具有公共物品属性。

（5）共享性。政府公共信息服务的对象是所有合资格的旅游者（间接地服务于旅游企业）。

二、旅游公共信息服务的作用

（1）旅游公共信息服务能够有效地满足自助旅游者对旅游的需求。随着经济与社会的发展，人们越来越多地选择自助出游。2010年我国出游量达到21亿人次，近15亿人次游客是自助出游。与跟团出游的旅游者相比，散客需要自己收集旅游目的地的接待信息、天气预报、地质灾害预警等信息。上述信息单靠旅游企业是无法满足旅游者对信息的全面性、真实性、及时性的需求的。政府及其他公共组织提供旅游公共信息服务能够为自助出行的散客带来诸多方便。

（2）旅游公共信息服务是旅游目的地的一项重要服务功能。旅游公共信息服务水平的高低，是衡量一个国家或地方旅游产业发展水平的一个重要尺度。

（3）旅游公共信息服务可以减少信息不对称造成的道德陷阱问题。旅游者对目的地的相关情况所知甚少，在整个行程中容易遭受信息不对称造成的道德陷阱，受到欺骗、欺诈。旅游公共信息服务可以有效地缓解旅游者与旅游目的地经营者之间的不对称状况。

（4）旅游公共信息服务能够促进当地经济的发展。如上文所述，需要目的地旅游公共信息服务的主体还包括旅游企业。尽管有越来越多的人选择自助出游方式，但选择跟团出游的人也不在少数。各地的组团社获取旅游目的地信息的方式除了接待社之外，也需要目的地的旅游公共信息服务。目前，已经有大量的旅行社为了保证出团服务质量，往往选择直接组团前往旅游目的地，不再需要接待社。在这种情况下，组团社对旅游公共服务信息的需求就更大。

三、旅游公共信息服务制度的内容

鉴于旅游公共信息服务对便利旅游者出游、促进旅游业发展的重要作用，《旅游法》对旅游公共信息服务做出了详尽规定，主要包括下述内容。

（一）旅游公共信息服务的提供主体

《旅游法》明确规定旅游公共信息服务的主体在中央是国务院旅游主管部门，

在地方则是县级以上地方人民政府。旅游公共信息服务是公共服务，理应由政府承担，也只有政府才有能力、有公信力承担。

（二）旅游公共信息服务的内容

《旅游法》规定国务院旅游主管部门及县级以上地方人民政府应向旅游者提供旅游景区、线路、交通、气象、住宿、安全、医疗急救等必要信息和咨询服务。上述信息是旅游者制订出游计划、做出旅游决策、确定旅游路线、保障旅游安全与便捷必须知晓的信息。

（三）旅游公共信息的提供方式

信息的价值就在于能够及时、廉价、便捷地为公众获取。为了方便旅游者能够及时、廉价、便捷地获取旅游公共信息，《旅游法》明确规定国务院旅游主管部门及县级以上地方人民政府应无偿向旅游者提供旅游所必要的信息和咨询服务。这里应强调旅游公共信息服务的无偿性。因为旅游公共信息是政府利用包括旅游者在内的纳税人的钱获取的信息，从本质上说应属于公众共有。为旅游者免费提供旅游公共信息，既是人民政府为人民的最好体现，也是对纳税人的回报。同时，《旅游法》还要求设区的市和县级人民政府有关部门应当根据当地旅游业发展的需要，在交通枢纽、商业中心和旅游者集中场所设置旅游咨询中心，在景区和通往主要景区的道路设置旅游指示标识。上述规定的落实，有利于旅游者便捷地获取旅游目的地的公共信息。

第四节　旅游应急救援服务

旅游应急救援服务是指对旅游活动中发生安全事故的当事人提供紧急救护与援助服务的系统。这也是旅游促进必不可少的基本内容。

一、旅游应急救援服务的作用与意义

旅游应急救援服务是"旅游不安全"的现实需要。旅游的流动性、异地性、短暂性使得旅游者在旅游活动中置于一种相对陌生的环境中，对危险的来源、频率等缺乏认识，同时旅游者在旅游途中又容易放松警惕，导致突发事件发生的概率增加，从而导致对旅游应急救援服务的需求上升。旅游安全问题始终贯穿于旅游活动的始末，并伴随着旅游现象而存在。可以说，旅游活动中的不安全是绝对的，安全是相对的。因此，现实需要旅游安全应急救援系统，以便在发生旅游安全问题时尽可能地提供旅游应急救援。

旅游安全应急救援服务将为旅游应急救援时的多方协作、共同作业提供平台和

空间。旅游应急救援服务能够把政府应急救援系统、旅游经营者的应急救援机构、外围机构等相关机构和人员组织起来，以政府应急救援指挥中心这一核心机构来统一策划旅游应急救援工作，形成社会联动系统，发挥集体的力量。

二、旅游应急救援服务制度

旅游应急救援服务制度主要体现在国家层面的立法上。国家层面的旅游应急救援立法主要体现在《中华人民共和国突发事件应对法》（以下简称《突发事件应对法》）及地方制定的《突发事件应对法实施条例》上。

旅游应急救援服务的主体。根据《突发事件应对法》的规定，突发事件的应急救援主体是当地县级人民政府。涉及两个以上行政区域的，由有关行政区域共同的上一级人民政府负责，或者由各有关行政区域的上一级人民政府共同负责。据此，县级人民政府应属于旅游应急救援的主体或者有关行政区域共同的上一级人民政府。

旅游应急救援服务的预防性程序。旅游应急救援的预防性程序是旅游突发事件的监测与预警，这对事后的救援有着重要的支撑作用。对于旅游突发事件的监测与预警，其主体同样应为县级以上人民政府。旅游部门负责收集与旅游突发事件有关的信息，并应及时上报。当可以预警的涉旅自然灾害、事故灾难或者公共卫生事件即将发生或者发生的可能性增大时，县级以上地方各级人民政府负责发布相应级别的警报，决定并宣布有关地区进入预警期，同时向上一级人民政府报告。

旅游应急救援服务的运行。涉及旅游的突发事件发生后，当地县级人民政府应当针对其性质、特点和危害程度，立即组织有关部门，调动应急救援队伍和社会力量，依法采取应急处置措施。应急处置措施应包括：组织营救和救治受害旅游者，疏散、撤离并妥善安置受到威胁的旅游者以及采取其他救助措施；迅速控制危险源，标明危险区域，封锁危险场所，划定警戒区，实行交通管制及其他控制措施；立即抢修被损坏的交通、通信、供水、排水、供电、供气、供热等公共设施，向受到危害的旅游者提供避难场所和生活必需品，实施医疗救护和卫生防疫及其他保障措施；禁止或者限制使用有关设备、设施，关闭或者限制使用有关场所，中止旅游者密集的活动或者可能导致危害扩大的生产经营活动及采取其他保护措施等。

第五节　旅游基础设施

旅游业的健康可持续发展离不开旅游基础旅游，因此，旅游基础设施建设也是旅游促进必不可少的内容，《旅游法》对旅游基础设施的建设做出了总体要求，这是法律给各级政府促进旅游业发展所赋予的必须承担的法定义务。

一、旅游基础设施概述

基础设施，顾名思义是最基本的设施。旅游基础设施是直接为旅游者服务，具有公益性、社会性和基础支撑性的各项设施的总称。旅游基础设施既是连接各旅游服务环节的重要链条，也是提升旅游产品质量和服务质量的基础性因素。

一个国家或地区旅游业的发达程度，并不仅仅表现为星级旅游饭店和A级旅游景区的数量，更在于游客咨询服务中心、旅游厕所、旅游标示体系、游客休息站、自驾车旅游服务区、景区内外旅游交通设施、旅游停车场、配套供水供电设施、垃圾污水处理设施、消防设施、安全防护设施等旅游配套设施的完善。

不同的地方、不同的发展阶段，旅游业的发展对基础设施的需求不同。根据我国旅游业发展的现状及未来发展趋势，旅游基础设施主要包括旅游交通体系、旅游环境卫生体系等。

二、旅游基础设施建设的内容

《旅游法》第二十条对旅游基础设施的建设做出了总体要求：各级人民政府编制土地利用总体规划、城乡规划，应当充分考虑相关旅游项目、设施的空间布局和建设用地要求。规划和建设交通、通信、供水、供电、环保等基础设施和公共服务设施，应当兼顾旅游业发展的需要。一般来说，要使旅游基础设施建设落到实处，应根据《旅游法》的要求，从以下几个方面入手。

第一，旅游基础设施应作为土地利用总体规划、城乡规划、环境保护规划的内容。旅游基础设施，无论是交通设施、环卫设施，还是通信设施，都需要建在一定的空间内，需要与旅游景区、旅游线路等相配套和衔接，只有这样才能发挥基础性作用，才能服务于旅游业。而建设旅游基础设施所需要的空间、土地就需要在各地的土地利用总体规划、城乡规划、环境保护规划中有其位置。因为根据现行法律、法规，任何基础设施的建设均需要以纳入土地利用总体规划、城乡规划、环境保护规划为前提。

第二，加强旅游基础设施建设的资金保障。旅游基础设施建设一般具有资金投入规模大、收益见效慢、受益群体广泛等特点，从而使其资金投入常常难以保障，建设进度、效果自然也会受到较大影响。对此，各地应根据《旅游法》的要求，从促进旅游业持续健康发展的角度，落实发展旅游事业的国家责任，明确旅游基础设施建设的资金来源，疏通社会资本进入旅游基础建设领域的通道，创新旅游基础设施建设资金的融资方式。

第三，建立旅游基础设施建设协调机制。由于旅游基础设施建设涉及较多的部门、和领域,根据现行行政管理体制,必须建立相应的协调机制,才能使旅游基础设施建设规划与相关规划衔接、协调,才能使旅游基础设施建设落到实处。

第六节 旅游人才队伍建设制度

要促进旅游业健康可持续发展,进一步提升旅游服务的品质,提高旅游消费者的满意度,促进旅游业的转型升级,增强中国旅游业的国际竞争力,就必须大力推进旅游人才队伍建设。

一、旅游人才概述

旅游人才是国家旅游业发展的首要资源。加快人才资源开发已成为在激烈的国际竞争中赢得主动权的重大战略选择。改革开放以来,我国旅游人才队伍建设取得了很大成绩,与旅游行业特点相适应的旅游人才体系初步建立,与旅游业快速发展相适应的各类人才队伍不断壮大,市场配置人才资源的能力显著增强,人才发展环境进一步优化,人才资源在旅游业发展中的战略支撑和引领作用日益突出。但是,与快速发展的旅游业相比,旅游人才总量还存在较大缺口,旅游人才整体素质偏低,旅游人才的教育支撑不足,旅游人才的保障机制和开发机制仍相对滞后。

目前,我国旅游业正进入新一轮发展黄金期,同时也将进入深度改革和产业转型升级的关键期,承担着把我国旅游业培育成国民经济的战略性支柱产业和人民群众更加满意的现代服务业两大战略目标,特别是要实现产业融合和产业发展方式由过度依赖资源消耗和资本投入向主要依靠技术和管理创新、人才资源素质提高的根本转变,我国旅游业对人才资源需求的紧迫程度前所未有。

面对新形势、新任务,我国必须坚定不移地走人才强旅、科教兴旅之路,必须通过法制化手段,明确建立下列制度,以制度促进旅游人才的培养、培训等。

二、旅游人才队伍建设制度

根据《旅游法》的规定,加强旅游人才队伍建设包括以下几个方面:

第一,大力发展旅游职业教育,满足经济社会对高素质旅游技能型人才的需要。旅游职业教育是提供旅游人才的主渠道,旅游职业院校的毕业生是提升旅游服务品质的生力军、主力军,加强旅游人才队伍建设,首先要抓好旅游职业教育。国家及各地区应根据《旅游法》的要求,从建设旅游强国、旅游强省(区、市)的高度增强发展旅游教育的使命感与责任感,建立健全政府主导、行业指导、企业参与的旅游职业教育办学机制。健全多渠道投入机制,加大对旅游职业教育的财政投入。

第二，全面开展旅游从业人员的培训。旅游从业人员是当前正在从事旅游服务业的人员，其整体素质如何，不仅关系到旅游业当前的运营状况，更关系到旅游业未来的发展后劲。对于乡村旅游来说，旅游从业人员的培训就显得更为紧迫。应建立乡村旅游全员培训制度，全员培训乡村旅游从业人员，提升服务技能、接待礼仪和业务操作技能。旅游从业人员是旅游人才队伍的重要组成部分，因此，开展旅游从业人员培训是旅游人才队伍建设的重要内容。

第三，不断建立健全旅游人才发展体制机制。人才不仅需要教育与培训，还需要完善相关社会保障机制，才能使其安心工作、真心服务。为此，国家及各地应按照《旅游法》的要求，根据旅游行业的实际，完善旅游从业人员的养老和医疗保障机制，支持用人单位为各类旅游人才建立补充养老、医疗保险，增强旅游从业人员的职业归属感和职业安全感。

【思考题】

1. 旅游促进的意义是什么？
2. 旅游形象宣传的特点是什么？
3. 旅游公共信息服务的内容是什么？
4. 旅游应急救援服务如何运行？
5. 旅游基础设施的内容是什么？
6. 旅游从业人员执业准入制度的必要性是什么？

第四章

旅游规划法律制度

旅游规划是旅游业发展的龙头，在促进旅游业科学发展、协调均衡各种利益主体利益诉求等方面具有基础性、统筹性、引领性、根本性的作用。我国关于旅游资源和规划的立法主要有《旅游法》《中华人民共和国城乡规划法》和《中华人民共和国环境保护法》等。尤其是《旅游法》第三章专门对旅游规划和促进做出规范，从国家法律层面确立了旅游规划的法律地位，确立了旅游规划作为综合性产业规划在立项、编制和实施上的法律依据，体现了对旅游规划的高度重视，这是一个历史性突破。

2017年3月，李克强总理在政府工作报告中指出，完善旅游设施和服务，大力发展乡村、休闲、全域旅游。国务院发布的《"十三五"旅游业发展规划》明确了以转型升级、提质增效为主题，以推动全域旅游发展为主线。如今，全域旅游已成为我国旅游业发展的一项中长期战略，并上升为国家战略，成为一项国策，形成了社会参与、全民关注的良好格局，并必将对我国的旅游整体规划产生重大的影响。

第一节 旅游规划的含义和体系

了解旅游规划的含义和体系是学习我国旅游规划法律制度的前提。

一、旅游规划的含义和分类

（一）旅游规划的含义

规划是对未来各种长远活动目标的谋划和构想，包括两层含义：一是制定目标，对未来某种追求的设想；二是行为决策，对实现既定目标的行动顺序和步骤的决策。"规划"一词的应用十分广泛，在各种各样的社会、经济、文化活动中都需要未雨绸缪地进行规划，如社会发展规划、经济规划、教育规划、城乡规划、环境保护规划、文物保护规划等。

旅游规划是从区域规划理论和管理科学理论中衍生出来的，旅游规划是旅游业发展的纲领与蓝图，是为旅游业作的长远谋划和设计。许多学者从不同的角度出发提出了各自的观点，对旅游规划的概念给予了不同的定义。

国外学者比较典型的定义包括：预测与调节系统内的变化，以促进有序的开发，从而扩大开发过程的社会经济与环境效益。它是一个连续的操作过程，以达到某一目标或平衡几个目标（Murphy，1985）。在调查研究与评价的基础上，寻求旅游业对人类福利和环境质量的最优贡献的过程（Getz，1987）。旅游规划是经过一系列选择，决定合适的未来的行动的过程。这个过程是动态的、反馈的。未来的行动不仅是指政策的制定，而主要是目标的实现，并介绍了社区如何依据自己特点与优势进行旅游规划的几种策略（Gunn，1992）。

我国学者对旅游规划的定义包括：孙文昌（1999）认为旅游规划是以旅游市场变化和发展为出发点，以旅游项目设计为重点，按照国民经济发展要求和当地旅游业发展基础，对旅游消费六大要素发展及相关行业进行科学安排和部署的一种行为。吴人韦（1999）认为旅游规划是为实现既定的旅游发展目标而预先谋划的行动布置，也是不断将人类价值付诸行动的实践过程。吴必虎（2002）把旅游规划定义为对未来某个地区旅游业的发展方向、产品开发、宣传促销及环境保护等一系列重要事项的总体安排，对地区旅游业的发展具有宏观指导和动态调控作用。马勇（2002）认为旅游规划是在旅游资源调查评价的基础上，针对旅游资源的属性、特色和旅游地的发展规律，并根据社会、经济和文化发展的趋势，对旅游资源进行的总体布局、项目技术方案设计及其具体实施。魏敏（2010）认为旅游规划是对旅游未来发展状况的构想和安排，以使旅游资源产生应有的经济效益、社会效益和生态效益。

中国国家质检总局给出了一个"旅游规划"的标准定义：旅游规划是根据旅游业发展规律和市场特点制定目标，以及为实现这一目标而进行的各项旅游要素的统筹部署和具体安排。它是在一定的目标和价值判断下，提出行为标准，研究如何符合这些标准，并回答"为什么这样"及"应该怎样"的行为过程（唐代剑，2006）。

旅游规划谋长远，涉及多行业，我国重视对旅游规划的立法保护，除了《旅游法》《中华人民共和国城乡规划法》（2015年修正）、《旅游发展规划管理办法》（国家旅游局令第12号，2000年实施）、《旅游规划设计单位资质等级认定管理办法》（国家旅游局令第24号，2005年）等一系列法律、法规、规章和地方性法规外，也颁布了针对我国旅游规划的条例或标准，如《风景名胜区规划规范》（GB 50298—1999）（建设部，2000年实施）、《森林公园总体设计规范》（林业部，1996年实施）、《旅游厕所质量等级的划分与评定》（GB/T 18973—2003）（国家旅游局，2003年实施）、《旅游规划通则》（GB/T 18971—2003）（国家质量监督检验检疫总局，2003年实施）等，对促进旅游业健康发展具有重要的作用。

（二）旅游规划的分类

根据各地各个时期不同情况，以及旅游规划编制机构性质及人员专业特长的异同，旅游规划表现出不同的类型和方式。不同的学者采取的标准不同对旅游规划的分类也不同。王艳平（2007）按空间范围、时间长短、规划地旅游发展阶段、旅游规划的参与程度、内容与任务对旅游规划进行了分类；吴国清（2010）按代表性的学者和相关组织来划分旅游规划的类型；全华（2011）按规划的性质、规划的空间尺度、规划要求的详细程度划分旅游规划的类型。本教材采取世界旅游组织和我国相关法规规范的分类。

世界旅游组织的分类：世界旅游组织（1997）从地域范围、规划时期、组织结构等方面对旅游规划进行了分类。按地域范围分为地方性规划、区域及区域间规划、全国规划、国际性规划；按规划时期分为短期规划、中期规划、长期规划；按组织结构分为部门规划、项目规划、综合规划。

《旅游规划通则》（GB/T 18971—2003）的分类：旅游规划分为旅游发展规划、旅游区规划和专项旅游规划。其中，旅游发展规划是根据旅游业的历史、现状和市场要素的变化所制定的目标体系，以及为实现目标体系在特定的发展条件下对旅游发展的要素所做的安排。旅游区规划是指为了保护、开发、利用和经营管理旅游区，使其发挥多种功能和作用而进行的各项旅游要素的统筹部署和具体安排。包括旅游区总体规划、旅游区控制性详细规划、旅游区修建性详细规划。

二、旅游规划的编制和内容

（一）旅游规划的编制

旅游规划是一项综合性、应用性、政策性、专业性都很强的工作，规划编制必须要有科学的理论、正确的方法指导和明确的组织实施的主体才能达到理想的效果。

《旅游法》规定：国务院和省、自治区、直辖市人民政府及旅游资源丰富的设区的市和县级人民政府，应当按照国民经济和社会发展规划的要求，组织编制旅游发展规划。对跨行政区域且适宜进行整体利用的旅游资源进行规划时，应当由上级人民政府组织编制或者由相关地方人民政府协商编制统一的旅游发展规划。这是根据旅游产业的综合性特点和现阶段提倡实施政府主导型旅游发展战略所提出的要求，一方面可以显著改变以往旅游规划由旅游部门主导编制，而旅游部门因为职能局限又实施不了旅游规划的尴尬局面，可以更好地发挥政府的领导和管理职能；另一方面通过法律的方式约束和规范的主体主要是各级政府，以使地方在发展旅游中减少盲目性，避免投资冲动，实现科学发展。

国家质量监督检验检疫总局发布的《旅游规划通则》（GB/T 18971—2003）对旅游规划的编制提出了以下具体的要求：

（1）旅游规划编制要以国家和地区社会经济发展战略为依据，以旅游业发展方针、政策及法规为基础，与城市总体规划、土地利用规划相适应，与其他相关规划相协调；根据国民经济形势，对上述规划提出改进的要求。

（2）旅游规划编制要坚持以旅游市场为导向，以旅游资源为基础，以旅游产品为主体，经济、社会和环境效益可持续发展的指导方针。

（3）旅游规划编制要突出地方特色，注重区域协同，强调空间一体化发展，避免近距离不合理重复建设，加强对旅游资源的保护，减少对旅游资源的浪费。

（4）旅游规划编制鼓励采用先进方法和技术。编制过程中应当进行多方案的比较，并征求各有关行政管理部门的意见，尤其是当地居民的意见。

（5）旅游规划编制工作所采用的勘察、测量方法与图件、资料，要符合相关国家标准和技术规范。

（6）旅游规划技术指标，应当适应旅游业发展的长远需要，具有适度超前性。

（7）旅游规划编制人员应有比较广泛的专业构成，如旅游、经济、资源、环境、城市规划、建筑等方面。

（二）旅游规划的内容

《旅游法》规定：旅游发展规划主要包括旅游业发展的总体要求和发展目标、旅游资源保护和利用的要求和措施、旅游产品开发重点、旅游服务质量、旅游文化建设、旅游形象宣传和市场推广、旅游基础设施和公共服务设施的建设需求等内容。旅游发展规划可以根据需要对旅游活动聚集的特定区域内的项目、设施和服务功能配套提出专门要求。

《旅游规划通则》（GB/T 18971—2003）规定，旅游发展规划的主要内容包括以下几方面：

（1）全面分析规划区旅游业发展历史与现状、优势与制约因素，及与相关规划的衔接。

（2）分析规划区的客源市场需求总量、地域结构、消费结构及其他结构，预测规划期内客源市场需求总量、地域结构、消费结构及其他结构。

（3）提出规划区的旅游主题形象和发展战略。

（4）提出旅游业发展目标及其依据。

（5）明确旅游产品开发的方向、特色与主要内容。

（6）提出旅游发展重点项目，对其空间及时序做出安排。

（7）提出要素结构、空间布局及供给要素的原则和办法。

（8）按照可持续发展原则，注重保护开发利用的关系，提出合理的措施。

（9）提出规划实施的保障措施。

（10）对规划实施的总体投资分析，主要包括旅游设施建设、配套基础设施建设、旅游市场开发、人力资源开发等方面的投入与产出方面的分析。

《旅游规划通则》（GB/T 18971—2003）规定，旅游区总体规划的主要内容包括以下几点：

（1）对旅游区的客源市场的需求总量、地域结构、消费结构等进行全面分析与预测。

（2）界定旅游区范围，进行现状调查和分析，对旅游资源进行科学评价。

（3）确定旅游区的性质和主题形象。

（4）确定规划旅游区的功能分区和土地利用，提出规划期内的旅游容量。

（5）规划旅游区的对外交通系统的布局和主要交通设施的规模、位置，规划旅游区内部的其他道路系统的走向、断面和交叉形式。

（6）规划旅游区的景观系统和绿地系统的总体布局。

（7）规划旅游区其他基础设施、服务设施和附属设施的总体布局。

（8）规划旅游区的防灾系统和安全系统的总体布局。

（9）研究并确定旅游区资源的保护范围和保护措施。

（10）规划旅游区的环境卫生系统布局，提出防止和治理污染的措施。

（11）提出旅游区近期建设规划，进行重点项目策划。

（12）提出总体规划的实施步骤、措施和方法，以及规划、建设、运营中的管理意见。

（13）对旅游区开发建设进行总体投资分析。

三、旅游规划的要求和评价

旅游业是综合性的经济事业，其构成涉及社会许多部门，其发展以整个国民经济发展水平为基础并受其制约，同时又直接或间接地促进国民经济有关部门的发展。

旅游规划是旅游业健康发展的保障，旅游规划的主要任务是明确旅游业在国民经济和社会发展中的地位与作用，提出旅游业发展目标，优化旅游业发展的要素结构与空间布局，安排旅游业发展优先项目，促进旅游业持续、健康、稳定发展。《旅游法》第四条规定了旅游发展原则，即旅游业发展应当遵循社会效益、经济效益和生态效益相统一的原则。国家鼓励各类市场主体在有效保护旅游资源的前提下，依法合理利用旅游资源。利用公共资源建设的游览场所应当体现公益性质。《旅游发展规划管理办法》第四条规定，旅游发展规划应当坚持可持续发展和市场导向的原则，注重对资源和环境的保护，防止污染和其他公害，因地制宜、突出特点、合理利用，提高旅游业发展的社会、经济和环境效益。

《旅游法》进一步明确规定了对旅游规划的要求：对自然资源和文物等人文资源进行旅游利用，必须严格遵守有关法律、法规的规定，符合资源、生态保护和文物安全的要求，尊重和维护当地传统文化和习俗，维护资源的区域整体性、文化代表性和地域特殊性，并考虑军事设施保护的需要，促进资源的节约集约化利用。

旅游规划是否科学合理，还需要实施过程的评估、检验。《旅游法》规定，各级人民政府应当组织对本级政府编制的旅游发展规划的执行情况进行评估，并向社会公布。可见，旅游规划评价的主体是各级人民政府。

四、旅游规划与其他规划的协调

旅游规划作为综合性产业规划是一个全面的、系统性工程，具有综合性、地域性、系统性、动态性的特点，它与其他规划具有相当大的关联性。

从我国旅游规划的发展历史看，初期的旅游规划编制工作基本上都是由建设系统的城市规划设计部门承担，后来随着旅游业被国家正式确立为一个独立产业，多头旅游规划编制现象便陆续出现。但旅游规划因其综合性的特点，与其他相关规划还存在着一定的相互关系。与旅游规划相关性比较大的有旅游规划与社会经济发展规划，旅游规划与城市规划、区域规划，旅游规划与风景园林规划，旅游总体规划与旅游专项规划（任黎秀，2011）；旅游规划与城市（城镇）规划，旅游规划与土地利用规划，旅游规划与林业规划，旅游规划与水利规划，旅游规划与环境保护规划，旅游规划与交通规划（唐代剑，2006）；旅游规划兼具空间规划、产业规划、专项规划、国民经济社会发展规划、资源规划、环境规划等多种规划特性（石培华，2012）。

从规划的发展趋势看，吴人韦（2000）认为，旅游规划的发展趋势是旅游规划技术的整合走向合成的动态规划过程，走向网状的实施监督。吴国清（2009）认为，旅游规划呈现出全球化、可持续化、战略化、系统化、合成化趋势。因此必须重视旅游规划与其他相关规划的关系，使它们不会因为某些冲突而难以实施。

为了保障旅游与有关行业工作的协调，促进旅游业健康发展，《旅游法》规定了关于旅游综合协调机制的建立，第七条规定：国务院建立健全旅游综合协调机制，对旅游业发展进行综合协调。县级以上地方人民政府应当加强对旅游工作的组织和领导，明确相关部门或者机构，对本行政区域的旅游业发展和监督管理进行统筹协调。《旅游法》第十九条规定：旅游发展规划应当与土地利用总体规划、城乡规划、环境保护规划以及其他自然资源和文物等人文资源的保护和利用规划相衔接。处理好这些关系，各级政府部门具有统领和协调的作用，具体表现为在以下几方面：

（1）政策支持和区域合作。国务院和地方各级人民政府应当将旅游业发展纳入国民经济和社会发展规划，制定并组织实施有利于旅游业持续健康发展的产业政策，推进旅游休闲体系建设，采取措施推动区域旅游合作，扶持少数民族地区、革命老区、边远地区和贫困地区旅游业发展。

（2）设施建设安排。各级人民政府编制土地利用总体规划、城乡规划应充分考虑相关旅游项目、设施的空间布局和建设用地要求。规划和建设交通、通信、供水、供电、环保等基础设施和公共服务设施应当兼顾旅游业发展的需要。

（3）项目和产品开发。国家鼓励跨区域旅游线路和产品开发，促进旅游与工业、农业、商业、文化、卫生、体育、科教等领域的融合，支持利用各类资源开发具有特色的旅游项目和产品。

（4）信息服务。国务院旅游主管部门和县级以上地方人民政府应当根据需要建立旅游公共信息和咨询平台，无偿向旅游者提供旅游景区、线路、交通、气象、住宿、安全、医疗急救等必要信息和咨询服务。设区的市和县级人民政府有关部门应当根据需要在交通枢纽、商业中心和旅游者集中场所设置旅游咨询中心，在景区和通往主要景区的道路设置旅游指示标识。旅游资源丰富的设区的市和县级人民政府可以根据本地的实际情况，建立旅游客运专线或者游客中转站，为旅游者在城市及周边旅游提供服务。

随着全域旅游的开展，创建单位都在积极推进旅游规划创新和规划管理创新，大力推行多规合一，在体制机制与技术层面实现突破。全域旅游将推动国民权利制度、产业制度、产权制度、部门法等改革，从而带来整个社会的变化，成为中国经济社会改革的破冰产业。

第二节　旅游发展规划

旅游发展规划是指根据旅游业的历史、现状和市场要素的变化所制定的目标体系，以及为实现目标体系在特定的发展条件下对旅游发展的要素所做的安排。从外延上说，旅游发展规划主要包括旅游发展规划的编制、实施和保障。

一、旅游发展规划的编制

（一）旅游发展规划的任务和分类

旅游发展规划的主要任务是明确旅游业在国民经济和社会发展中的地位与作用，提出旅游业发展目标，优化旅游业发展的要素结构与空间布局，安排旅游业发展优先项目，促进旅游业持续、健康、稳定发展。

按规划的范围和政府管理层次的不同，旅游发展规划分为全国旅游业发展规划、区域旅游业发展规划和地方旅游业发展规划。地方旅游业发展规划又可分为省级旅游业发展规划、地市级旅游业发展规划和县级旅游业发展规划等。地方各级旅游业发展规划均依据上一级旅游业发展规划、并结合本地区的实际情况进行编制。按规划的时间不同，旅游发展规划分为近期发展规划（3~5年）、中期发展规划（5~10年）或远期发展规划（10~20年）。不同层次和不同范围的旅游发展规划应当相互衔接，相互协调，并遵循下级服从上级、局部服从全局的原则。

（二）旅游发展规划编制的原则和要求

《旅游发展规划管理办法》规定了旅游发展规划编制的原则：旅游发展规划的编制应当以国民经济和社会发展计划为依据，与经济增长和相关产业的发展相适应；旅游发展规划应当与国土规划、土地利用总体规划、城市总体规划等有关区域规划相协调，应当遵守国家基本建设计划的有关规定；旅游发展规划应当与风景名胜区、自然保护区、文化宗教场所、文物保护单位等专业规划相协调。

旅游发展规划编制的要求：编制旅游发展规划应当对国民经济与社会发展、市场前景、资源条件、环境因素进行深入调查，取得准确的基础资料，从市场需求出发，注意生态环境和文化历史遗产的保护和延续，积极采用先进的规划方法与技术手段。旅游发展规划编制的内容、方法和程序，应当遵守国家关于旅游规划技术标准的要求。

二、旅游发展规划的实施

旅游发展规划的实施是指对编制的旅游发展规划文本付诸实际的过程。旅游发展规划审批后，就具有了法律效力，是该区各类部门进行旅游开发、建设的法律依据，在旅游发展中得到贯彻实施，对旅游发展实践起指导作用，规划的实施才是目的。政府在旅游发展规划的实施中起执行、监督、调控等主要作用。

旅游发展规划评审完成后，必须经过上级主管部门或当地政府审批后才能实施。《旅游发展规划管理办法》规定，旅游发展规划实行分级制定和审批制度。①全国旅游发展规划，由原国家旅游局制定。跨省级区域旅游发展规划，由原国家旅游局组织有关地方旅游局编制，征求有关地方人民政府意见后，由原国家旅游局审批。②地方旅游发展规划由地方各级旅游局编制，在征求上一级旅游局意见后，报同级人民政府批复实施。③国家确定的重点旅游城市的旅游发展规划，在征求原国家旅游局和本省（自治区、直辖市）旅游局意见后，由当地人民政府批复实施。国家确定的重点旅游线路、旅游区发展规划由原国家旅游局征求地方旅游局意见后批复实施。④地方各级旅游局可以根据市场需求的变化对旅游规划进行调整，报同级人民政府和上一级旅游局备案，但涉及旅游产业地位、发展方向、发展目标和产品格局的重大变更,须报原批复单位审批。

旅游发展规划审批通过和批复后,由当地人民政府组织有关部门进行落实实施。旅游发展规划中涉及的与其他部门规划有关的内容,由各级旅游局负责协调有关部门纳入国土规划、土地利用总体规划和城市总体规划等相关规划。旅游发展规划所确定的旅游开发建设项目,应当按照国家基本建设程序的规定纳入国民经济和社会发展计划。

三、旅游发展规划的保障

旅游发展规划的顺利实施,需要有一定的保障措施,既有管理、政策层面的,更重要的是法律法规层面的措施。

(1)制定或完善相关政策法律。通过相应的法律法规,确立旅游业的作用和地位,保护旅游企业和旅游者的合法权益;为企业和投资者营造良好的环境;通过制定适当的政策,扶持规划区旅游业发展。我国已经制定了相关的法律法规,《旅游法》也将规划用立法的形式确立了下来。

为了保障旅游发展规划的本身的科学性和可实施性,《旅游发展规划管理办法》《旅游规划通则》将相关措施规定在其中,不仅规定了旅游发展规划编制的原则、程序和内容,旅游发展规划上报审批前应进行经济、社会、环境可行性论证,由各级旅游局组织专家评审,并征求有关部门意见,而且明确规定了规划评审的方式,提出了旅游规划编制人员和评审人员的组成与素质要求及规划执行中的修编等,将其规定法律化。这些规定具有法律效力,对旅游发展规划的实施保障上升为法规和规范的层面。

(2)资金等旅游投入的保障。以政府财政为引导,积极引进外资和吸引社会资源,多渠道筹集资金以此保证旅游发展建设的需要。《旅游法》第二十四条规定,国务院和县级以上地方人民政府应当根据实际情况安排资金,加强旅游基础设施建设、旅游公共服务和旅游形象推广。

(3)加强旅游行业管理。组建强有力的旅游发展领导决策机构,具备跨系统、跨行业协调能力,理顺旅游行业管理体制不协调或不完善的局面。

(4)加大旅游宣传的力度。《旅游法》第二十五条规定,国家制定并实施旅游形象推广战略。国务院旅游主管部门统筹组织国家旅游形象的境外推广工作,建立旅游形象推广机构和网络,开展旅游国际合作与交流。县级以上地方人民政府统筹组织本地的旅游形象推广工作。

(5)实施人才战略。旅游行业的繁荣发展,旅游规划的正确有效实施,需要有高素质的管理人才和服务人才,因此人才队伍的建设是关键。国家鼓励和支持多渠道培养不同层次的人才,《旅游法》第二十七条规定,国家鼓励和支持发展旅游职业教育和培训，提高旅游从业人员素质。

第三节　旅游功能区规划

旅游功能区规划是近年来我国旅游业使用的新概念，这一概念特别容易与旅游区规划相混淆。对于这一概念，国内目前并没有统一的定义。

一、旅游功能区规划的含义

杨振之认为，旅游功能区规划是在《全国主体功能区规划》框架下，建立适宜旅游开发区域的科学评价体系，按照旅游业在该区域未来发展中承担的主要功能和核心作用，构筑围绕旅游开发这一核心功能的区域可持续发展基础，为区域打造核心竞争力、明确并指导区域发展的空间布局、城镇、城乡空间形态和空间管理方案[①]。张纯洁认为，旅游功能区即按照旅游产业发展需要，在一定的区域内为实现旅游资源聚集，有效发挥特色旅游功能而设置的地域空间。旅游功能区的基本功能是产业集聚功能，资源整合功能，产业协作功能和辐射扩散功能[②]。石培华认为，旅游功能区规划实质上是以旅游为主导产业、主打品牌的综合性区域规划，有很强的综合性、系统性、市场性、专业性，兼具空间规划、产业规划、专项规划、国民经济社会发展规划、资源规划、环境规划等多种规划特性[③]。

按旅游功能区进行规划并付诸实施，在现实中有较多的实例。旅游功能区规划已经从概念到实践。如在2009年完成的《南岳衡山旅游发展总体规划》中，杨振之教授已经开始尝试按照产业功能分区的模式对衡山产业布局及产业结构进行全面的调整，将规划区域划分为旅游发展重点区、旅游发展控制区和旅游限制性发展区。2011年7月温州建立了永嘉楠溪江、文成百丈漈—飞云湖、平阳北港（南雁荡山）、泰顺廊桥—氡泉四个生态型旅游功能区。四川汶川地震灾后恢复重建，编制旅游功能区规划，国家和四川省确定了以旅游业为先导产业的灾后重建原则，将旅游功能区规划确立为区域上位规划，从战略规划的高度审视和统筹区域发展，统筹区域的城乡规划、土地利用规划，建立协调城乡发展的空间管理体系。通过编制旅游功能区规划，实现了以旅游业为主导产业的城乡空间布局和土地利用方式，使灾后重建的经济中心、城镇体系、产业聚集区和基础设施等都围绕旅游业发展进行功

---

① 杨振之.旅游功能区规划——衡山旅游永续发展之路［N］.中国旅游报，2012-12-6（6）.
② 张纯洁.浅论旅游功能区［N］.中国旅游报，2012-2-29（11）.
③ 石培华.对旅游法（草案）三个热点的思考与建议［N］.中国旅游报，2012-10-17（11）.

能布局和生产要素配套，为完成灾后重建任务发挥了重要作用[1]。2012年北京市的19个旅游休闲功能区规划已经完成，19个旅游功能区分四大类，即首都功能核心区、城市功能拓展区、城市发展新区和生态涵养发展区，依据四大功能区不同的旅游资源特点，将创建各具特色的旅游功能区[2]。

综合现有研究和实践，可做出概括：旅游功能区规划是以区域内核心资源为基础，以旅游业为主导产业，以产业合作与分工为纽带而对空间资源的统一规划和利用的空间管理整体方案，是以实现旅游的功能为目的的区域规划。

二、旅游功能区规划的特点

从旅游功能区规划的含义和实践来看，旅游功能区规划具有如下特点。

（1）综合性规划。旅游功能区规划从战略规划的高度审视和统筹区域发展，兼具空间规划、产业规划、专项规划、国民经济社会发展规划、资源规划、环境规划等多种规划特性，跨地域性和跨专业领域性特征比较明显。

（2）旅游为主导功能，突破地理界线或者行政区划界限。一定的国土空间具有多种功能，但必有一种主体功能，旅游功能区规划以旅游为主导功能。根据旅游用地在空间上不连续的特点，将那些彼此受益的活动集中起来进行规划，为旅游功能服务，相关功能可以叠加。因此旅游功能区规划突破城乡规划以确定的行政区划为编制基础的特点，以旅游为主导功能，在生态、文化、形象甚至制度设计等无形资源上突破行政区限制，从纵向上突破国家规划体系的层级关系，在横向上建立起各专项规划之间的联系。

（3）突出区域内的资源禀赋。强调以核心资源为基础的空间资源的统一规划和利用，在旅游功能区内以旅游景区、旅游度假区、旅游生态区、旅游文化区、旅游主题公园、旅游特色街区、特色旅游村、特色旅游镇等为载体，实现旅游业、农业、加工制造业、商贸服务业和文化创意业等产业协调及旅游产业内部的功能互补，从而构建区域竞争优势。

（4）政策的导向性和发展的引导性。旅游功能区的划定和推进，一定程度上是基于政府引导旅游业发展的考虑。通过设置旅游功能区来优化配置各种生产要素，引导旅游资源开发、旅游市场建设、旅游科技创新和旅游业科学化管理，形成区域发展的强大竞争力，实现战略层面确定的旅游业发展目标。

（5）促进旅游功能和效率的发挥。国家的政策是将旅游业培育为战略性支柱产业和人民群众更加满意的现代服务业。即一方面旅游业具有经济属性，是国民经济

---

[1] 刘小军.旅游功能区规划能否入法［N］.中国旅游报，2012-8-3（11）.
[2] 北京19个旅游功能区规划建设全面启动［EB/OL］.http://bj.bendibao.com/news/20131122/93921.shtm.

的重要组成部分；另一方面，旅游业是公共服务行业，具有公共福祉的职能。旅游功能区的本质是旅游功能的实现，其主要目的是为游客在旅游过程中提供所需的旅游服务和旅游产品。通过规划，将旅游产业和要素在空间内聚集，实现旅游的功能，避免片面追求经济利益，充分发挥旅游功能区的综合性作用和各种资源的综合效率。

三、旅游功能区规划的实施保障

旅游功能区规划的实施需要多种保障措施，但是最主要的是相关政策和法律的保障。

（1）旅游政策保障。旅游政策是党和国家根据特定时期旅游业发展的需要，为实现相应的旅游发展目标而制定的一系列行为准则。这些准则既包括宏观性的指导原则、发展战略，也包括对旅游行业针对性的政策及某一具体问题的明确意见。旅游政策具有目标性、灵活性、时效性、针对性的特征。就政策的制定主体而言，有党和国家的宏观经济政策、国务院出台的旅游政策、原国家旅游局和涉及政策的其他部门联合发布的政策性文件、原国家旅游局单独下发的政策性文件、各地方政府结合地方自身发展实际发布的政策文件。

当前旅游政策主要包括：党的十八大把生态文明建设放在突出的地位，纳入总体布局，明确指出建设生态文明，是关系人民福祉、关乎民族未来的长远大计。面对资源约束趋紧、环境污染严重、生态系统退化的严峻形势，必须树立尊重自然、顺应自然、保护自然的生态文明理念，把生态文明建设放在突出地位，融入经济建设、政治建设、文化建设、社会建设各方面和全过程，努力建设美丽中国，实现中华民族永续发展。在党的十九大报告中，更是把坚持人与自然和谐共生，建设生态文明提升为"中华民族永续发展的千年大计"[1]。建设生态文明为实现人与自然和谐、均衡发展指明了方向，是旅游规划的指导方针。国务院2009年发布了《国务院关于加快发展旅游业的意见》（国发〔2009〕41号），国务院办公厅2013年印发《国民旅游休闲纲要（2013—2020年）》（国办发〔2013〕10号），原国家旅游局2011年发布了《中国旅游业"十二五"发展规划纲要》，国务院2016年印发《"十三五"旅游业发展规划》（国发〔2016〕70号），国家发展改革委和原国家旅游局2016年共同发布了《关于实施旅游休闲重大工程的通知》。这是我国旅游业发展的重要的政策文件，对我国旅游业发展具有重要的指导意义。特别是《国务院关于加快发展旅游业的意见》，提出了新时期旅游业的新战略、新任务、新要求，即要把旅游业

---

[1] 习近平.决胜全面建成小康社会，夺取新时代中国特色社会主义伟大胜利——在中国共产党第十九次全国代表大会上的报告[M].北京：人民出版社，2017：23.

培育成为国民经济战略性支柱产业和人民群众更加满意的现代服务业,是我国旅游业发展史上具有里程碑意义的纲领性文件。但是,旅游功能区规划作用的发挥也面临原有规划体系的束缚,旅游功能区规划是配合旅游业发展的空间管理整体方案,它应该从区域发展战略规划的高度统筹各项规划,从大局着眼从事旅游地的开发,所以,旅游功能区规划应积极争取政策支持,尽快融入旅游地开发规划的法定程序中。

（2）法律法规规章的保障。我国重视立法的保障,制定了一系列的相关法律法规规章,不仅如此,地方性法规、政府规章和其他规范性文件也有相关的规定。如国务院发布了《国务院关于编制全国主体功能区规划的意见》《全国主体功能区规划》等,是科学开发国土空间的行动纲领和远景蓝图,是国土空间开发的战略性、基础性和约束性规划,旅游功能区规划的重要依据。2012年9月17日北京市人民政府发布《北京市主体功能区规划》、2012年12月30日上海市人民政府《上海市主体功能区规划》等地方政府发布的政策,为旅游功能区规划提供了更好的保障。

第四节　旅游资源管理制度

旅游规划的核心是组织适销对路的旅游产品,旅游资源是旅游产品的原料和基础,旅游业的健康发展依赖于旅游资源的合理开发和利用,旅游资源是旅游业发展的基础条件。随着人们对旅游需求的加大,旅游业在国民经济中地位的提升,人们对旅游资源合理开发与利用的重要性的认识不断增强,加强旅游资源管理势在必行。旅游资源管理涉及范围广,近年来逐渐重视对旅游资源立法保护,颁布了一系列法律、法规、规章、条例或标准等,它们从不同角度、不同的层面对旅游资源的开发、利用和保护做出了规定,尤其是《旅游法》的出台,对旅游资源的开发、利用和保护具有重大意义。

一、旅游资源的概念与分类

（一）旅游资源的含义与特征

国内外不同的专家学者对旅游资源的含义有不同的定义,中华人民共和国国家标准《旅游资源分类、调查与评价》（GB/T 18972—2003）、《旅游规划通则》均对旅游资源进行了定义。2007年原国家旅游局为了加强对旅游资源和生态环境的保护,促进旅游业的健康协调可持续发展,建设资源节约型和环境友好型社会,制定发布的《旅游资源保护暂行办法》中进一步完善了旅游资源的概念:"旅游资源是指自然界和人类社会凡能对旅游者产生吸引力,可以为旅游业合理利用,并可产生经济效益、社会效益和生态效益的各种事物和因素。包括已开发的各类自然遗产、文化遗产、地质、森林、风景名胜、水利、文物、城市公园、科教、工农业、湿地、海岛、海洋等各类旅游资源,也包括未开发的具有旅游利用价值的各种物质和非物质资源。"由旅游资源的定义,可以概括出其具有如下特征:

(1)旅游资源是客观存在的。旅游资源是旅游活动客观存在的客体,可以是稳定的、客观存在的实体旅游资源,也可以是不稳定的、客观存在的事物和现象,既可以是物质的也可以是非物质的;可以是已经开发利用的,也可以是尚未开发利用的。

(2)旅游资源能对旅游者产生吸引力。旅游资源具有观赏性和美学价值,满足旅游者求知求美的精神需要,这是旅游资源最核心的特征。

(3)旅游资源能为旅游业开发利用,产生经济效益、社会效益和生态效益。前两种效益为人们所共知,随着时代的变迁及人们环境意识的提升,"绿水青山也是金山银山"的理念日益深入人心,旅游资源的利用更加注重人与自然的关系,开发更加合理,生态效益日益明显。特别是通过持续推进全域旅游,有望把全域旅游区划定为一种新的国土功能区划方式,构建科学、适度、有序的国土空间布局体系,绿色循环低碳发展的产业体系,形成新的生态保护格局。

(二)旅游资源的分类

随着人们认识的改变,旅游资源也会发生变化,这体现出旅游资源的演变性。在《旅游资源分类、调查与评价》中,依据旅游资源的现存状况、形态、特性、特征为分类原则,将旅游资源分为8个主类,分别是地文景观、水域风光、生物景观、天象与气候景观、遗址遗迹、建筑与设施、旅游商品、人文活动;以旅游资源的性质、形态、功能特性、文化内涵等为依据,进一步划分出31个亚类和155个基本类型。旅游资源8个主类又可归纳为自然旅游资源和人文旅游资源两大类。自然旅游资源包括地文景观、水域风光、生物景观、天象与气候景观;人文旅游资源包括遗址遗迹、建筑与设施、旅游商品、人文活动。

二、旅游资源的管理

旅游资源管理指为实施旅游资源保护和合理开发利用所进行的计划、组织、开发、协调、监督的活动过程。近年来,我国旅游资源开发的深度和广度都在不断加强,发达地区旅游资源开发,开始从浅层次的观光类产品向深层次的文化体验和休闲度假类产品转型。但在旅游资源开发的过程中,由于规划、建设和管理不当,资源和环境遭到破坏的现象也时有发生。为促进旅游业的健康协调可持续发展,亟待加强对旅游资源的管理。旅游资源管理有旅游资源质量管理、环境管理、信息管理等。为此,国家立法机关和行政机关制定了一系列法律或法规,地方立法机构和人民政府也结合具体情况制定了一些地方性法规和规章。

（1）法律层面的立法主要有《中华人民共和国环境保护法》《中华人民共和国海洋环境保护法》《中华人民共和国森林法》《中华人民共和国草原法》《中华人民共和国野生动物保护法》《中华人民共和国水法》《中华人民共和国水土保持法》《中华人民共和国海岛保护法》《中华人民共和国文物保护法》和《中华人民共和国旅游法》等。

（2）行政法规和规章层面的立法和其他规范性文件。有关旅游资源保护的行政法规主要有《城市绿化条例》《中华人民共和国自然保护区条例》《风景名胜区条例》《历史文化名城名镇名村保护条例》等。有关旅游资源保护的行政规章及其他规范性文件，主要有《森林公园管理办法》《旅游资源保护暂行办法》《旅游景区质量等级管理办法》等。其他行业标准如《旅游资源分类、调查与评价》（GB/T 18972—2003）、《旅游饭店星级的划分与评定》（GB/T 14308—2010）、《旅游景区质量等级的划分与评定》（修订）（GB/T 17775—2003）等。这些法律法规等对旅游资源的管理与保护起到了积极的保障作用。

三、旅游资源的开发、利用与保护

旅游业是以旅游资源和服务设施为基础条件，为旅游者在旅行游览中提供各种服务性劳动而取得经济收益的经济部门，也是依赖环境的产业，因此旅游资源开发、利用和保护成为旅游业兴衰的关键，开发利用不当则造成的环境污染和生态失衡。旅游资源的开发、利用和保护是矛盾的统一体，通过合理规划、适度开发、积极保护实现经济效益、社会效益和生态效益的统一是目的，也是生态文明建设的要求。相关的法律法规从立法层面做了规定，其中《旅游法》和《旅游资源保护暂行办法》规定得更为具体。

（1）规定了旅游资源开发、利用和保护的原则。旅游资源保护坚持严格保护、开发服从保护的原则，实现协调监管、合理利用、科学发展的目标。《旅游法》第四条规定，旅游业发展应遵循社会效益、经济效益和生态效益相统一的原则。国家鼓励各类市场主体在有效保护旅游资源的前提下，依法合理利用旅游资源。利用公共资源建设的游览场所应当体现公益性质。

（2）规定了旅游资源管理机构的职权和任务。主要有国务院旅游行政管理部门负责全国旅游资源的普查、分类、定级、公告及相关保护工作，各地旅游行政管理部门负责本地区的旅游资源的普查、分类、定级、公告及相关保护工作。各级旅游行政管理部门应与同级人民政府的环保、建设、土地、林业、文化、水利等部门密切合作，承担推进本地区旅游资源保护工作的责任。各级旅游行政管理部门应协调处理好旅游资源保护和旅游发展之间的关系；单独编制旅游资源保护规划，并将旅游资源保护规划的主要内容纳入本地的旅游业发展规划。

（3）规定了旅游资源保护措施。其一，加强宣传教育。各级旅游行政管理部门应加强对旅游资源保护的宣传工作，不断增强旅游经营者、社区居民和游客的保护意识；旅游企业和从业人员应担负起教育游客在旅游活动中保护旅游资源的职责。其二，鼓励公众参与。任何社会团体和个人都有权利和义务依法从事旅游资源保护工作。对于发现的旅游资源破坏事件，有义务及时向当地旅游部门举报；各级旅游行政管理部门可以根据需要设立本地的"旅游资源保护监督员"和"旅游资源保护公益宣传大使"；各级旅游行政管理部门应对在本地旅游资源保护工作中做出突出贡献的集体和个人进行大力宣传和鼓励。其三，多种资金保障。各级旅游行政管理部门应确保旅游资源普查工作的资金；鼓励社会团体、个人通过捐赠等方式依法设立旅游资源保护基金，专门用于旅游资源保护，禁止任何单位和个人侵占、挪用；海外社会团体、个人通过捐赠等方式在我国设立旅游资源保护基金，依照我国相关法律、法规等规定办理。其四，依法开发和经营。依法从事旅游资源开发活动的单位或个人，在取得有关部门的立项和建设许可后，应及时到旅游资源所在地的旅游行政管理部门备案，并应提前制定专项的旅游资源开发保护方案，报当地旅游行政管理部门备案。旅游景区从事旅游接待活动，应在旅游资源保护允许容量范围内开展，并制定相应的旅游高峰安全运行预案，及时向社会公布游客流量占景区最大接待容量的信息，合理疏导游客。严禁任何单位和个人在未经开发的旅游资源区域开展旅游经营活动。

（4）规定了旅游资源保护制度。其一，旅游资源普查制度。旅游资源普查是旅游资源保护的基础，县级以上旅游行政管理部门应依据《旅游资源保护暂行办法》和《旅游资源分类、调查与评价》等国家标准做好本地区的旅游资源普查工作，向社会公布，并适时补充、更新相关信息，作为开展旅游资源保护、制定旅游产业发展规划的基础数据库。其二，专家咨询报告制度。设立旅游资源保护咨询专家组，建立旅游资源保护专家咨询报告制度。专家组由各级旅游行政管理部门负责组建，并向社会公布。所聘专家应包括涉及旅游资源各种类型各方面的专家。专家组为旅游资源保护工作提供咨询、建议、发表评论。并在每个五年规划的末期，提交本时期的《旅游资源保护报告》，由各级旅游行政管理部门向社会发布。其三，信息公开制度。各级旅游行政管理部门应建立辖区内的旅游资源开发情况资料库，收集、登记旅游资源开发建设单位、建设规模、运营情况等信息，并将可以公开的信息及时向社会公布。开展旅游资源的招商开发活动，应提供全面和可信的项目立项、土地审批、资源保护等方面的信息，严禁虚假宣传，旅游行政管理部门应加强相关监督检查。其四，旅游资源保护情况通报制度。各级旅游行政管理部门对于本地区发生的重大破坏旅游资源事件应及时报告同级人民政府和上级旅游行政管理部门。经过批准后，及时向社会通报旅游资源破坏事件的相关情况，正确引导舆论，接受社会各界监督。

【思考题】

1. 旅游规划编制的基本要求是什么？
2. 什么是旅游区规划和旅游发展规划？
3. 旅游功能区规划的含义和特点是什么？
4. 旅游资源的概念是什么？
5. 我国旅游资源保护制度主要有哪些？

第五章

旅行社法律制度

我国《旅游法》对旅行社法律制度做出了明确规定，在内容上涵盖了旅行社的设立、经营、行政监管、法律责任等内容，它与《旅行社条例》等相关法律法规共同构成了旅行社法律制度的基本体系。

第一节 旅行社概述

旅行社是旅游产业的龙头，明确旅行社的概念及其法律特征，对旅游业务有相应的认知，是掌握旅行社相关法律制度的前提。

一、旅行社的概念及其法律特征

旅行社是从事旅游业务的企业法人。在实践中，此类企业可能在名称中直接使用"旅行社"，也可能使用"旅游公司"等其他称谓。但是，只要其主营业务是旅游业务，此类企业就是法律意义上的旅行社，其经营行为必须遵守法律、法规对旅行社的要求。

《旅行社条例》第2条规定："本条例所称旅行社，是指从事招徕、组织、接待旅游者等活动，为旅游者提供相关旅游服务，开展国内旅游业务、入境旅游业务或者出境旅游业务的企业法人。"该规定明确了旅行社具有下列法律特征。

（一）旅行社就其组织性质而言是企业法人

所谓企业，是以营利为目的，自主经营、自负盈亏的经济组织。在旅游业发展初期，很多旅行社是某一行政机关下属的事业单位法人。这种政企不分的格局显然不符合市场化的运作要求。这一状况的根本改变源于《旅行社管理暂行条例》的出台，该暂行条例明确要求事业单位性质的旅行社应当在1985年12月27日之后改为企业，否则不得经营旅行社的业务。至此，旅行社的企业地位得以确立。需要说明的是，《旅游法》第三条所表述的"国家发展旅游事业"，该"事业"并非是指主体意义上的事业，而是指国家把旅游业作为一项事业来促进和发展。

企业包括法人型的企业和非法人型的企业。法人型的企业是指依法成立，能够独立享有权利和承担义务的企业组织。在实践中，旅行社多采取公司的组织形式。

（二）旅游业务是旅行社的核心业务

对"旅游业务"的界定，不仅明确了旅行社的业务，而且确定了旅游行政管理部门进行行业管理的权限和范围。

对于旅游业务，《旅行社条例》界定的范围是"招徕、组织、接待旅游者等活动"及"为旅游者提供相关旅游服务"。《旅行社条例实施细则》对此做出了解释性的规定，将其概括为旅游安排服务和代办服务两个部分。其中，旅游安排服务包括安排交通服务、住宿服务、餐饮服务和观光游览、休闲度假服务，以及导游、领队服务，旅游咨询、旅游活动设计服务。代办服务则包括：①接受旅游者的委托，代订交通客票、代订住宿和代办出境、入境、签证手续等；②接受机关、事业单位和社会团体的委托，为其差旅、考察、会议、展览等公务活动，代办交通、住宿、餐饮、会务等事务；③接受企业委托，为其各类商务活动、奖励旅游等，代办交通、住宿、餐饮、会务、观光游览、休闲度假等事务；④其他旅游服务。仅从立法文本来看，由于立法上的旅游业务涵盖了实务中的包价旅游服务和旅游代办服务，所以对旅游业务的监管相对严格，甚至能够代办出境、签证手续等服务的旅行社，应当具备出境旅游业务经营权。

二、旅行社的经营范围

根据接待对象和旅游目的地的不同，旅游业务可以分为不同的类型。但是在对其表述上，《旅游法》《旅行社条例》的表述方式不尽一致，部分概念存在重复和交叉。其中，《旅游法》将旅游业务分为境内旅游业务、出境旅游业务、边境旅游业务、入境旅游业务和其他旅游业务；而《旅行社条例》则将旅游业务表述为国内旅游业务、入境旅游业务和出境旅游业务，《旅行社条例实施细则》还将出境旅游业务细化为中国公民出国旅游业务和赴港澳台旅游业务。

从实务操作的角度来看，境内旅游业务和国内旅游业务大体相当，是指旅行社招徕、组织和接待中国内地居民在境内旅游的业务。入境旅游业务是指旅行社招徕、组织、接待外国旅游者来我国旅游，香港特别行政区、澳门特别行政区旅游者来内地旅游，台湾地区居民来大陆旅游，以及招徕、组织、接待在中国内地的外国人，在内地的香港特别行政区、澳门特别行政区居民和在大陆的台湾地区居民在境内旅游的业务。这两项业务是所有旅行社都能从事的业务，不需要经过特别许可。

而赴港澳台旅游、出国旅游业务和边境旅游业务则并非所有旅行社都能经营，需要符合一定的条件并获得相应的许可。上述业务具体包括：①旅行社招徕、组织、接待中国内地居民出国旅游，赴香港特别行政区、澳门特别行政区和台湾地区旅游，以及在其他国家与中国大陆地区接壤的边境地区旅游；②招徕、组织、接待在中国内地的外国人，在内地的香港特别行政区、澳门特别行政区居民和在大陆的台湾地区居民出境旅游的业务。

实践中，旅行社的经营范围明确记载于其《旅行社业务经营许可证》和营业执照上，旅行社的经营活动应当和其证照上记载的经营范围保持一致。

三、旅行社管理制度的立法概况

作为旅游业的根本大法，《旅游法》在旅游经营者、旅游服务合同、旅游安全、法律责任等章节中都有关于旅行社的规定，这些规定与之前的旅行社管理制度的立法有一定的继承关系。而且，有关旅行社管理制度的立法在旅游业的发展过程中曾经起到很重要的作用，并在旅游实践中承担落实《旅游法》规定的职能。旅行社管理制度的立法主要包括两部分：一是关于旅行社的综合性立法；二是对旅行社各项管理制度的专门立法。

（一）有关旅行社的综合性立法

有关旅行社的综合性立法先后有《旅行社管理暂行条例》《旅行社管理条例》及《旅行社条例》三部行政法规。

1985年，《旅行社管理暂行条例》出台，其立法目的在于加强对旅行社的管理，保护旅行者的合法权益，促进旅游事业发展。该条例共24条，在法规内容上包括旅行社的概念和种类、设立旅行社的条件和程序、旅行社及其从业人员的经营规范及罚则。

1996年10月15日，《旅行社管理条例》正式出台，立法章节包括总则、旅行社设立、旅行社经营、监督检查、罚则共5章。此外，国家旅游局还制定了《旅行社管理条例实施细则》配套施行。2001年，根据中国加入世贸组织有关开放中国市场的承诺，《旅行社管理条例》和《旅行社管理条例实施细则》进行了相应的修改，增设了"外商投资旅行社"一章。

2009年，有关旅行社管理的立法做出了重大的调整。同年1月21日，国务院第47次常务会议通过《旅行社条例》，自2009年5月1日起施行。《旅行社条例》对我国旅行社体系结构、经营服务和监督管理等制度进行了一次全面调整改革：其一，此次修订紧紧围绕深化改革、扩大开放、促进发展的基本目标展开。其二，对我国旅行社业体系分工、经营服务做出重大调整，这主要表现在取消旅行社类别划分、扩大业务范围、增加分支机构、允许委托代理、健全经营规则等方面。其三，全面规范旅行社的经营行为，对零负团费操作模式、部门挂靠承包、超范围经营和无许可经营等问题，都做出了明确的禁止和处罚规定。其四，对我国旅行社的许可证、保证金、业务年检三大制度进行了改革完善。其五，加大对违规行为的处罚力度。《旅行社条例》在立法上所做的管理制度调整，其目的在于深化改革、扩大开放和扩大企业经营自主权、改进和加强监督管理，推动我国旅行社业持续、快速、健康发展，更好地满足我国旅游业发展、国民旅游服务及经济社会发展的需要[①]。2009年5月3日，《旅行社条例实施细则》配套施行，对旅行社管理措施和方法做出了更为细化的规定。

随着改革的深化和简政放权的推进，旅行社的行业许可制度也在发生变化。2016年、2017年《旅行社条例》两度修改，修改了旅行社的设立条件和设立程序，并删除了领队证这一许可项目，用导游证取而代之。

（二）其他具体管理制度的立法

对旅行社具体管理制度的立法，主要集中在出境旅游管理、质量保证金和旅游强制保险三个方面的管理制度建设。

在出境旅游管理方面最重要的立法是有关出国旅游的管理规定。1997年7月1日，经国务院批准，国家旅游局、公安部联合发布了《中国公民自费出国旅游管理暂行办法》，确立了出国旅游基本管理模式。随着出国旅游市场的迅猛发展，2002年5月21日，国务院第50次常务会议通过了《中国公民出国旅游管理办法》，并于2002年7月1日起实施。2017年，有关领队证的规定从该管理办法中删除。

在质量保证金立法方面：1994年，《国务院办公厅关于对旅行社实行质量保证金制度的复函》原则同意对旅行社实行质量保证金制度，之后颁布的《旅行社管理条例》在其条文中明确规定了该项管理制度。为了配套实行质量保证金制度，国家旅游行政管理部门先后出台了一系列规范性文件，对质量保证金的适用范围、赔偿标准、存取方式进行明确的规定。《旅游法》对质量保证金的规定相对简要，其具体的施行有赖于《旅行社条例》及国家旅游行政管理部门对质量保证金所做的解释性规定。

有关旅游强制保险的立法，经历了旅游意外保险和旅行社责任保险两个发展阶段。1990年，国家旅游局和中国人民保险公司发布了《关于旅行社接待的海外旅游者在华旅游期间统一实行旅游意外保险的通知》，这可以视为旅游强制保险制度的雏形。1996年，旅游意外保险被《旅行社管理条例》确立为旅游强制保险险种。在此行政法规的基础之上，1997年，《旅行社办理旅游意外保险暂行规定》颁布实施，对旅游意外保险的保险主体、保险期限、保险金额、投保手续、索赔程序都做了规定。2001年，国家旅游局对旅游强制保险制度进行了修正，颁布了《旅行社投保旅行社责任保险规定》，旅行社责任保险替代旅游意外保险成为旅游强制保险险种。2009年，《旅行社条例》第38条规定："旅行社应当投保旅行社责任险。旅

[①] 杜江在全国《旅行社条例》学习培训班上的讲话，http://www.cnta.gov.cn/html/2009-4/2009-4-30-12-9-14258.html.

行社责任险的具体方案由国务院旅游行政主管部门会同国务院保险监督管理机构另行制定。"2010年，国家旅游局和中国保险监督管理委员会联合发布了《旅行社责任保险管理办法》，自2011年2月1日起施行。

第二节 旅行社的设立

成立旅行社，应当符合法律、法规所规定的条件并履行相应的程序。此外，对旅行社分支机构的设立和外商投资旅行社的开办，法律、法规还有相应的要求。

一、设立旅行社的条件和程序

（一）设立旅行社的条件

旅行社作为企业，在资金、场所、人员、组织机构等方面要符合企业设立的一般性规定。同时《旅游法》的具体规定则还包括：①有固定的经营场所；②有必要的营业设施；③有不少于30万元的注册资本；④有必要的经营管理人员和导游人员。

（二）设立旅行社的程序

传统的企业设立程序是许可加登记，即如果相关业务的经营是需要获得行政许可的，申请人应当先申请行政许可，再去办理工商注册登记，也就是通常所说的前置审批。随着商事登记制度改革的推进，大量的前置审批变成了后置审批，即申请人先办理企业的工商注册登记，再去申请行政许可。根据《国务院关于取消和调整一批行政审批项目等事项的决定》（国发〔2014〕27号）规定，旅行社业务经营许可由前置审批变为后置审批，即在办理工商登记后，再向旅游行政管理部门申请旅行社业务经营许可证。

1. 申请人办理工商登记注册

工商登记注册确认的是企业主体资格。申请人在此阶段应当依照相应类型的企业设立条件，提交名称、资金、住所、组织机构、企业章程等方面文件或证明，向工商机关申请营业执照。自营业执照颁发之日起，企业成立。

2. 已成立的企业申请旅行社业务经营许可证

企业成立之后，如果想经营旅游业务的，应当向所在地省、自治区、直辖市旅游行政管理部门或者其委托的设区的市级旅游行政管理部门提出申请，并提交证明其具有企业法人资格和30万元注册资本的证明文件。

受理申请的旅游行政管理部门对符合条件的申请人做出予以许可的决定，并向申请人颁发旅行社业务经营许可证；否则，则做出不予许可的决定，书面通知申请人并说明理由。上述决定应当自受理申请之日起 20 个工作日内做出。

对旅行社设立条件的简化及行政审批后置在客观上会表现为旅游业务的市场准入门槛的不断降低,这对鼓励市场进入、扩大就业、激发市场活力是有积极作用的。但随着事前监管的弱化,加强事中和事后的监管,就成为旅游行政管理部门进行市场治理的一项重要命题。

二、旅行社经营性分支机构的设立条件和程序

旅行社可以设立的经营性分支机构,此类分支机构包括分社和服务网点两类。对分社和服务网点的设立条件和设立程序,《旅行社条例》及《旅行社条例实施细则》有相应的规定。

(一)分社

分社是旅行社设立的,能够从事旅游业务的分支机构。

1. 设立条件

设立社可以根据其业务经营的需要,在其注册登记地内或者注册登记地之外设立分社,对分社的设立地点法律没有强制性要求。但是,基于分社的经营能力,设立社就分社的设立应当增存必要的质量保证金。

2. 设立程序

(1)登记程序。要求设立分社的旅行社,应当向分社所在地的工商行政管理部门办理设立登记,领取营业执照。

(2)备案程序。设立社向分社所在地工商行政管理部门办理分社设立登记后,应当向分社所在地与工商登记同级的旅游行政管理部门办理备案,如果没有同级的旅游行政管理部门的,则向上一级旅游行政管理部门备案。在备案时,设立社要提供分社的《营业执照》、分社经理的履历表和身份证明、增存质量保证金的证明文件。

(二)服务网点

服务网点是指旅行社设立的,为旅行社招徕旅游者,并以旅行社的名义与旅游者签订旅游合同的营业部、门市部等机构。旅行社有设立服务网点的权利能力,但是旅行社的分社不得设立服务网点。

设立服务网点没有特定的条件要求,只是在设立地点上有限制性规定,即服务网点应当开设在设立社所在地的省、自治区、直辖市行政区划内,也可以开设在分社所在地的设区的市的行政区划内。

在设立程序方面,服务网点也应当履行登记和备案两个程序。首先,设立社向服务网点所在地工商行政管理部门办理服务网点设立登记。其次,设立社在办理工商登记后 3 个工作日内,持相关文件向服务网点所在地与工商登记同级的旅游行政

管理部门备案，包括服务网点的营业执照、服务网点经理的履历表和身份证明。没有同级的旅游行政管理部门的，向上一级旅游行政管理部门备案。

由于旅行社的分社和服务网点均无独立的法人资格，所以其行为的后果，最终是由设立社承担责任，而且在经营范围上，分社和服务网点均应和设立社保持一致。设立社对分社实行统一的人事、财务、招徕、接待制度规范，对服务网点实行统一管理、统一财务、统一招徕和统一咨询服务规范。尤其值得注意的是，服务网点仅有招徕、咨询两项职能，其经营能力是受限制的。

三、外商投资旅行社

外商投资旅行社是外国旅游经营者采取单独出资的方式，或者采取与中国投资者合资、合作的方式，依照中国法律在中国境内设立的旅行社，具体包括中外合资经营旅行社、中外合作经营旅行社和外商独资旅行社三种形式。

（一）外商投资旅行社的设立条件

《旅行社管理条例》及相关规定对外商投资旅行社的设立条件规定得比较严格，具体包括：缴纳400万元的注册资本；参与设立中外合资经营旅行社和中外合作经营旅行社的境外投资者年旅游经营总额在4000万美元以上，外商独资旅行社的境外投资方年旅游经营总额应在5亿美元以上；中方投资者应当是依法设立的公司，最近3年无违法或者重大违规记录，符合国家旅游局规定的审慎的和特定行业的要求。与中方投资者相比，外国投资方要进入中国旅游市场的门槛较高，如当时的国际旅行社所需的注册资本为150万元，远远低于外商投资旅行社的注册资本要求。

《旅行社条例》对外商投资旅行社的设立条件没有做出规定，这说明在市场准入方面，外国投资者享有国民待遇，外商投资旅行社在设立条件上适用旅行社设立条件的一般性规定。

（二）外商投资旅行社的设立程序

设立程序上，设立外商投资旅行社涉及外商投资企业管理和旅行社管理的双重行政审批。

1. 设立外商投资企业

设立外商投资企业，应当具备相应的条件，获得相应的行政审批，并办理工商登记注册。需要注意的是，并非所有的外商投资企业都具有独立的法人资格，因此投资者如果想在中国境内从事旅游业务，应当注册成立法人型的外商投资企业。

2. 获得旅行社业务许可审批

外商投资企业申请经营旅行社业务，应当向所在地省、自治区、直辖市旅游行政管理部门提出申请，并提交证明其企业法人资格和注册资本不少于30万元的证明文件。省、自治区、直辖市旅游行政管理部门应当自受理申请之日起30个工作日内审查完毕。予以许可的，颁发旅行社业务经营许可证；不予许可的，书面通知申请人并说明理由。

在设立条件和内资企业趋同的同时，外商投资企业的营业能力还是受到相应的限制的，其不得经营中国内地居民出国旅游业务及赴香港特别行政区、澳门特别行政区和台湾地区旅游的业务，但是国务院决定或者我国签署的自由贸易协定和内地与香港、澳门关于建立更紧密经贸关系的安排另有规定的除外。

第三节 旅行社的经营管理制度

一、旅行社业务许可证制度

成立旅行社，要取得旅游行政管理部门的许可，获得旅行社业务经营许可证。旅行社及其分支机构，应当根据其获得的旅行社业务经营许可证和营业执照上所记载的业务范围，从事相关的旅游业务。因此，旅行社业务许可证制度是旅游行政管理部门对旅游市场主体从事旅游业务的许可管理制度，具体包括有关主体能否从事旅游业务，能够从事哪些旅游业务，以及对违法主体的行政处罚措施。

在旅游实践中，违反旅行社业务许可证制度的行为主要有以下三种形式。

（一）未经许可从事旅游业务

旅游业务属于经许可方能从事的业务，所以，没有取得旅行社业务经营许可证的主体从事旅游业务的行为，属于违法行为。

此外，根据前面所阐述的旅游业务的类型，旅行社一经成立，就可以从事境内旅游业务和入境旅游业务，但是经营出境旅游业务和边境旅游业务，还需要另外获得许可。旅行社取得经营许可满两年，且未因侵害旅游者合法权益受到行政机关罚款以上处罚的，可以申请经营出境旅游业务。申请人应当向国务院旅游行政主管部门或者其委托的省、自治区、直辖市旅游行政管理部门提出申请，受理申请的旅游行政管理部门应当自受理申请之日起20个工作日内做出许可或者不予许可的决定。予以许可的，向申请人换发旅行社业务经营许可证；不予许可的，书面通知申请人并说明理由。此外，由于旅行社业务经营许可证上的记载事项必须和营业执照保持一致，获得出境旅游业务经营许可的旅行社，还应当办理工商变更登记。在履行上述法定程序之后，旅行社才有经营出境旅游业务的资格。

对于未经许可经营旅行社业务的行为，由旅游主管部门或者工商行政管理部门责令改正，没收违法所得，并处1万元以上10万元以下罚款；违法所得十万元以上的，并处违法所得1倍以上5倍以下罚款；对有关责任人员，处2000元以上2万元以下罚款。此外，对未经许可从事出境旅游业务和边境旅游业务的旅行社，还应当责令停业整顿，情节严重的吊销旅行社业务经营许可证，对直接负责的主管人员处2000元以上2万元以下罚款。

（二）分支机构违法从事旅游业务

对分支机构经营能力的限制性规定，属于旅行社业务经营许可的组成部分。无论是分社超越设立社经营范围，还是服务网点从事招徕、咨询以外的活动，均属于突破现行的旅行社业务经营许可制度，从事与其主体资格不相匹配的经营行为。

对上述违法经营行为，由旅游行政管理部门或者工商行政管理部门责令改正，没收违法所得，违法所得10万元以上的，并处违法所得1倍以上5倍以下的罚款；违法所得不足10万元或者没有违法所得的，并处10万元以上50万元以下的罚款。

（三）非法转让旅行社业务经营许可证的行为

旅行社不得将自己的旅行社业务经营许可证转让、出租或者出借给其他企业、团体或者个人使用。《旅行社条例实施细则》认定下列行为属于转让、出租或者出借旅行社业务经营许可证的行为：①准许或者默许其他企业、团体或者个人，以自己的名义从事旅行社业务经营活动的（组团社将目的地的接待业务委托给接待社的除外）；②准许其他企业、团体或者个人，以部门或者个人承包、挂靠的形式经营旅行社业务的。

对非法转让旅行社业务经营许可证的行为，由旅游主管部门或者工商行政管理部门责令改正，没收违法所得，并处1万元以上10万元以下罚款；违法所得10万元以上的，并处违法所得1倍以上5倍以下罚款；对有关责任人员，处2000元以上2万元以下罚款。同时对旅行社还应当责令其停业整顿；情节严重的，吊销旅行社业务经营许可证；对直接负责的主管人员，处2000元以上2万元以下罚款。

二、质量保证金制度

《旅游法》第三十一条规定，旅行社应当按照规定交纳旅游服务质量保证金，用于旅游者权益损害赔偿和垫付旅游者人身安全遇有危险时紧急救助的费用。所以，质量保证金是旅行社依照法定的数额或标准缴纳而形成的专用款项，该款项由第三方依法进行管理，并在法定的情形下用该款项先行偿付旅游者损失，是旅行社为自身经营活动所提供的资金担保。质量保证金制度的建立，一方面构成了旅游业务的市场进入的门槛，另一方面为保护旅游者权益提供了资金支持。

（一）质量保证金的缴纳

有关缴纳质量保证金的规定，旨在确保旅行社所缴纳的质量保证金真实充足，并且能够即时支付。

1. 质量保证金数额

旅行社在设立时，应当缴纳符合规定的质量保证金，其数额严格对应于旅行社的经营范围。旅行社成立时，即可经营国内旅游业务和入境旅游业务，此时对应的质量保证金的数额为20万元；经营出境旅游业务，应当增存质量保证金120万元。旅行社设立分社，也应当追加相应的质量保证金：旅行社每设立一个经营国内旅游业务和入境旅游业务的分社，应当向其质量保证金账户增存5万元；每设立一个经营出境旅游业务的分社，应当向其质量保证金账户增存30万元；如设立一个经营国内、入境和出境旅游业务的分社，其增存的数额为35万元。

2. 质量保证金的缴纳形式

从偿付旅游者损失的角度看，现金能够起到即时偿付的作用，而其他形式的财产，如实物、有价证券要经过变现，方能偿付旅游者的损失，因此《旅行社管理条例》一直要求旅行社以现金的方式缴纳质量保证金。而为了减轻企业负担，降低旅行社的经营成本，《旅行社条例》增加了银行担保这一质量保证金的缴纳形式。

（1）以现金的形式缴纳质量保证金。现金形式的质量保证金应当存缴到指定的银行。原国家旅游局本着公开、公平、公正的原则，指定符合法律、法规和本办法规定并提出书面申请的中国境内（不含港澳台地区）商业银行作为保证金的存储银行。

旅行社需要存缴保证金时，须持营业执照副本、旅行社业务经营许可证副本到银行办理存款手续。存缴保证金的旅行社须与银行签订《旅游服务质量保证金存款协议书》，并将复印件送许可的旅游行政主管部门备案。为防止保证金存单质押，银行应在存单上注明"专用存款不得质押"字样。

（2）以银行担保的方式缴纳的质量保证金。银行提出保证金担保的，由银行向许可的旅游行政主管部门出具《旅游服务质量保证金银行担保函》。银行担保期限不得少于一年。担保期限届满前3个工作日，应续办担保手续。

（二）质量保证金的赔偿范围

质量保证金主要是用于赔偿旅游者因为旅行社的违约行为所遭受的损失。如果旅行社不履行合同或者不适当履行合同造成了旅游者的损失，旅行社应当向旅游者承担违约责任。在旅行社不能承担或者不愿意承担责任时，质量保证金可以起到先行偿付的作用。此外，当旅游者在旅游过程中遭遇危险需要紧急救助时，质量保证金的垫付可以弥补救助费用的不足。

所以，综合《旅游法》和《旅行社条例》的规定，质量保证金的赔偿范围包括：①旅行社违反旅游合同约定，侵害旅游者合法权益，经旅游行政管理部门查证属实的；②旅行社因解散、破产或者其他原因造成旅游者预交旅游费用损失的；③垫付旅游者人身安全遇有危险紧急救助费用；④对侵害旅游者权益的损害赔偿。

(三)质量保证金的管理

质量保证金专项存储之后,其所有权关系并未发生改变,质量保证金仍是属于旅行社的财产,所以当旅行社发生合并、解散、转产、破产等情形时,质量保证金作为旅行社企业财产的一部分,按有关法律规定处置;当旅行社终止经营时,质量保证金应退还给旅行社。

1. 质量保证金满额管理

旅行社的经营行为是持续性的,质量保证金一旦发生支付,便会不符合法定的数额要求,如果不予以补足,对于旅行社之后接待的旅游者而言,质量保证金的保障作用就会降低。因此,《旅行社条例》对质量保证金的数额做了强制性规定,旅行社质量保证金应当保持满额,不足部分旅行社须在收到旅游行政管理部门补交质量保证金的通知之日起5个工作日内补足。旅行社未在规定期限内向其质量保证金账户存入、增存、补足质量保证金或者提交相应的银行担保的,由旅游行政管理部门责令改正;拒不改正的,吊销旅行社业务经营许可证。

2. 对质量保证金的动态管理

为了降低企业负担,同时鼓励旅行社自觉遵守法律,规范经营,《旅行社条例》建立了质量保证金的动态管理制度,根据旅行社的经营情况对其应当缴纳的质量保证金的数额进行调整。

对于依法经营的旅行社,可以要求减缴质量保证金:旅行社自缴纳或者补足质量保证金之日起3年内,未因侵害旅游者合法权益受到行政机关罚款以上处罚的,旅游行政管理部门应当将旅行社质量保证金的交存数额降低50%,并向社会公告。旅行社可凭省、自治区、直辖市旅游行政管理部门出具的凭证减少其质量保证金。

减缴质量保证金的旅行社如果侵害旅游者的合法权益,则要恢复其原定的质量保证金数额。具体规定是:如旅行社因侵害旅游者合法权益受到行政机关罚款以上处罚的,则应当在收到旅游行政管理部门补交质量保证金的通知之日起5个工作日内补足质量保证金。

三、旅行社责任保险制度

作为一种风险管理方式,保险是旅游企业或者旅游者转嫁风险的途径。而旅游强制保险则是要求旅游企业必须投保的险种。一方面,通过旅游强制保险的施行,旅游行政管理部门可以实现对旅行社的监管;另一方面,旅游强制保险制度的实行可以分散旅行社的经营风险,维护旅游者的人身权益和财产权益。因此,旅游强制保险制度构成了一项重要的旅游市场监管制度,现行的旅游强制保险险种是旅行社责任保险。

(一)旅行社责任保险的概念

旅行社责任保险是指以旅行社因其组织的旅游活动对旅游者和受其委派并为旅游者提供服务的导游或者领队人员依法应当承担的赔偿责任为保险标的的旅游强制投保险种。该险种具有如下特征。

1. 旅行社责任保险是强制保险险种

《旅游法》第五十六条规定,国家根据旅游活动的风险程度,对旅行社、住宿、旅游交通等经营者分类实施责任保险。《旅行社条例》第三十八条规定,旅行社应当投保旅行社责任险。旅行社责任险的具体方案由国务院旅游行政主管部门会同国务院保险监督管理机构另行制定。因此,旅行社责任保险作为旅游行业中的强制保险险种,是有相应的法律、法规依据的。

2. 旅行社责任保险是财产保险

财产保险是以财产及其有关利益为保险标的的保险。旅行社通过购买旅行社责任保险,将自身的赔偿风险转嫁给保险公司,保险公司所承保的是旅行社的赔偿责任,因此,旅行社责任保险属于财产保险。

3. 旅行社是旅行社责任保险的投保人

投保人是指与保险人订立保险合同,并按照合同约定负有支付保险费义务的人。旅行社责任保险所承保的是旅行社应承担的赔偿责任,所以,该合同是旅行社和保险公司签订的,并且旅行社应当依照合同的约定向保险公司缴纳保险费。

4. 旅行社是旅行社责任保险的被保险人

被保险人是指其财产或者人身受保险合同保障,享有保险金请求权的人。投保人可以为被保险人。财产保险的被保险人在保险事故发生时,对保险标的应当具有保险利益。作为旅行社为自己投保的责任保险,在发生保险合同所约定的保险事故时,旅行社应在自身应当承担责任的范围内,向保险公司提出保险金支付请求。

(二)投保旅行社责任保险

1. 保险期限

所谓保险期限,又称保险期间,是指保险合同的有效期限,也叫保险责任的起讫期限。保险期限既是保险合同当事人履行义务的时间期限(只有在保险期限内发生的保险事故,才能导致保险人承担保险责任),又是计算保险费的时间期限。《旅行社责任保险管理办法》规定,旅行社责任保险的保险期限为一年。即旅行社投保旅行社责任保险后,在一年的保险期限内,如果发生投保范围内的赔偿责任,由承保的保险公司承担赔偿责任。因此,旅行社投保旅行社责任保险采取按年度投保的方式,旅行社应在每一个保险年度向在中国境内的财产保险公司投保。

2. 投保方式

通常的投保方式是保险人和投保人通过协商订立保险合同。2009 年,国家旅游局下发了《关于开展2010年度旅行社责任保险统保示范项目的通知》,通知指出:开展统保示范项目是各级旅游行政主管部门履行公共服务职能的具体体现,同时要求各地应将其作为履行政府公共服务职能的重要工作来抓。旅行社责任保险统保示范项目在全国范围内迅速推行。该项工作旨在通过由旅游行业和保险公司的统一协商,以改进旅行社责任保险的赔付范围和赔付流程,使得旅行社责任保险在分散旅行社的经营风险和保障旅游者合法权益方面起到更大的作用。以2012年的参保情况为例,截至2012年11月18日,有效投保2012年度示范产品的旅行社共15465家,保费金额12493.67万元,统保率67.88%(以2010年全国旅行社总数为基数)[1]。但是,统保并非强制推行的项目。作为个体的旅行社,可以从自身的需要出发,选择和保险公司单独协商订立保险合同,或者加入统保计划,按照统一的标准缴纳保费及签订统一的保险条款。

3. 保险合同的签订

在投保时,旅行社应当与承保保险公司签订书面合同,并按照约定交付保险费。保险公司应当及时向旅行社签发保险单或者其他保险凭证,并在保险单或者其他保险凭证中载明当事人双方约定的合同内容,同时按照约定的时间开始承担保险责任。与此同时,为了防止旅行社通过解除合同来逃避投保义务,《旅行社责任保险管理办法》对旅行社责任保险合同的解除做出了限制性规定:在保险公司方面,除符合《中华人民共和国保险法》(以下简称《保险法》)规定的情形外,保险公司不得解除保险合同;对于已解除的保险合同,保险公司应当收回保险单,并书面通知旅行社所在地县级以上旅游行政管理部门。在旅行社方面,旅行社要解除保险合同的,应当同时订立新的保险合同,并书面通知所在地县级以上旅游行政管理部门。

(三)旅行社责任保险的赔偿范围

保险公司对旅行社的保险赔偿,属于依据保险合同向旅行社支付的款项。所以,保险公司是否向旅行社赔偿,以及赔偿的具体数额,要由双方在合同中约定,但不得小于《旅行社责任保险管理办法》所规定的赔偿范围,具体包括:①因旅行社疏忽或过失应当承担赔偿责任的;②因发生意外事故旅行社应当承担赔偿责任的;③原国家旅游局会同中国保险监督管理委员会规定的其他情形。

(四)旅行社责任保险的保险金额

保险金额简称保额,是指保险人承担赔偿或者给付保险金责任的最高限额,也是投保人对保险标的的实际投保金额,该金额应当在保险合同中有明确约定。

---

[1] 国家旅游局关于进一步做好2013年旅行社责任保险统保示范项目工作的通知[EB/OL].http://www.cnta.gov.cn/html/2012-11/2012-11-28-15-10-70481.html.

1. 旅行社的投保义务

旅行社责任保险是强制保险，国家法律对旅行社应当投保的保险金额也做了强制性规定。依据《旅行社责任保险管理办法》，责任限额可以根据旅行社业务经营范围、经营规模、风险管控能力、当地经济社会发展水平和旅行社自身需要，由旅行社与保险公司协商确定，但每人人身伤亡责任限额不得低于 20 万元人民币。此即构成了旅行社的最低投保义务，如果旅行社不足额投保，则需要承担相应的责任。

2. 保险公司的赔偿责任

对保险公司而言，保险金额是其所负担的最高风险，保险公司只在保险金额的范围内按照旅行社的实际支付数额向旅行社支付保险赔偿金。如果旅行社对旅游者的实际支付数额超过了保险金额，保险公司只向旅行社支付全额的保险金额即可，不足的部分则构成旅行社的经营损失，旅行社不能将保险金额作为自己对旅游者的赔偿限额。

（五）索赔程序

在发生保险合同约定的保险事故后，当事人要依照保险合同的约定提出索赔要求。

1. 索赔的主体

作为旅行社责任保险的投保人，通常情况下是由旅行社向保险公司提出索赔要求。但是为了保障受害人能够得到及时的偿付，在特殊情况下，允许旅行社责任保险合同之外的第三人向保险公司提出索赔请求：旅行社对旅游者、导游或者领队人员应负的赔偿责任确定的，根据旅行社的请求，保险公司应当直接向受害的旅游者、导游或者领队人员赔偿保险金。旅行社怠于请求的，受害的旅游者、导游或者领队人员有权就其应获赔偿部分直接向保险公司请求赔偿保险金。

2. 具体的索赔程序

（1）向保险公司通知保险事故。旅行社组织的旅游活动中发生保险事故，旅行社或者受害的旅游者、导游、领队人员应通知保险公司，保险公司应当及时告知具体的赔偿程序等有关事项。

（2）提供相应的证明。保险事故发生后，旅行社按照保险合同请求保险公司赔偿保险金时，应当向保险公司提供其所能提供的与确认保险事故的性质、原因、损失程度等有关的证明和资料。保险公司按照保险合同的约定，认为有关的证明和资料不完整的，应当及时一次性通知旅行社补充提供。

（3）核定赔偿。保险公司收到赔偿保险金的请求和相关证明、资料后，应当及时做出核定；情形复杂的，应当在 30 日内做出核定，但合同另有约定的除外。保险公司应当将核定结果通知旅行社及受害的旅游者、导游、领队人员。

（4）支付赔偿。对属于保险责任的理赔案件，保险公司在与旅行社达成赔偿保险金的协议后 10 日内，履行赔偿保险金义务。

3. 保险公司的先行支付

因抢救受伤人员需要保险公司先行赔偿保险金用于支付抢救费用的，保险公司在接到旅行社或者受害的旅游者、导游、领队人员通知后，经核对属于保险责任的，可以在责任限额内先向医疗机构支付必要的费用。

4. 保险公司的代位请求权

因第三者损害而造成保险事故的，保险公司自直接赔偿保险金或者先行支付抢救费用之日起，在赔偿、支付金额范围内代位行使对第三者请求赔偿的权利。旅行社及受害的旅游者、导游或者领队人员应当向保险公司提供必要的文件和所知道的有关情况。

（六）对旅行社责任保险的监督管理

由于旅行社责任保险涉及旅行社和保险公司两类主体的经营行为，就其市场监管而言需要旅游行政管理部门和保监会的双重监管。

1. 旅游行政管理部门对旅行社的监管

县级以上旅游行政管理部门依法对旅行社投保旅行社责任保险情况实施监督检查，监督旅行社是否有不投保、不及时投保及投保不足额的违法行为。对存在此类行为的旅行社，由县级以上旅游行政管理部门依照《旅行社条例》第 49 条的规定，责令该旅行社改正，拒不改正的，吊销其旅行社业务经营许可证。

2. 保监会对保险公司的监管

中国保监会及其派出机构依法对保险公司开展旅行社责任保险业务实施监督管理，主要监管内容为保险公司的保险费率及保险条款。保险公司经营旅行社责任保险，违反有关保险条款和保险费率管理规定的，由中国保监会或者其派出机构依照《保险法》和中国保监会的有关规定予以处罚。

四、旅行社监督检查制度

旅行社监督检查制度是指行政机关在其职权范围内，对旅行社的经营行为进行检查，督促其合法经营，并查处旅行社违法经营行为的制度。

（一）监督检查机关

在行政机关中，旅游行政管理部门作为行业主管部门，对旅行社经营行为负有主要监督检查职责。具体而言，县级以上人民政府旅游行政主管部门有权检查的事项包括：①旅游行政主管部门许可的经营者资质和从业人员资格；②旅行社的经营行为；③导游和领队等旅游从业人员的服务行为；④法律法规规定的其他事项。此外，由于旅游服务的综合性，旅行社的经营行为还会涉及价格、税务、工商等部门的管理权限，上述部门也可以对旅行社的经营活动进行监督检查。

因此，为了防止部门分工导致相关职能部门在具体案件中推诿责任，提高行政机关的效率，《旅游法》对建立旅游综合执法机制专门做出了要求。首先，县级以上地方人民政府应当加强对旅游工作的组织和领导，明确相关部门或者机构，对本行政区域的旅游业发展和监督管理进行统筹协调。其次，县级以上地方人民政府建立旅游违法行为查处信息的共享机制，对需要跨部门、跨地区联合处理的违法行为，应当进行督办。最后，旅游行政主管部门和相关部门在执法过程中或者处理举报、投诉时发现违法行为的，属于本部门管理事项，应当依法及时做出处理；不属于本部门职责范围的事项，应当及时书面通知并移交相关部门查处。

（二）有关检查的具体规定

1. 检查程序

旅游执法人员进行现场检查时，不得少于两人，并应当出示检查通知书和执法证件。少于两人或者未出示检查通知书和执法证件的，被检查单位和个人有权拒绝。

2. 检查措施

旅游执法人员实施检查时，可以进入旅游经营场所，查阅、复制与监督检查内容有关的合同、票据、账簿及其他资料。为制止违法行为和保全证据，旅游执法人员可以依法对被检查单位和个人的财产和有关资料采取查封、扣押等强制措施。

3. 旅行社接受检查的义务

旅行社及其分社应当接受旅游行政管理部门对其旅游合同、服务质量、旅游安全、财务账簿等情况的监督检查，并按照国家有关规定向旅游行政管理部门报送经营和财务信息等统计资料，具体包括：①旅行社的基本情况，包括企业形式、出资人、员工人数、部门设置、分支机构、网络体系等；②旅行社的经营情况，包括营业收入、利税等；③旅行社组织接待情况，包括国内旅游、入境旅游、出境旅游的组织、接待人数等；④旅行社安全、质量、信誉情况，包括投保旅行社责任保险、认证认可和奖惩等。

4. 检查机关的义务

行政机关在监督检查过程中负有保密义务。旅游行政主管部门及其执法人员在监督检查的过程中，会掌握被检查单位的商业秘密和个人的隐私，旅游行政主管部门及其执法人员应当保守这些秘密，不得侵害被检查单位和个人的合法权益。

（三）公告

行政机关有义务让社会公众知晓经营者的信用状况，因此旅游、工商、价格等行政管理部门应当及时向社会公告监督检查的情况，并且公告也有利于社会公众对行政机关执法行为的监督。

根据规定，公告的内容包括旅行社业务经营许可证的颁发、变更、吊销、注销情况，旅行社的违法经营行为及旅行社的诚信记录、旅游者投诉信息等。行政机关要在适合的媒体上向社会公告上述信息，《旅行社条例实施细则》要求县级以上旅游行政管理部门应当通过本部门或者上级旅游行政管理部门的政府网站向社会发布。

【思考题】

1. 设立旅行社应当符合什么条件和程序？
2. 旅游业务许可制度的立法目的是什么？
3. 旅行社质量保证金有哪些基本制度规定？
4. 旅行社责任保险是如何分散旅行社的经营风险的？它在保障旅游者合法权益方面有什么积极作用？

第六章

导游人员法律制度

　　导游职业是整个旅游行业中具有标志性意义和最具影响力的职业，导游人员是整个旅游行业的重要"门面"，可谓是旅游业的"形象大使"。因此，导游人员法律制度在旅游法律体系中占有重要位置。本章主要阐述导游人员的概念与分类，导游人员的从业资格与条件，导游人员的基本权利和义务，以及导游从业规范及法律责任等内容。由于我国现在已经取消了领队证制度，因此，本章把领队作为导游人员的特殊种类来阐述，不再单独说明。

　　《旅游法》《导游人员管理条例》和《导游管理办法》等法律法规是我国目前关于导游人员的基本法律制度。

第一节　导游人员概述

一、导游人员的概念与分类

（一）导游人员的概念

　　根据《导游人员管理条例》第二条规定，导游人员是指依照本条例的规定取得导游证，接受旅行社委派，为旅游者提供向导、讲解及相关旅游服务的人员。这一定义包含三层含义。

　　一是从从业资格角度看，导游人员必须是依法取得导游证的人，即成为导游人员必须有政府许可。如果没有导游资质而从事"导游"业务，则属于违法揽客的"黑导"。我国现行的导游法律制度不承认这些非法从事导游的人员。

　　二是从从业规范的角度看，导游人员必须是接受旅行社委派且取得了导游证的专门人员。这主要是从维护我国旅游市场秩序和旅游者合法权益方面所做的考虑和限制。从这个意义上说，即使是持有合法有效导游证的人员，如果没有接受旅行社的委派，其擅自为旅游者提供导游服务，是不合法的。根据相关规定，这种行为也要受到旅游行政主管部门的处罚。如果允许导游自行招徕游客，擅自为游客提供旅游服务，将会严重扰乱旅游市场秩序，尤其是扰乱合法旅行社的正常业务开展，相当于导游人员个人未经工商注册就开展旅行社业务。同时，由于导游人员个人的经济实力有限，一旦发生因导游人员的责任而造成旅游者权益受损时，旅游者很难得到实际的赔偿。因此，《旅游法》第四十条明确规定，导游和领队为旅游者提供服务必须接受旅行社委派，不得私自承担导游和领队业务。《导游人员管理条例》第二条的规定和《导游管理办法》第十九条的规定是同《旅游法》的这一规定相一致的。从上位法优于下位法的法律适用原则来看，只要《旅游法》第四十条的内容没有经过全国人大常委会修改，导游人员不经过旅行社而自由执业就是违法行为。

三是从工作内容角度看，导游人员是提供向导、讲解及相关旅游服务的人员。由于立法很难完全列举导游的工作内容，因此这里采用了列举加概括的模式。"向导"是为旅游者引路、带路；"讲解"是为旅游者解说旅游相关的各种信息；"相关旅游服务"是作为导游人员可能提供的其他服务，如安排就餐、代办代购相关票证等。

（二）导游人员的分类

依据不同的标准，可对导游人员做不同的分类。

1. 从导游证申领渠道的角度，分为旅行社导游和社会导游

《旅游法》第三十七条规定，参加导游资格考试成绩合格，与旅行社订立劳动合同或者在相关旅游行业组织注册的人员，可以申请取得导游证。

（1）旅行社导游。这类导游是通过与旅行社签订劳动合同来申领导游证的。旅行社应当与其聘用的导游依法订立劳动合同，并支付基本工资、带团补贴等劳动报酬，缴纳社会保险费用。根据《国家旅游局关于执行〈旅游法〉有关规定的通知》（旅发〔2013〕280号），这里的劳动合同是指固定期限劳动合同或者无固定期限劳动合同。根据《劳动合同法》的规定，固定期限劳动合同是指用人单位与劳动者约定合同终止时间的劳动合同，《导游管理办法》规定，该劳动合同期限应当不少于1个月。无固定期限劳动合同是指用人单位与劳动者约定无确定终止时间的劳动合同。

据此，所谓旅行社导游就是与某一家旅行社建立固定期限或者无固定期限劳动合同关系的导游，该旅行社应当依据双方劳动合同以及劳动和社会保障相关法律，向导游支付劳动报酬、缴纳社会保险等。同时导游应当接受该旅行社的管理，完成旅行社安排的带团工作。

（2）社会导游。这类导游是通过在旅游行业组织注册来申领导游证的。根据《导游管理办法》，旅游行业组织是指依照《社会团体登记管理条例》成立的导游协会，以及在旅游协会、旅行社协会等旅游行业社会团体内设立的导游分会或者导游工作部门，具体由所在地旅游主管部门确定。社会导游与其注册的旅游行业组织之间不具有劳动合同关系。社会导游可以接受不同旅行社的委派，为不同的旅行社

提供带团服务。旅行社临时聘用社会导游为旅游者提供服务的，应当依照旅游和劳动相关法律、法规的规定足额支付导游服务费用。

社会导游又可以分为专职社会导游、兼职社会导游、学生社会导游。除了导游工作之外，兼职社会导游往往还有另外的工作，在法律上表现为与其他非旅行社企事业单位存在劳动人事关系。专职社会导游则以导游为其主要工作，一般不存在其他稳定的劳动关系，旅行社聘用该社会导游，按照《导游管理办法》的要求，应当与导游订立劳动合同。学生社会导游是指在课余时间或寒暑假为旅行社提供带团服务的全日制在校学生导游。按照我国目前的劳动法律，全日制在校学生没有资格签订劳动合同，他们只能通过相关旅游行业组织登记的方式取得导游证，只能属于社会导游。他们为旅行社提供带团服务时所建立的并非劳动合同关系，而只能是劳务合同关系。

2. 从导游工作内容角度，分为一般导游和出境领队[①]

在出境领队的许可被国务院取消后，出境领队不再是独立的职业，而是属于导游的一种特殊类型。《旅行社条例实施细则》规定，出境领队须具备的条件包括：取得导游证；具有大专以上学历；取得相关语言水平测试等级证书或通过外语语种导游资格考试，但为赴港澳台地区旅游委派的领队除外；具有两年以上旅行社业务经营、管理或者导游等相关从业经历；与委派其从事领队业务的取得出境旅游业务经营许可的旅行社订立劳动合同。其中赴台旅游领队还应当符合《大陆居民赴台湾地区旅游管理办法》规定的要求。由此可见，出境领队属于导游人员，基于其出境业务的特殊性，与一般导游相比，其要求更为严格。

此外，一般导游包括旅行社导游、社会导游，但是，出境领队只能是与旅行社签订劳动合同的旅行社导游人员。

（三）关于领队人员管理的新规定

需要特别说明的是，2016年11月7日，第十二届全国人民代表大会常务委员会第二十四次会议通过《全国人民代表大会常务委员会关于修改〈中华人民共和国对外贸易法〉等十二部法律的决定》，就取消"领队证核发"许可对《旅游法》第三十九条、第四十一条、第九十六条和第九十八条至第一百零三条的相关规定做了修改。2017年3月1日中华人民共和国国务院令第676号修改公布的《旅行社条例》，以及2016年12月12日国家旅游局令第42号修改公布的《旅行社条例实施细则》进一步明确领队管理由资格准入制改为备案管理制，旅游主管部门不再对领队从业进行行政审批。

---

① 根据2017年国务院最新修订的《导游人员管理条例》第四条的规定，"临时导游证"已经取消。也就是说，自2017年《导游人员管理条例》修订之后，我国不再有"临时导游"。

为贯彻实施有关旅游法律、法规和规章,国家旅游局就领队人员管理有关事宜做了通知,具体包括:(1)关于领队人员的学历、语言能力、从业经历条件的认定是大专以上学历,包括普通高校、成考、自考及国家承认的其他形式的具有大专及以上的同等学力。(2)语言能力。符合下列条件之一:一是通过外语语种导游资格考试;二是取得国家级发证机构颁发的或国际认证的、出境旅游目的地国家(地区)对应语种语言水平测试的相应等级证书。(3)从业经历。两年以上旅行社业务经营经历等。

二、导游人员的资格与条件

(一)导游人员资格考试制度

要成为一名导游人员,必须是参加导游资格考试成绩合格者。1987年出台的《导游人员管理暂行规定》确立了导游考试制度。虽然导游考试属于全国统一的考试制度,但由于导游工作具有强烈的地域性,各地的旅游资源和旅游发展水平又大不相同,因此国务院旅游行政管理部门主要负责制定全国导游人员资格考试的政策、标准和对各地考试工作的监督管理。省级旅游行政管理部门负责组织、实施本行政区域内导游人员资格考试工作,包括考试内容、考试安排等事宜。但基于加强导游队伍建设的需要,从2016年开始,导游考试工作由国家旅游局统一实施。2018年1月1日开始实施的《导游管理办法》进一步确立了导游资格证终身有效、导游证全国统考、全国通用的原则。其第六条明确规定,经导游人员资格考试合格的人员,方可取得导游人员资格证。国家旅游局负责制定全国导游资格考试政策、标准,组织导游资格统一考试,以及对地方各级旅游主管部门导游资格考试实施工作进行监督管理。省、自治区、直辖市旅游主管部门负责组织、实施本行政区域内导游资格考试具体工作。全国导游资格考试管理的具体办法,由国家旅游局另行制定。

《导游人员管理条例》第三条规定,国家实行全国统一的导游人员资格考试制度。具有高级中学、中等专业学校或者以上学历,身体健康,具有适应导游需要的基本知识和语言表达能力的中华人民共和国公民,可以参加导游人员资格考试。具体而言,参加导游人员考试须符合四项条件。

第一,必须是中华人民共和国公民。具有中华人民共和国国籍的即为中国公民。我国香港、澳门地区的永久性居民中的中国公民,根据国家旅游局发布的《关于香港、澳门永久性居民中的中国公民报考全国导游人员资格考试有关事项的通知》(旅办发〔2008〕174号),符合下列条件的,可以报考:①符合《导游人员管理条例》第三条规定的报考条件;②香港、澳门永久性居民中具有中国公民身份的港澳居民。而关于我国台湾地区的中国公民,迄今原则上不可以参加大陆的导游人员资格考试。不过，从 2017 年开始，在厦门、平潭两个自贸区开展了相关工作的试点。台湾籍导游可以通过培训和考核后，在厦门、平潭、福州等几个地方带团。

第二，应具有高级中学、中等专业学校或者以上学历。这一学历要求是为了确保未来的导游人员具备一定文化素养。

第三，身体健康。导游工作既是脑力劳动又是体力劳动，很多时候体力方面的辛苦要超过脑力方面，因此要求导游人员具有健康的身体。

第四，具有适应导游工作需要的基本知识和语言表达能力。导游人员很重要的一项工作是讲解，良好的讲解是品质旅游的重要保障。导游如果缺乏必要的基础知识和语言表达能力，将很难为旅游者提供合格的旅游服务。

经考试合格的，由国务院旅游行政部门或者国务院旅游行政部门委托省、自治区、直辖市人民政府旅游行政部门颁发导游人员资格证书。

（二）导游证的申领、颁发

导游证是国家许可公民从事导游工作的证件，是导游人员从业的必要条件。根据《旅游法》第三十七条的规定，导游证的申领需要满足两方面条件：一是参加导游资格考试成绩合格；二是与旅行社订立固定期限或无固定期限劳动合同，或者在相关旅游行业组织注册。

但上述两方面仅仅是必备条件，导游证的申领还存在禁止条件，即只要存在禁止性情况，就不予颁发导游证。根据《导游人员管理条例》第五条的规定，这些禁止性条件包括四个方面。

第一，无民事行为能力或者限制民事行为能力的。导游人员的从业活动涉及诸多权利的行使和义务的承担，不具备完全民事行为能力是无法胜任这一工作的。

第二，患有传染性疾病的。导游人员从事引导、讲解工作，时常与大量游客进行交流接触，或处于车辆等狭小空间，若患有传染病，必然会对游客的健康构成极大危险，因此将传染性疾病作为许可导游从业的限制条件，符合社会公共利益的要求。其中申领人是否患有传染病需要专业机构提供专业诊断结论。

第三，受过刑事处罚的，过失犯罪的除外。根据我国《中华人民共和国刑法》（以下简称《刑法》）的规定，犯罪分为故意犯罪和过失犯罪。明知自己的行为会发生危害社会的结果，并且希望或者放任这种结果发生，因而构成犯罪的，是故意犯罪；应当预见自己的行为可能发生危害社会的结果，因为疏忽大意而没有预见，或者已经预见而轻信能够避免，以致发生这种结果的，是过失犯罪。故意犯罪行为人存在主观上的恶性，过失犯罪行为人则不具有这样的主观恶性。正是基于这种主观恶意性，不少法律对故意犯罪行为人的职业自由设定了额外的限制，这是出于公共利益保护的需要，也显示了法律对故意犯罪严厉惩罚的态度。需要特别说明的是，并非所有犯罪都会受到刑事处罚。依据《刑法》规定，对于犯罪情节轻微不需要判处刑罚的，可以免予刑事处罚。但是可以根据案件的不同情况，予以训诫或者责令具结悔过、赔礼道歉、赔偿损失，或者由主管部门予以行政处罚或者行政处分。

第四，被吊销导游证的。曾经取得导游证的人，因严重违反了导游人员管理的相关法律，被旅游主管部门处以吊销导游证的处罚，自处罚之日起未逾3年的，不得重新申请导游证。这是针对严重违反导游人员管理法律制度的人员设定的禁业期。出于行业秩序及旅游者权益保障的考虑，在禁业期内，禁止此类人员重新成为导游，这是符合社会公共利益的。

满足上述条件的人员可以提出申请，所在地旅游主管部门，即旅行社（含旅行社分社）、旅游行业组织所在地的省、自治区、直辖市旅游主管部门或者其委托的设区的市级旅游主管部门、县级旅游主管部门，应当对申请人提出的取得导游证的申请，依法出具受理或者不予受理的书面凭证。需补正相关材料的，应当自收到申请材料之日起5个工作日内一次性告知申请人需要补正的全部内容；逾期不告知的，收到材料之日起即为受理。自受理申请之日起10个工作日内，应当做出准予核发或者不予核发导游证的决定。不予核发的，应当书面告知申请人理由。

导游的经常执业地区应当与其订立劳动合同的旅行社（含旅行社分社）或者注册的旅游行业组织所在地的省级行政区域一致。导游证申请人的经常执业地区在旅行社分社所在地的，可以由旅行社分社所在地旅游主管部门负责导游证办理相关工作。

根据《导游管理办法》第七条的规定，导游证采用电子证件形式，由国家旅游局制定格式标准，由各级旅游主管部门通过全国旅游监管服务信息系统实施管理。电子导游证以电子数据形式保存于导游个人移动电话等移动终端设备中。在电子导游证之外，向导游发放导游身份标识。身份标识是记载有导游姓名、证件号码等导游基本信息，以便于旅游者和执法人员识别身份的工作标牌。导游在执业过程中应当携带电子导游证、佩戴导游身份标识，并开启导游执业相关应用软件。

导游执业许可申请人隐瞒有关情况或者提供虚假材料申请取得导游人员资格证、导游证的，县级以上旅游主管部门不予受理或者不予许可，并给予警告；申请人在一年内不得再次申请该导游执业许可。

（三）导游证的日常管理

1. 有效期管理

导游证的有效期为3年。导游需要在导游证有效期届满后继续执业的，应当在有效期限届满前3个月内，通过全国旅游监管服务信息系统向所在地旅游主管部门提出申请。旅行社或者旅游行业组织应当自导游提交申请之日起3个工作日内确认信息。所在地旅游主管部门应当自旅行社或者旅游行业组织核实信息之日起5个工作日内予以审核，并对符合条件的导游变更导游证信息。

2. 归属情况管理

导游与旅行社订立的劳动合同解除、终止或者在旅游行业组织取消注册的,导游及旅行社或者旅游行业组织应当自解除、终止合同或者取消注册之日起5个工作日内,通过全国旅游监管服务信息系统将信息变更情况报告旅游主管部门。

3. 导游信息变更管理

导游应当自下列情形发生之日起10个工作日内,通过全国旅游监管服务信息系统提交相应材料,申请变更导游证信息,包括:姓名、身份证号、导游等级和语种等信息发生变化的;与旅行社订立的劳动合同解除、终止或者在旅游行业组织取消注册后,在3个月内与其他旅行社订立劳动合同或者在其他旅游行业组织注册的;经常执业地区发生变化的。经常执业地区是指导游连续执业或者3个月内累计执业达到30日的省级行政区域;其他导游身份信息发生变化的。旅行社或者旅游行业组织应当自收到申请之日起3个工作日内对信息变更情况进行核实。所在地旅游主管部门应当自旅行社或者旅游行业组织核实信息之日起5个工作日内予以审核确认。

4. 导游证的注销

旅游主管部门,应当在出现如下情形时,注销导游证。

(1) 导游死亡,导游执业许可的主体不存在了。

(2) 导游证有效期届满后,导游未依法申请换发导游证的。

(3) 所在地旅游主管部门,对不具备申请资格或者不符合法定条件的申请人核发导游证的;申请人以欺骗、贿赂等不正当手段取得导游证的;依法可以撤销导游证的其他情形,做出撤销导游证决定的。导游以欺骗、贿赂等不正当手段取得导游人员资格证、导游证的,除依法撤销相关证件外,可以由所在地旅游主管部门处1000元以上5000元以下罚款;申请人在3年内不得再次申请导游执业许可。

(4) 因曾有违法执业,其导游证依法被吊销的。

(5) 导游与旅行社订立的劳动合同解除、终止或者在旅游行业组织取消注册后,超过3个月未与其他旅行社订立劳动合同或者未在其他旅游行业组织注册的。

(6) 取得导游证后,又出现依法应不予核发导游证的情形的。

(7) 依法应当注销导游证的其他情形。

导游证被注销后,导游符合法定执业条件需要继续执业的,应当依法重新申请取得导游证。

第二节　导游人员的管理

依据我国现行旅游法律法规，对导游人员的管理主要有政府、旅行社和行业协会三个层面的管理。

一、政府层面的管理

国家对导游人员实行分级管理。国务院旅游行政管理部门主要从政策制定、监督落实层面对导游人员进行宏观管理；省级旅游行政管理部门负责本行政区域内导游人员管理制度的组织实施和监督检查。所在地县市级旅游行政管理部门在本行政区域内负责导游人员管理制度的具体实施。在管理的内容上，包括导游考试、导游执业许可、导游执业活动、导游执业的保障与激励等方面。

二、旅行社层面的管理

相对于各级政府旅游行政管理部门对导游人员的行政管理，旅行社层面的管理更为直接和具体。根据管理依据的不同，旅行社层面对导游人员的管理主要有两个方面。

第一，依据行政法律进行的管理。旅行社应当加强对导游的管理和培训，保障导游合法权益，提升导游服务质量。旅行社应当通过全国旅游监管服务信息系统及时确认、核实、报告导游相关信息。

第二，依据劳动合同进行的管理。旅行社与导游人员签订了劳动合同，导游人员作为劳动者应当接受用人单位的管理。导游人员的主要工作就是带团，其实质是代表旅行社向旅游者履行旅游合同所约定的义务。如果导游工作不符合旅游合同的要求，很可能导致旅行社向旅游者承担违约责任。因此，旅行社无论是从游客权益保障的角度还是从自身经营风险防范角度着眼，都应当重视导游从业的培训和监督管理工作。

三、行业协会层面的管理

行业协会是由行业内的企业或个人组成的民间组织，其主要职责是保障协会成员的合法权益、维护行业秩序和促进行业发展。行业协会对其成员的管理具有天然优势。首先，相对于其他管理主体，它更了解行业真实情况，采取的管理措施往往更为切实可行。其次，协会作为行业自律组织，其制定的管理制度应当是建立在协会内部民主协商基础上的,因此实施效果也应当更加理想。当然,国家旅游行政主管部门也要加强对旅游行业协会的监督管理,防止出现旅游行业协会的垄断经营情况。

行业协会的管理,根据对象的不同,可以从两个方面理解。一是针对社会导游的管理。社会导游注册在旅游行业组织,行业组织包括导游协会、旅游协会成立的导游分会或者内设的相应工作部门等形式。在这一层面,行业协会对社会导游的管理主要是注册管理,系《旅游法》授权的管理。二是针对全体导游的管理,包括旅行社导游、社会导游。这一层面的管理不存在法律依据,其前提是存在相应的行业协会,且相关导游属于其成员。

第三节 导游人员的权利和义务

导游人员的权利义务,实质是导游人员与不同主体之间的法律关系内容的具体体现。与导游人员发生法律关系的主体主要有三类,即政府、旅行社、旅游者。

一、导游人员与政府之间的权利义务关系

(一)导游人员的权利

1. 依法从业的权利

导游人员是满足法定要求,通过一定程序取得导游证的公民。其实质是旅游主管部门通过行政许可行为,允许该公民从事导游工作。取得该项行政许可的公民,即有权从事导游工作。未取得导游证从事导游活动的人员,根据《旅游法》第一百零二条第一款,由旅游主管部门责令改正,没收违法所得,并处 1000 元以上 1 万元以下罚款,予以公告。

2. 行政救济的权利

行政救济是有关主体在正常的法定权利状态遭到破坏或者妨害时采取补救、恢复措施的法律制度的总称,包括行政复议、行政诉讼、申诉、信访、调节、仲裁等救济制度[①]。导游人员从业活动中受到行政处罚或合法权益受到行政主体损害的,有权通过行政复议、行政诉讼等方式维护自身的合法权益。

(二)导游人员的义务

导游人员在具备导游从业资格的同时,也必须遵守相关法律对导游人员设定的从业规范。这些从业规范构成了导游人员必须履行的义务。与这些义务相对应的除

---

① 姜明安,余凌云.行政法[M].北京:科学出版社,2010:614-615.

导游人员的自身权利以外，还有旅游主管部门的监管权力。导游人员违反此类义务，多数应承担行政法上的责任，旅游主管部门有权依法予以处理。根据《旅游法》，导游人员在行政法上的义务包括以下几点。

1. 不得私自承揽业务

导游为旅游者提供服务，除非法律另有规定，否则应当通过旅行社委派从事执业活动。违反该规定，私自承揽业务的，由旅游主管部门责令改正，没收违法所得，处1000元以上1万元以下罚款，并暂扣或者吊销导游证。

2. 持证上岗

导游在执业过程中应当携带电子导游证、佩戴导游身份标识，并开启导游执业相关应用软件。导游违反该规定的，由旅游行政部门责令改正；拒不改正的，处500元以下的罚款。

3. 维护国家利益和民族尊严

导游人员进行导游活动时，有损害国家利益和民族尊严的言行的，由旅游行政部门责令改正；情节严重的，由省、自治区、直辖市人民政府旅游行政部门吊销导游证并予以公告；对该导游人员所在的旅行社给予警告直至责令停业整顿。

4. 依法安排旅游活动

导游人员安排旅游者参观或者参与涉及色情、赌博、毒品等违反我国法律法规和社会公德的项目或者活动的，由旅游主管部门，处2000元以上2万元以下罚款，并暂扣或者吊销导游证。

5. 严格履行包价旅游合同

导游人员擅自变更旅游行程或者拒绝履行旅游合同的，由旅游主管部门，处2000元以上2万元以下罚款，并暂扣或者吊销导游证。

6. 不得违反有关旅游购物和自费项目的规定

导游人员擅自安排购物活动或者另行付费旅游项目；以隐瞒事实、提供虚假情况等方式，诱骗旅游者违背自己的真实意愿，参加购物活动或者另行付费旅游项目；以殴打、弃置、限制活动自由、恐吓、侮辱、咒骂等方式，强迫或者变相强迫旅游者参加购物活动、另行付费等消费项目；获取购物场所、另行付费旅游项目等相关经营者以回扣、佣金、人头费或者奖励费等名义给予的不正当利益。由旅游主管部门，处2000元以上2万元以下罚款，并暂扣或者吊销导游证。

7. 为旅游者安排合格经营场所

导游推荐或者安排不合格的经营场所的，由旅游主管部门，处2000元以上2万元以下罚款。

8. 不得向旅游者兜售物品

导游人员违反该规定的，由旅游行政部门责令改正，处1000元以上3万元以下的罚款；有违法所得的，并处没收违法所得；情节严重的，由省、自治区、直辖市人民政府旅游行政部门吊销导游证并予以公告；对委派该导游人员的旅行社给予警告直至责令停业整顿。

9. 不得索取小费

小费应当遵循旅游者自愿的原则，导游索取小费，甚至作为旅游费的一个具体项目，在出发前收取，显然违背了小费的性质。导游违反规定，向旅游者索取小费的，由旅游主管部门责令退还，处 1000 元以上 1 万元以下罚款；情节严重的，并暂扣或者吊销导游证。

10. 及时报告滞留情况

导游人员发现旅游者从事违法活动或者入境旅游者有非法滞留，随团入境的旅游者有擅自分团、脱团的，应当及时向公安机关、旅游主管部门或者我国驻外机构报告。导游违反该规定的，由旅游主管部门处 2000 元以上 2 万元以下罚款，并暂扣或者吊销导游证。

11. 确保导游人员身份信息登记准确

申领导游证之后，发生导游姓名、身份证号、导游等级和语种等信息发生变化的；与旅行社订立的劳动合同解除、终止或者在旅游行业组织取消注册后，在 3 个月内与其他旅行社订立劳动合同或者在其他旅游行业组织注册的；经常执业地区发生变化的；其他导游身份信息发生变化的，导游人员应当按期报告，及时申请变更，更换导游身份标识。导游未履行该义务的，由县级以上旅游主管部门责令改正，并可以处 1000 元以下罚款；情节严重的，可以处 1000 元以上 5000 元以下罚款。

12. 突发事件的积极处置义务

旅游突发事件发生后，导游应当立即采取必要的处置措施。一是向本单位负责人报告，情况紧急或者发生重大、特别重大旅游突发事件时，可以直接向发生地、旅行社所在地县级以上旅游主管部门、安全生产监督管理部门和负有安全生产监督管理职责的其他相关部门报告；二是救助或者协助救助受困旅游者；三是根据旅行社、旅游主管部门及有关机构的要求，采取调整或者中止行程、停止带团前往风险区域、撤离风险区域等避险措施。导游未履行该义务的，由县级以上旅游主管部门责令改正，并可以处 1000 元以下罚款；情节严重的，可以处 1000 元以上 5000 元以下罚款。

13. 积极参加培训的义务

各级旅游主管部门应当积极组织开展导游培训，培训内容应当包括政策法规、安全生产、突发事件应对和文明服务等，培训方式可以包括培训班、专题讲座和网络在线培训等，每年累计培训时间不得少于 24 小时。培训不得向参加人员收取费用。旅游行业组织和旅行社等应当对导游进行包括安全生产、岗位技能、文明服务和文明引导等内容的岗前培训和执业培训。导游应当参加旅游主管部门、旅游行业组织和旅行社开展的有关政策法规、安全生产、突发事件应对和文明服务内容的培训。导游未履行该义务的，由县级以上旅游主管部门责令改正，并可以处1000元以下罚款；情节严重的，可以处1000元以上5000元以下罚款。

14. 确保信息真实的义务

导游人员向负责监督检查的旅游主管部门隐瞒有关情况、提供虚假材料或者拒绝提供反映其活动情况的真实材料的；在导游服务星级评价中提供虚假材料的，由县级以上旅游主管部门责令改正，并可处以1000元以下罚款；情节严重的，可处以1000元以上5000元以下罚款。

15. 不得涂改、倒卖、出租、出借导游人员资格证、导游证等

不得以其他形式非法转让导游执业许可，或者擅自委托他人代为提供导游服务。违反该义务的，由县级以上旅游主管部门责令改正，并可以处2000元以上1万元以下罚款。

导游违反前述义务的，县级以上旅游主管部门应当依照旅游经营服务不良信息管理有关规定，纳入旅游经营服务不良信息管理；构成犯罪的，依法移送公安机关追究其刑事责任。

二、导游人员与旅行社之间的权利义务关系

导游人员与旅行社之间建立的通常是劳动合同关系。在特殊情况下，如旅行社与临时聘用的在校学生社会导游之间签订的则是劳务合同关系。这里我们仅讨论劳动合同关系的情况。这种关系中的权利义务，主要有两方面依据：首先是法律依据，如《劳动法》和《旅游法》等相关法律规定中的法定权利义务；其次是双方订立的劳动合同所约定的权利义务，不同的劳动合同可能会有不同的权利义务约定。具体地说，主要有如下两项权利。

（一）劳动合同权利

（1）导游人员有要求旅行社依法与其订立书面劳动合同的权利。根据《中华人民共和国劳动合同法》（以下简称《劳动合同法》）的规定，建立劳动关系，应当订立书面劳动合同。已建立劳动关系，未同时订立书面劳动合同的，应当自用工之日起一个月内订立书面劳动合同。旅行社应当与其聘用的导游依法订立劳动合同，旅行社导游有权要求旅行社及时与其订立书面形式的固定期限劳动合同或无固定期限的劳动合同。

（2）导游人员有要求旅行社依法支付劳动报酬的权利。旅行社应当依法向导游支付劳动报酬。旅行社导游有权要求旅行社按照劳动合同约定的金额或计算方式支

付劳动报酬。旅行社临时聘用的社会导游有权要求旅行社支付包价旅游合同中约定的导游服务费作为劳动报酬。无论是旅行社导游还是临时受聘的社会导游，都有权要求旅行社支付不低于当地最低工资标准的劳动报酬，最低工资有月最低工资和小时最低工资两种形式。

（3）导游人员有要求旅行社依法缴纳社会保险费的权利。国家设立社会保险基金，使劳动者在年老、患病、工伤、失业、生育等情况下获得帮助和补偿。用人单位和劳动者必须依法参加社会保险，缴纳社会保险费。旅行社不得以任何借口拒绝为导游人员缴纳社会保险，或将应当由旅行社承担的社会保险费部分转嫁给导游人员。

（4）其他劳动权利。导游人员作为劳动者，依据《劳动法》和《劳动合同法》享有多方面劳动权利，包括劳动安全卫生的权利、依照法定工时制安排劳动的权利等。

（二）劳动合同义务

导游人员在享有劳动权利的同时，也向旅行社承担相应的义务。导游人员的劳动义务体现在两个方面。

第一，遵守劳动合同约定的义务。劳动合同约定的核心义务是导游应当认真完成旅行社安排的带团工作。劳动合同还可以就某些特别事项做出约定，如导游人员应当保守工作中掌握的旅行社的商业秘密；导游人员在劳动关系存续期间，未经旅行社同意不得为其他旅行社提供带团劳动等。

第二，遵守旅行社依法定制的规章制度。旅行社有权依法制定企业规章制度，以更好地管理企业生产经营。导游人员作为劳动者，应当接受旅行社合法的管理，遵守旅行社的劳动规章制度。

三、导游人员与旅游者之间的权利义务关系

导游人员自身与旅游者之间并不存在直接的民事合同关系。导游人员与旅行社之间存在劳动合同关系，代表旅行社向旅游者提供导游服务。旅游者与旅行社之间存在旅游合同关系，旅游者从导游人员那里获得的导游服务，是其针对旅行社享有的权利。

导游人员针对旅游者具有的权利，本质上属于旅行社的权利。根据《旅游法》的规定，这些权利包括：要求旅游者遵从导游人员做出的符合旅游合同约定的行程安排；要求旅游者不得干扰他人的旅游活动，不得损害旅游经营者的合法权益；要求旅游者如实告知与旅游活动相关的个人健康信息，遵守旅游活动中的安全警示规定；要求旅游者配合导游人员采取的合理的安全防范和应急处理措施等。由于这些权利实质上并非导游人员的权利，因此，即使这些权利不能实现，导游人员也没有

资格以个人名义向旅游者主张损害赔偿。

导游人员针对旅游者的义务，本质上是属于旅行社的义务。此外，某些义务也属于前面所述的行政法上的义务，而非导游人员自身与旅游者之间的民事法律上的义务。因此，导游人员违反这些义务，损害旅游者合法权益的，可能会基于劳动合同关系被旅行社追究责任，或基于《旅游法》等法律规定受到行政处罚。除非导游人员针对旅游者实施的损害行为超越了职务行为的范畴，否则，其本人并不会向旅游者直接承担损害赔偿责任，旅游者也无权直接向导游人员追究损害赔偿责任。

需要特别注意的是，导游人员与旅游者都具有人格尊严不受侵犯的权利，双方都应当尊重对方的人格尊严。导游人员不得侮辱旅游者的人格尊严，旅游者也应当尊重导游人员的合法劳动，不得侮辱导游人员的人格尊严等。

【思考题】

1. 旅行社导游与社会导游有何区别？
2. 旅游主管部门应当如何对导游人员进行管理？
3. 导游人员有哪些类型的权利义务，其具体内容是什么？
4. 导游证申领条件有哪些？
5. 国家关于领队的管理有哪些新变化？

第七章

旅游安全法律制度

《旅游法》专门有一章对旅游安全问题做了明确规定，从法律层面确立了我国旅游安全保障制度。其主要内容和创新有三个方面：一是对旅游安全做出明确的法律规范，充分体现了我国旅游立法以人为本的基本原则，并且把保障旅游者的旅游安全作为一项基本的法律制度确定下来，这在中外旅游立法方面是一个创举。二是确立了政府统一负责、部门依法履职的监管责任制度。明确提出县级以上人民政府统一负责旅游安全工作，县级以上人民政府有关部门依照法律、法规履行旅游安全监管职责。三是确立了全程责任制度，包括事前预防制度、事中安全管理制度和后应急处置制度，这为旅游安全提供了具体的制度保障。

第一节 政府的旅游安全保障职责

《旅游法》第七十六条规定，县级以上人民政府统一负责旅游安全工作。县级以上人民政府有关部门依照法律、法规履行旅游安全监管职责。这是对政府的旅游安全保障职责所做的明确规定。

一、政府是旅游安全的主体

《旅游法》第七十六条规定主要是确立了旅游安全的主体责任制度。这一条明确要求县级以上人民政府统一负责旅游安全工作。也就是说，县级以上人民政府必须把旅游安全工作作为政府工作的基本范畴之一。同时，县级以上人民政府有关部门应当依照法律、法规履行旅游安全监管职责。为此，县级以上人民政府应当做好如下几项工作：

第一，采取各种措施和手段，大力宣传和贯彻执行国家的旅游安全法律、法规和有关方针、政策，使相关监管人员从思想上切实认识到旅游安全问题的重要性，并了解和掌握国家有关旅游安全的一系列相关规定。

第二，强化部门监管和行业指导责任。政府相关部门要严格落实安全监管职责，按照"谁主管，谁负责""谁发证，谁负责""谁审批，谁负责"的原则，强化对旅行社、旅游景区和旅游饭店、旅游运输公司、旅游娱乐公司等旅游企业的安全管理。同时，还要进一步落实旅游安全行业指导责任，对旅游交通、涉水旅游、探险旅游、新业态旅游等对旅游安全有直接影响、安全隐患较大的领域，要处理好属地管理、专业监管与行业指导的关系，形成主动协调相关部门综合治理、齐抓共管的合作机制。政府主管部门要依法对旅游行业、旅游领域的旅游经营单位执行旅游安全法律、法规的情况进行监督检查，依法打击旅游经营活动中有关旅游安全方面的非法违法、违规违章行为，建立事故隐患排查治理监督检查和重大危险源监管制度，督促、指导旅游经营单位建立健全和落实旅游安全责任制。

第三，制定和完善旅游行业、旅游领域的旅游安全事故应急救援预案，并定期组织预案的演练。有关部门要定期分析旅游行业、旅游领域的旅游安全形势，制定年度旅游安全工作计划和旅游安全事故预防措施，并定期向负责旅游安全监督管理的部门报送旅游安全工作计划和旅游安全事故统计、工伤统计等相关信息。负责结合旅游业的特点，组织制定旅游业有关安全方面的规章制度，组织具有行业特点的安全宣传教育工作，在职责权限范围内协助有关部门督促、检查旅游业重点单位（旅行社、A级旅游区、星级饭店等），落实有关旅游安全管理制度和安全防范措施。组织制订旅游安全应急预案，对相关安全事故及时处理、及时报告，并依法承担相应的管理责任。同时还要配合有关部门督促做好游客聚集场所的安全管理工作。

第四，根据授权或委托依法组织或参与旅游安全事故的调查处理。旅游安全监督管理部门、负有旅游安全监督管理职责的有关部门、监察机关、公安机关及工会都要依法参与旅游安全事故的调查处理，其他有关部门依照有关规定参与旅游安全事故的调查，并邀请人民检察院派人参加。

二、旅游目的地安全风险提示制度

《旅游法》第七十七条对于旅游安全风险提示制度做出了明确的规定，国家建立旅游目的地安全风险提示制度。旅游目的地安全风险提示的级别划分和实施程序，由国务院旅游主管部门会同有关部门制定。县级以上人民政府及其有关部门应当将旅游安全作为突发事件监测和评估的重要内容。这条规定的基本内容包括以下两个方面。

（一）国家建立旅游目的地安全风险提示制度

《旅游法》第七十七条第一款明确规定，国家建立旅游目的地安全风险提示制度。旅游目的地安全风险提示的级别划分和实施程序，由国务院旅游主管部门会同有关部门制定。

根据这项制度，各级政府要完善旅游目的地安全风险评估与预警制度，启动重大危险源辨识、评估、分级和登记备案制度的研究,健全分级预警制度。应当根据突发事件的种类和特点,加强部门间、区域间的信息交流与合作,及时汇总分析各类旅游安全风险信息和突发事件信息。在必要时,要协同相关部门,组织专业技术人员和专家学者进行会商评估,认为可能发生涉旅突发事件的,应当将评估结果及建议立即上报当地人民政府及上级旅游行政管理部门;认为可能发生涉旅重大或特别重大突发事件的,应当逐级上报至国务院旅游行政主管部门;必要时,可直接上报至国务院旅游行政主管部门[①]。

国务院旅游行政主管部门建立全国统一的旅游者安全保障信息系统。各级旅游行政管理部门应当建立旅游安全预警信息发布制度。地方各级旅游行政管理部门应当按照当地人民政府和上级旅游行政管理部门的规定和要求,视情发布、调整、解除针对所辖区域的旅游安全预警信息。国务院旅游行政主管部门按照国务院的有关要求和规定,视情发布、调整、解除区域性、全国性和旅游目的地国家的旅游安全预警信息,各地应当及时转发。

各级人民政府要加强对旅游目的地安全风险的监测、评估和预警,督促旅游企业对旅游安全风险源、风险点进行建档登记、动态监测和评估,并及时对外披露安全风险信息;加强旅游安全提示信息的发布渠道建设,充分利用互联网、手机短信等,提高安全提示信息的受众面及时效性;深化旅游气象合作,加快"中国旅游天气网"及旅游气象服务示范区建设,制定重点景区气象灾害风险目录,提升旅游行业灾害性天气预警防范能力。强化旅游突发事件信息报送规定,督促相关旅游企业完善制度、强化培训,确保突发事件信息及时、准确上报,杜绝迟报、谎报、漏报、瞒报。

依据对旅游目的地安全风险状况的评估,将目的地旅游安全预警级别分为一级、二级、三级和四级,分别用红色、橙色、黄色和蓝色标示,一级为最高级别。与此对应,向公众发布红色、橙色、黄色和蓝色旅游安全预警信息。发布红色旅游预警信息是指建议不要前往该目的地旅游。发布橙色旅游预警信息是指建议重新考虑前往该目的地旅游的必要性,谨慎决定是否继续前往。发布黄色旅游预警信息是指建议高度关注旅游目的地已经发生或可能发生的影响旅游安全的因素。发布蓝色旅游预警信息建议关注旅游目的地已经发生或可能发生的影响旅游安全的因素。

旅游目的地旅游安全预警级别的划分标准,由国务院旅游行政主管部门根据国务院及相关部门的有关规定具体制定。

---

① 综合《全面提高依法兴旅和依法治旅的水平》和国务院贯彻实施《中华人民共和国旅游法》电视电话会议相关内容整理而得。

(二) 政府应将旅游安全作为突发事件监测和评估内容

《旅游法》第七十七条第二款明确规定，县级以上人民政府及其有关部门应将旅游安全作为突发事件监测和评估的重要内容。根据这一规定，县级以上人民政府及其相关部门，在进行突发事件监测和评估时，必须把旅游安全作为其工作的重要内容。

突发事件应对是世界各国面临的重大课题，基于危险源的信息监测与风险评估是政府有效预防和应对突发事件的基础。因此，政府在进行突发事件监测和评估时应突出重点领域，强化旅游安全信息监测；加强隐患排查，建立信息采集长效机制；在危险要素、社会脆弱性和社会恢复力等方面开展及时有效的风险评估。

三、旅游突发事件应对机制

《旅游法》第七十八条明确规定，县级以上人民政府应当依法将旅游应急管理纳入政府应急管理体系，制定应急预案，建立旅游突发事件应对机制。突发事件发生后，当地人民政府及其有关部门和机构应当采取措施开展救援，并协助旅游者返回出发地或者旅游者指定的合理地点。这一条是关于建立旅游突发事件应对机制的规定。

根据本条规定，旅游应急管理体系建立的主体是县级以上人民政府，属于政府应急管理体系的一部分。县级以上人民政府要建立完善的旅游应急预案和旅游突发事件应对机制。为此，需要注意以下几个问题。

(一) 旅游突发事件应对机制的适用范围

根据《突发事件应对法》中规定，突发事件是指突然发生，造成或者可能造成严重社会危害，需要采取应急处置措施予以应对的自然灾害、事故灾难、公共卫生事件和社会安全事件[①]。按照社会危害程度、影响范围等因素，自然灾害、事故灾难、公共卫生事件分为特别重大、重大、较大和一般四级。法律、行政法规或者国务院另有规定的，从其规定。突发事件的分级标准由国务院或者国务院确定的部门制定。

旅游突发事件应对工作实行预防为主、预防与应急相结合的原则。国家建立重大旅游突发事件风险评估体系，对可能发生的突发事件进行综合性评估，减少重大突发事件的发生，最大限度地减轻重大突发事件的影响。

(二) 旅游应急管理体系

根据《突发事件应对法》的规定，国务院制定国家突发事件总体应急预案，组

---

① 《中华人民共和国突发事件应对法》，2007年8月30日第十届全国人民代表大会常务委员会第二十九次会议通过。

织制定国家突发事件专项应急预案；国务院有关部门根据各自的职责和国务院相关应急预案，制定国家突发事件部门应急预案。地方各级人民政府和县级以上地方各级人民政府有关部门根据有关法律、法规、规章、上级人民政府及其有关部门的应急预案以及本地区的实际情况，制定相应的突发事件应急预案。

旅游应急预案制定机关应当根据实际需要和情势变化，适时修订应急预案。旅游应急预案应当根据有关法律、法规的规定，针对突发事件的性质、特点和可能造成的社会危害，具体规定突发事件应急管理工作的组织指挥体系与职责和突发事件的预防与预警机制、处置程序、应急保障措施及事后恢复与重建措施等内容。县级人民政府应当对本行政区域内容易引发自然灾害、事故灾难和公共卫生事件的危险源、危险区域进行调查、登记、风险评估，定期进行检查、监控，并责令有关单位采取安全防范措施。省级和设区的市级人民政府应当对本行政区域内容易引发特别重大、重大突发事件的危险源、危险区域进行调查、登记、风险评估，组织进行检查、监控，并责令有关单位采取安全防范措施。县级以上地方各级人民政府按照本法规定登记的危险源、危险区域，应当按照国家规定及时向社会公布。所有单位应当建立健全安全管理制度，定期检查本单位各项安全防范措施的落实情况，及时消除事故隐患；掌握并及时处理本单位存在的可能引发社会安全事件的问题，防止矛盾激化和事态扩大；对本单位可能发生的突发事件和采取安全防范措施的情况，应当按照规定及时向所在地人民政府或者人民政府有关部门报告。公共交通工具、公共场所和其他人员密集场所的经营单位或者管理单位应当制定具体应急预案，为交通工具和有关场所配备报警装置和必要的应急救援设备、设施，注明其使用方法，并显著标明安全撤离的通道、路线，保证安全通道、出口的畅通。有关单位应当定期检测、维护其报警装置和应急救援设备、设施，使其处于良好状态，确保正常使用。县级以上人民政府应当建立健全突发事件应急管理培训制度，对人民政府及其有关部门负有处置突发事件职责的工作人员定期进行培训。县级以上人民政府应当整合应急资源，建立或者确定综合性应急救援队伍。人民政府有关部门可以根据实际需要设立专业应急救援队伍。县级以上人民政府及其有关部门可以建立由成年志愿者组成的应急救援队伍。单位应当建立由本单位职工组成的专职或者兼职应急救援队伍。县级以上人民政府应当加强专业应急救援队伍与非专业应急救援队伍的合作，联合培训、联合演练，提高合成应急、协同应急的能力。

各级旅游行政管理部门应当建立健全突发事件应急及善后处置机制。当发生涉旅突发事件时，有关县级以上级旅游行政管理部门应当在履行统一领导职责的人民政府或者我驻外使领馆或政府派出机构的领导下，根据职责和规定的权限启动相关应急预案，履行以下职责：

（1）协同相关部门，协调医疗机构、保险机构、救援机构等参与对旅游者的救助及涉旅突发事件的善后处置。

（2）指导涉事旅行社、A级景区、星级饭店、旅游车船企业等做好旅游者的救助和涉旅突发事件的善后处置。

（3）按照有关规定，统一、准确、及时发布有关事态发展和应急处置工作的信息。

（4）视情参与涉旅突发事件的调查，依据调查结果协同相关部门依法对涉事旅行社、A级景区、星级饭店、旅游车船企业和其他责任人进行处理。

（5）积极协调旅游者与旅行社、A级景区、星级饭店、旅游车船企业因突发事件引发的纠纷，维护双方的合法权益。

涉旅突发事件发生在境内的，事发地旅游行政管理部门应当自突发事件发生之日起120日内提交涉及旅行社、A级景区、星级饭店、旅游车船企业的突发事件的总结报告，并逐级上报至国务院旅游行政主管部门。涉旅突发事件发生在境外的，组团旅行社所在地省级旅游行政管理部门应当自突发事件处置结束之日起30日内提交总结报告，并逐级上报至国务院旅游行政主管部门，必要时报国务院。

（三）旅游应急预案和旅游突发事件应对机制的基本原则

旅游应急预案和旅游突发事件应用机制的基本原则主要有如下几点：

第一，以人为本，救援第一。在处理突发公共事件中，以旅游团队和散客人员（包括游客和导游等）生命安全为根本目的，尽一切可能提供救援、救助。

第二，属地救护，就近处置。在事发地区人民政府领导下，由事发地区旅游行政管理部门协同有关部门负责相关应急救援工作，运用一切力量，力争在最短时间内将危害和损失降到最低程度。

第三，及时报告，信息畅通。政府有关部门在接到有关事件的救援报告时，要在第一时间内，立即向上级部门报告并向相关部门或单位通报，或边救援边报告，并及时处理和做好有关的善后工作。

第四，分级负责。各级旅游行政管理部门必须准确掌握各类突发公共事件的分级标准、应急响应程序、突发信息报送标准、处置方式等内容，明确本级部门的应急工作责任、权限、应急组织机构与职责，以减少相互推诿、扯皮现象，把握最佳应急处置时间，以最少的代价，取得最大的成效。

（四）旅游应急预案和旅游突发事件应对机制的组织机构

根据《旅游法》的规定，国家应建立统一领导、综合协调、分类管理、分级负责、属地管理为主的应急管理体制。县级人民政府对本行政区域内旅游突发事件的应对工作负责；涉及两个以上行政区域的，由有关行政区域共同的上一级人民政府负责，或者由各有关行政区域的上一级人民政府共同负责。旅游突发事件发生后，发生地县级人民政府应当立即采取措施控制事态发展，组织开展应急救援和处置工作，并立即向上一级人民政府报告，必要时可以越级上报。旅游突发事件发生地县级人民政府不能消除或者不能有效控制突发事件引起的严重社会危害的，应当及时向上级人民政府报告。上级人民政府应当及时采取措施，统一领导应急处置工作。

国家旅游安全应急协调领导小组要负责协调指导全国性、国际性的重大突发公共事件的相关处置工作；省级旅游安全应急协调领导小组，负责协调指导涉及全省性、跨地区发生的重大突发公共事件的相关处置工作，决定预案的启动和终止，在省委、省政府领导下，积极协助相关部门为旅游团队提供各种救援，对各类信息进行汇总分析，及时向上级部门和有关单位报告有关救援信息，处理其他相关事项；各设区市旅游局应急协调领导小组，负责协调指导涉及全市性、跨县（区）发生涉旅重大突发事件的相关处置工作，在政府部门的领导下，积极协助相关部门为旅游团队提供各种救援，对各类信息进行汇总分析，及时向上级部门和有关单位报告有关救援信息，处理其他相关事项。

（五）旅游应急预案和旅游突发事件应对机制的救援机制

1.突发公共卫生事件的应急救援处置程序

（1）重大食物中毒事件应急救援处置程序。旅游团队发生重大食物中毒事件时，有关工作人员应立即与当地卫生医疗部门取得联系争取救助，同时向当地旅游安全应急协调领导小组报告。

当地旅游安全应急协调领导小组接到报告后，应立即协助卫生、检验检疫等部门检查旅游团队的用餐场所，查明毒源，采取相应的救援措施。

（2）突发社会安全事件的应急救援处置程序。恶劣天气容易引发交通事故，因此在恶劣天气条件下，各级旅游行政部门要督促旅游企业做好防范措施，保证行车安全，同时要提醒旅行社，不要在恶劣天气条件下组团前往风险较高的地区或景区从事旅游活动，要合理疏导，及时告知，做好恶劣天气的安全预警，确保不发生事故。

在发生突发事件时，所有人员都应服从当地政府的统一指挥，积极地疏导人群，必要时要停止组接团活动，妥善做好滞留游客的安置工作。同时配合有关部门做好相关工作，并按规定及时上报事件有关情况。

涉及境外旅游团队在境内发生伤亡事件时，有关人员除积极采取救援外，还应注意核查伤亡人员的团队名称、国籍、性别、护照号码及在境内外的保险情况，通过有关渠道，及时通知港澳台地区或有关国家的急救组织，请求配合处理有关救援和安抚事项。

2.公布应急救援联络方式

各级旅游安全保障应急协调领导小组应配备24小时值班的手机，向社会公布值班手机号码，并保持24小时通信畅通。

3. 信息报告

（1）突发公共事件发生后，有关人员应立即向当地旅游行政管理部门报告。

（2）设区市旅游局突发公共事件应急协调领导小组在接到突发公共事件报告后，应立即向当地政府安全保障应急协调领导小组报告，同时要向上一级旅游行政部门报告。

（3）省级旅游安全应急协调领导小组在接到重大以上旅游突发公共事件报告后，在1小时内要将有关情况报告省委、省政府和国家旅游局，并在事件处理完毕后，及时以书面形式上报。

（4）接到食物中毒事件报告后，各级旅游局除按规定上报外，应协助所在地卫生防疫部门做好团队活动和餐饮场所的检查，以避免类似事故的再次发生。

（5）涉及境外旅游团队在境内发生人员伤亡（中毒）事件时，设区市相应应急协调领导小组应同时报告所在地台办、外办、侨办和省旅游局。

第二节 旅游经营者的安全保障职责

《旅游法》第七十九条明确规定，旅游经营者应当严格执行安全生产管理和消防安全管理的法律、法规和国家标准、行业标准，具备相应的安全生产条件，制定旅游者安全保护制度和应急预案。旅游经营者应当对直接为旅游者提供服务的从业人员开展经常性应急救助技能培训，对提供的产品和服务进行安全检验、监测和评估，采取必要措施防止危害发生。旅游经营者组织、接待老年人、未成年人、残疾人等旅游者，应当采取相应的安全保障措施。显然，这一条对旅游经营者的安全保护义务做出了明确的规定。这一规定包括如下几个方面的内容。

一、旅游经营者应当严格执行国家的安全生产保护制度

具体而言，这一条规定明确了旅游经营者应当严格执行安全生产管理和消防安全管理的法律、法规和国家标准、行业标准，具备相应的安全生产条件，制定旅游者安全保护制度和应急预案。

我国目前已形成具有中国特色的安全生产法律体系，已颁布的涉及安全生产方面的重要法律可以分为三类：①基本法律为《中华人民共和国安全生产法》；②专项法律为《中华人民共和国海上交通安全法》《中华人民共和国消防法》和《中华人民共和国道路交通安全法》等；③相关法律为《刑法》《劳动合同法》《突发事件应对法》和《职业病防治法》等。

国务院制定和发布的有关安全生产的法规还有大量的行政法规和地方性法规。

如国务院发布的行政法规有《建设工程安全生产管理条例》《生产安全事故报告和调查处理条例》《安全生产许可证条例》《特种设备安全监察条例》，与之配套的还有地方性法规。

安全标准通常分为国家标准和行业标准。大量的安全标准被法律、法规、规章直接规定为旅游经营者必须遵守的技术规范和依据。

为全面加强旅游安全监督管理，防范旅游安全事故发生，保障旅游者和旅游经营者的人身、财物安全，促进旅游业健康发展，积极应对可能发生的重大、特大旅游安全事故，及时、高效、有序地组织事故应急救援工作，最大限度减少人员伤亡和财产损失，保护旅游者和从业人员的生命安全，旅游经营者要制定旅游者安全保护制度和应急预案，形成旅游经营者组织、指挥、协调旅游安全事故应急工作的程序规范。旅游产品或服务提供者应当制定突发事件应急预案，与当地人民政府、旅游行政管理部门及相关部门的预案相衔接，根据实际需要和情势变化适时修订，并定期组织预案演练。旅行社、A级景区、星级饭店、旅游车船企业制订的应急预案应当报所在地旅游行政管理部门备案。

二、旅游经营者要建立健全旅游安全工作管理机制

具体而言，旅游经营者要落实旅游安全任务，建立健全旅游安全工作管理机制，全面推行旅游安全生产责任制。

旅游产品或服务提供者应当具有与经营项目相适应的安全保障能力，保证提供的旅游产品和服务符合保障旅游者人身、财产安全的要求，应当做到：取得合法经营资质；建立健全安全保障机构、安全管理制度和责任体系；保证安全保障的人力和资金投入，确保人防、物防、技防到位，依法做到防火、防盗、防食物中毒、防刑事治安案件、反恐、防爆等安全保障；经营场所、设施设备和服务项目达到国家有关安全标准和资质条件；配备符合资质的安全管理人员；保证员工具有必要的安全知识和技能；定期开展安全检查，及时排除隐患。

旅游景区需要落实的重点任务包括：景区安全设施达标配置，景区防火体系有效运转，景区游客流量实时监控，景区大型活动规范运作，景区特种设备按章管理，景区日常安保定岗巡查等。旅游景区应当提供安全的游览环境、设施和服务，根据旅游安全需要实行容量控制，设立旅游者安全疏导缓冲区，在重点部位和危险区域设置安全警示、加强防范措施，不得开放安全保障不达标的区域和设施。旅游景区和旅游住宿、餐饮、娱乐、购物等旅游产品或服务提供者的经营场所在规划设计阶段应当进行安全论证。新建、改建、扩建旅游工程项目的安全设施，必须与主体工程同时设计、同时施工、同时投入生产和使用。

旅游饭店需要落实的重点任务包括：消防设施配置及监控，饮食卫生保障及监

控，治安防范体系及监控，设备安全运转及监控，功能项目配置及监控，服务用品采购及监控等。

旅行社需要落实的重点任务包括：旅行社责任保险投保到位，旅行社产品线路经营规范，旅行社承租车辆资质核审，旅行社定点饭店选择把关，旅行社分支机构设立掌控，旅行社经营伙伴资信采用等。旅行社是组织旅游产品的龙头，要对所采购的食、住、行、游、购、娱六要素产品进行安全评估，并将评估资料备案上报，严禁采购不合格、没有资质、明显存在安全隐患的要素产品。应当选择具有合法资质和安全保障能力的旅游辅助服务者，并签订合同，约定各自对旅游者的安全保障责任。旅行社应当在行程前询问旅游者与旅游活动相关的个人健康信息，组织出境旅游时，应当事先制作用中文和旅游目的地官方语言表述、载明旅游者个人信息的安全保障卡，并交由旅游者随身携带。旅行社组织旅游者参加高风险旅游项目和组织老年人、未成年人、残疾人等特殊群体旅游，应当采取相应的保障措施。

旅游车船公司需要落实的重点任务包括：提升旅游车船配置档次，规范旅游车船责任保险，完备旅游车船营运手续，保证旅游车船司机资质，贯彻旅游车船驾驶规则，严格旅游车船运营管理等。在我国，旅游运营车辆管理不规范、司机疲劳驾驶、不规范操作、行走危险路段等是造成旅游交通事故的主要原因。要排除以上安全隐患，应该向欧洲国家学习，对旅游车、旅游司机的准入资质进行严格的规范和监管，同时对旅游司机的单次行车时长、特定旅游线路的行车资质等进行限定，并积极鼓励游客对旅游司机和车辆进行安全投诉。旅游车船企业应当提供符合法律法规及相关标准规定的运输工具，定期对车船进行检查、保养和维修，以保证旅游车船正常运行。旅游车船企业应当选用符合资质、熟悉路况、经验丰富的驾驶及服务人员，杜绝酒后驾驶、疲劳驾驶和超速、超载行驶，依法安全运营。

旅游住宿、餐饮、娱乐和购物等旅游产品或服务提供者应当提供安全的消费环境，应当重点做好消防安全工作，做好对电源和火源的管理，确保疏散通道和安全出口畅通，并设置明显标志，不得遮挡、覆盖；应当做好重点部位的监控巡查，配备报警装置和必要的应急救援设备，并定期监测、保养和维修。

经营高风险旅游项目和客运索道、缆车、大型游乐设施的旅游产品或服务提供者，其使用的设施、设备应当具备法定检验机构出具的安全准用证件，进行安全认证后方可运营。

旅游产品或服务提供者应当建立应急值守制度，关注权威机构发布的安全预警信息，了解可能发生的突发事件的特点和可能造成的危害，做好应对突发事件的准备。

旅行社、A级景区、星级饭店、旅游车船企业应当建立专职或兼职的应急响应队伍。

三、旅游经营者要加强旅游安全宣传培训，提高全行业安全素质

第一，贯彻《国务院安委会关于加强安全生产培训的决定》，积极组织开展旅游安全培训。各地利用"旅游安全培训丛书"，加强对旅游行业管理人员、从业人员的安全教育培训，不断提高旅游全行业的安全责任意识及应对处置突发事件的能力。

第二，旅游经营者要对其提供的产品和服务进行安全检验、监测和评估，采取必要措施防止危害发生。经营者应当保证其提供的商品或者服务符合保障人身、财产安全的要求。对可能危及人身、财产安全的商品和服务，应当向消费者做出真实的说明和明确的警示，并说明和标明正确使用商品或者接受服务的方法及防止危害发生的方法。经营者发现其提供的商品或者服务存在严重缺陷，即使正确使用商品或者接受服务仍然可能对人身、财产安全造成危害的，应当立即向有关行政部门报告和告知消费者，并及时采取防止危害发生的措施。

第三，旅游产品或服务提供者应当建立旅游安全风险监测评估制度。应当对危险源进行建档、评估和监测，对不能及时排除的重大安全隐患、可能发生的突发事件及采取安全防范措施的情况，向当地人民政府及相关部门报告。

第四，旅行社、A级景区、星级饭店、旅游车船企业应当建立专职或兼职安全风险信息报告员制度，并按相关规定填报涉及旅游者安全保障的信息。

四、旅游经营者对特殊旅游者要采取相应的安全保障措施

旅游经营者组织、接待老年人、未成年人、残疾人等旅游者，应当采取相应的安全保障措施。

（一）对老年人旅游者的安全保障

全国老龄委进行的一项调查显示，目前我国每年老年人旅游人数已经占到全国旅游总人数的20%以上，其中独自或结伴出游的老年人越来越多，并且在很大程度上填补了旅游淡季市场的空白。

我国名胜古迹繁多，秀丽山川无数，适宜中老年人旅游的景区景点着实不少。然而，随着老年人旅游越来越热，安全问题受到老年游客及其家人、旅游经营者乃至全社会的关注。因此，要注重做到以下几个方面。

第一，老年人出游应以"观光休闲"和"慢游养生"为主要目的。旅游经营者必须牢记"旅游养生"的理念，应安排节奏较慢的产品，注重游玩和休息相协调。如果属于有组织的旅游活动，老年人应尽量在同一小组活动，这样可以根据老年人的年龄特点安排活动日程。如有条件，应安排专职保健医生随队。

第二，要科学理性地安排老年人出游活动。如果游览项目安排过多，时间排得

过紧，整天疲于奔波，休息得不到充分保障，会对身体带来不利影响。因此，老年人要尽量避免过多安排体力消耗较大的活动。

第三，有必要提醒身体健康的老年人，出游前同样要做身体检查，尤其要做好心脏方面的检查，一旦发现异常，不可勉强外出。即便各项检查都正常，也不能掉以轻心、疏忽大意。外出时要备好必要的急救药，旅游的日程安排要量力而行，不能好强。老年人在途中如果感觉不适，要马上停止活动，就近求医，或自服适当药物。同时要有足够的休息和饮水，少吃油腻的食物，用餐不要过饱，并要多吃富含维生素C的水果等食物。

第四，旅游经营者要结合具体旅游产品为其设置一些人性化的活动，如养生讲座、交流座谈等。在导游服务的过程中，还要做到多提醒。如遇到上山下坡、路滑不平时，导游就要特别提醒老年游客走路不观景，观景不走路。

（二）对未成年人旅游者的安全保障

考虑到未成年人生理心理的特点，旅游经营者要向未成年人强调"旅游安全须知"，以确保未成年人人身安全。要提醒未成年人及家长注意三点：无成年人监护不出游，不安全的消费场所绝不去，不宜的消费项目要避开。未成年人的自我保护能力低，在面临突发事件时的应急处置能力差。在国内外已经发生多起由于未成年人被挤倒后，后面人群无法控制而酿成的踩踏伤亡惨剧。此外，在攀爬类户外运动中，未成年人往往对风险无意识，一旦出现问题，受体能的限制一般难以成功避险。在旅游时，有的家长带着孩子爬野山、看野景，体验野趣，而这些未开发的景区往往存在较大的风险。

（三）对残疾人旅游者的安全保障

加强人文关怀，消除残疾人旅游的心理障碍。旅游经营者和政府可以通过媒体向残疾人宣传旅游目的地无障碍设施情况和残疾人旅游相关信息，激发残疾人朋友的出游欲望，增强残疾人出游的信心。旅游饭店、旅游景区应注重建设无障碍环境。依据残障原因细分残疾人旅游市场，提供有针对性的旅游线路。旅行社可以配备一些手语导游及专业的护理人员也可以和残联、残疾人民间社团、服务残疾人志愿者组织等机构合作，为残疾人旅游者提供更专业细致的服务，让他们在旅游中得到更多的乐趣。

五、旅游经营者的安全警示义务

《旅游法》第八十条对旅游经营者的安全警示义务提出了明确要求：旅游经营者应当就旅游活动中的下列事项，以明示的方式事先向旅游者做出说明或者警示。

（1）正确使用相关设施、设备的方法。

（2）必要的安全防范和应急措施。

（3）未向旅游者开放的经营、服务场所和设施、设备。
（4）不适宜参加相关活动的群体。
（5）可能危及旅游者人身、财产安全的其他情形。

根据这一规定，旅游经营者的安全警示义务主要包括如下几项内容。

（一）建立旅游安全信息披露制度

第一，旅游产品或服务提供者应当建立旅游安全信息披露制度，对可能危及旅游者人身、财产安全的情形向旅游者做出真实的说明和明确的警示[①]。

第二，旅游产品或服务提供者对旅游者提出的有关其提供的产品或者服务的安全性和防范措施等问题，应当及时做出真实、明确的答复。

第三，旅游产品或服务提供者应当听取旅游者对其提供的产品或者服务安全性的合理意见和建议，接受旅游者的监督。

（二）大力营造旅游安全文化氛围

政府职能部门、旅游经营者可以通过悬挂安全标语、设置安全警示等形式大力营造旅游安全文化氛围。例如，在景区景点入口、乘车场站、乘船渡口、索道电梯入口等处醒目位置设立安全告知和安全标语；在景区多处设置诸如"保护遗产，请勿吸烟""为了您的安全，请不要盲目冒险猎奇"等安全提示；在危险点段设置如"为了您的安全，请不要翻越栏杆""雨雪天气，请防止路滑摔伤"等安全警示。

（三）对游客加强安全文化宣传教育

加强法制教育，引导游客遵纪守法；加强道德宣传教育，引导游客礼服谦让；加强防火防盗宣传教育，告诫游客管理好火源火种，在林区不要抽烟，保管好自己的财物。要充分发挥处在工作最前沿、与游客接触最紧密的旅行社导游员、车辆驾驶员、宾馆服务员等的宣传优势，要求他们在宣传景区景点时，必须宣传安全知识、告知安全事项，提醒游客安全旅行。同时，充分利用景区旅游服务系统、环保客运车载电视等，向游客进行安全知识的宣传。

游客自身应增强自我保护意识，最大限度地减少伤亡事故的发生。乘坐游乐设施前应首先观察在醒目位置上有无监督检验部门颁发的检验合格证，无检验合格证的或超过有效期的最好不要乘坐和游玩。另外，注意观察游乐设施运营使用单位安全管理是否规范，如发现设施周围场地杂乱拥挤、无必要的指示和警示标志、防护装置残缺不全、管理和操作人员擅离职守等现象存在，说明该运营使用单位内部管理混乱，设备极有可能存在严重隐患，随时可能发生事故。乘坐游乐设施时，如发现游乐设施有异常声响、气味、抖动、晃动等情况应及时离开设备并告知设备管理人员。游玩中，一旦发生了事故或故障被困在空中或座舱中，不要惊慌，也不要试

[①] 根据国家旅游局《2012年度旅游安全与应急工作要点》整理而成。

图采取从空中跳下等危险动作。一般来说，游乐设备都有比较齐全的安全保护装置，运营单位也有比较安全有效的应急救援措施。游客可耐心等待运营使用单位的救援。游玩时应认真阅读游客须知，注意观察指示和警示标志，听从管理人员的指挥；游玩中应系好安全带，扣好锁紧装置，观察安全压杠是否压好。不要随意翻越栏杆或穿越警戒线，特别要注意管好自己的小孩。

（四）明确地向旅游者说明或者警示旅游安全事项

旅游设施是指旅游目的地旅游行业的人员向游客提供服务时依托的各项物质设施和设备。它包括交通运输设施、食宿接待设施，游览娱乐设施和旅游购物设施等。近几年，为了满足人们在娱乐中寻求冒险、刺激的需要，游乐设施逐渐向高空、高速、高刺激性的方向发展。随着游乐设施提升高度、运转速度、摆动角度的不断增大，游客身体和游乐设施承受的冲击载荷也不断增加，发生事故的可能性也随之增加。游乐设施安全问题越来越引起全社会的重视。根据有关资料介绍，我国每年都发生多起游乐设施安全事故。国家已将大型游乐设施纳入特种设备目录，国务院第373号令《特种设备安全监察条例》和原国家质量技术监督局第13号令《特种设备质量监督与安全监察规定》对游乐设施的设计、制造、安装、改造、维修、使用、检验检测等做出了明确的规定。游乐设施的安全管理工作正逐步走上规范化、标准化管理的轨道。旅游经营者应在游乐设施及其附近区域的醒目位置处张贴游客须知、指示和警示标志等。

游乐设施运营使用单位应根据本单位的实际情况设置安全管理机构或者配备专职、兼职的安全管理人员。还应制定并严格执行以岗位责任制为核心，包括技术档案管理、安全操作、常规检查、维修保养、定期报检和应急措施在内的游乐设施安全使用和运营管理制度。操作、管理、维修人员上岗前应进行专业培训，经考核合格后持证上岗。还应组织经常性的安全技术学习，不断提高管理及操作人员的素质。旅游设施经营、管理和服务人员要事先向使用该设施的旅游者告知相关的安全防范和应急措施。明确地向旅游者说明或者警示未向旅游者开放的经营、服务场所和设施、设备。明确地向旅游者说明或者警示不适宜参加相关活动的群体，如病人、老人、儿童不宜参加强刺激、高惊险的游乐活动。

六、旅游经营者的安全救助、处置和报告义务

《旅游法》第八十一条明确规定，突发事件或者旅游安全事故发生后，旅游经营者应当立即采取必要的救助和处置措施，依法履行报告义务，并对旅游者做出妥善安排。

涉旅突发事件发生后，旅游产品或服务提供者的现场有关人员或本单位应急响应队伍应当立即营救受害旅游者，疏散、撤离并妥善安置受到威胁的旅游者，采取

合理必要措施控制事态发展，防止损害扩大，同时应当依法履行报告职责。

旅行社、A级景区、星级饭店、旅游车船企业应当在接到报告后1小时内，向事发地、单位所在地旅游行政管理部门及相关主管部门报告；情况紧急或发生重大、特别重大涉旅突发事件时，事故现场有关人员可直接向事发地、单位所在地旅游行政管理部门及其他相关部门报告；涉旅突发事件发生在境外的，现场有关人员应当同时向我国驻事发国（地区）的使领馆或政府派出机构报告。

发生涉旅突发事件时，旅游产品或服务提供者应当成立突发事件处置工作机构，接受履行统一领导职责的人民政府和有关部门的领导，积极开展对旅游者的救助和突发事件的善后处置，最大限度地保障旅游者的合法权益。同时，应当采取必要措施，防止次生、衍生灾害的发生；配合做好涉旅突发事件的调查和信息发布工作，总结经验教训，制定改进措施，对责任人进行处理。

旅游产品或服务提供者在发生因旅游接待引发的旅游者群体事件时，应当迅速派出负责人赶赴现场开展劝解、疏导工作，维护社会稳定。

第三节　旅游者与旅游安全

旅游安全工作的最终目的是保护旅游者的安全权益。在政府有关部门和旅游经营者履行安全职责的基础上，还需要旅游者为了自己及他人的权益，自觉规范自身的旅游行为，从自身做起，减少由于自身原因而引起的安全事故。

一、旅游者引发安全事故的类型

随着我国近年来旅游活动的日益频繁，由于旅游者自身原因而引发的安全事故也不断地增多。根据近些年来的案例，可以将旅游安全事故的类型分为几类：一是环境安全事故。旅游者进入较为陌生的旅游环境，容易因为兴奋而忽视陌生环境所带来的危险，如盲目下海和下河游泳导致发生意外事故即属于此类情形。二是交通安全与设施安全事故。旅游者出游，绝大部分需要搭乘各种交通工具，使用各种旅游设备或设施。在这一过程中，由于旅游者不遵守各种规章制度而导致的安全事故也频繁出现。三是旅游者在旅游过程中需要付出高于日常生活的体力消耗，因而存在着一定的健康安全隐患。四是旅游者的治安安全事故。旅游者在旅游过程中，不可避免地要与当地居民、旅游从业人员发生各种联系，这就有可能因各种原因与上述人员发生利益冲突。五是旅游者在旅游活动中，由于生理的需要必然要与提供餐饮、食宿的部门发生关系,因而存在着一定的食品卫生安全隐患①。这些安全事故的发生,有的是由于政府有关部门监管不力、旅游经营者忽视安全管理造成的,有的则是由于旅游者不遵守各种规章制度或者自身不小心、没有充分尽到安全注意义务而引发的。例如,有的游客在四星级饭店吃早餐时,因走路不慎而滑倒在餐厅受伤。大量案例表明,许多安全事故的发生,既有旅游经营者忽视安全管理和安全提示义务方面的因素,也有旅游者自身注意不够,甚至不听导游和领队劝阻,不听家人和团友劝阻等原因。

二、旅游者在旅游安全事故中的责任

旅游者在旅游安全事故中的责任是指由于旅游者的原因或过错而导致旅游事故的发生,作为主要过错方或过错方之一的旅游者应该承担的法律责任。关于旅游者在旅游安全事故中的责任,多数是由于旅游者安全意识淡漠,不遵守相关规定而导致的。

例如,2015年3月,山东省淄博市女游客张某某在报团参加旅游活动过程中,因与同团女游客周某某发生争执,在导游和同行游客制止和劝阻下,仍然与周某某对骂直到双方动手打架,导致女游客周某某先兆流产。周某某诉至法院,要求旅行社对此负责。经过一审和二审法院的审理,最终由淄博市中级人民法院判决两位游客对此次事故负主要责任,旅行社方面因尽到了安全保障义务,对此事故不负责任②。

三、旅游者在旅游活动中的安全义务

为了旅游活动的顺利进行和旅游目的顺利实现,旅游者在旅游活动中应该承担相应的安全义务。旅游者所承担的安全义务,一是来源于相关法律法规及旅游合同等的要求,二是保障自身安全,维护自身合法权益的实际需求。旅游者进行旅游活动,首先,应该以遵守相关法律法规为前提,不得违反。其次,应该遵守旅游合同等具体要求的安全义务。如果违反了有关民事法律的规定或者旅游合同规定的安全义务,旅游者可能由于自身的过错自行承担相关损失,不能向他方进行主张。所以,旅游者履行安全义务,一方面是为了保障自身的安全,预防事故的发生。另一方面,也是在事故发生后,能够维护自身的合法权益,使损失降到最低。

不管是政府及有关部门,还是旅游经营者及广大旅游者,都应该提高安全意识,严格遵守相关法律法规及合同约定,承担自身的安全保障责任,规范自身行

---

① 杨洪,李蔚,何俊阳.我国旅游安全管理探讨[J].现代商贸工业,2008,20(12):48-49.
② 杨富斌,杨洪浦.旅游法判例解析教程[M].北京:中国旅游出版社,2017:167-173.

为，履行安全义务，为旅游安全的顺利实现贡献应有的力量。

四、旅游者在旅游活动中的安全保障请求权和支付合理费用的义务

《旅游法》第八十二条明确规定，旅游者在人身、财产安全遇有危险时，有权请求旅游经营者、当地政府和相关机构进行及时救助。中国出境旅游者在境外陷于困境时，有权请求我国驻当地机构在其职责范围内给予协助和保护。旅游者接受相关组织或者机构的救助后，应当支付应由个人承担的费用。这一条是旅游者有获得救助权和支付相关合理费用的规定。这里，要注意掌握如下几层含义。

首先，旅游者在旅游活动中的安全保障请求权，是指旅游者在人身、财产安全遇有危险时，有权请求旅游经营者、当地政府和相关机构进行及时救助。当旅游者遇到危险时，可以根据情况向旅游经营者、当地政府或有关机构寻求帮助，旅游经营者、当地政府或有关机构在接到旅游者请求之后，应该根据实际情况对旅游者进行及时救助。旅游者有获得救助的权利，意味着政府就有进行救助的义务。这里权利主体和义务主体是不一样的。

其次，中国出境旅游者在境外陷于困境或遇到危险时，有权请求我国驻当地机构在其职责范围内给予协助和保护。突发事件发生时，旅游经营者和旅游者应及时报警求助，积极开展互救，并向我国驻外使领馆或其派出机构报告。我国驻当地机构应该在其职责范围内积极地给予帮助。

最后，旅游者在突发安全事件发生后也应采取合理和必要的措施，努力减少损失的进一步扩大，依法维护自身的合法权益。同时，旅游者在接受相关组织或者机构的救助后，应当支付应由个人承担的合理费用。

【思考题】

1. 政府及有关部门对旅游安全的保障责任主要分为哪几个方面？
2. 旅游经营者安全警示的主要内容和作用是什么？
3. 旅游者在旅游活动中的过错对自身权益的保护有什么影响？

第八章

涉外旅游监管法律制度

随着经济的发展和全球化，人员的国际流动日益频繁，出境观光旅游成为国际人员流动的一个重要方面。旅游人员的流动涉及公民出入境的权利和义务、行政机关的相应管理和服务，各主权国家通常通以立法形式对出入境的涉外旅游进行管理，形成了涉外旅游监管法律制度。

第一节 旅游者出入境监管

涉外旅游首先涉及的法律问题便是出入境的管理，我国法律通常通过对出入境进行许可的方式进行管理，并形成了完整的出入境监管法律制度，此内容涉及对中国公民的出境入境、外国人入境出境、交通运输工具出境入境边防检查等方面。

一、出入境管理概述

出入境管理是指在享有管理权限的国家行政机关依据法律、法规规定对跨境的中国公民、外国人、交通运输工具出境入境及外国人在中国境内停留居住行使管辖权的活动。对出入境进行管理是国家主权的一种体现，它是现代国家在对外交往过程中逐步发展起来的管理制度，是主权国家涉外管理的重要组成部分。对这一概念需要从下列几个方面进行全面理解。

第一，出入境管理是一种行政管理，其管理主体具有多元性。出入境管理是服务我国改革开放需要，方便人员国际流动的一种管理。这种管理主要由国家行政机关行使管理权限，是一种行政管理。主要有公安部、外交部和交通运输部等国家行政机关。公安部、外交部可以在各自职责范围内委托县级以上地方人民政府公安机关出入境管理机构、县级以上地方人民政府外事部门受理外国人入境、停留居留申请。公安部所属的出入境边防检查机关（此机关是国家在对外开放的口岸统一设立）负责实施出境入境边防检查，县级以上地方人民政府公安机关及其出入境管理机构负责外国人停留居留管理。外交部所属的驻外使馆、领馆或者外交部委托的其他驻外机构（以下称"驻外签证机关"）负责在境外签发外国人入境签证。交通运输行政管理部门负责颁发中华人民共和国海员证。

第二,出入境管理已步入法治化轨道。中华人民共和国成立初期我国人员对外流动相对较少,主要靠政策进行管理,改革开放后人员流动不断增加,逐步制定了一些行政法规对出入境进行管理。2001年中国加入世界贸易组织后,中国与世界各国的贸易往来逐年增多,人员的出入境频率随之增高。为了规范管理出境入境,维护我国的主权、安全和社会秩序,促进对外交往和对外开放,2012年6月30日第十一届全国人民代表大会常务委员会第二十七次会议通过了《中华人民共和国出境入境管理法》(以下简称《出境入境管理法》)。此法是管理我国出入境的基本法。

第三,出入境管理范围包括中国公民出境入境、外国人入境出境、外国人在中国境内停留居留的管理和交通运输工具出境、入境的边防检查。中国公民出入境是指中国公民持合法有效的护照、通行证等出入证件,经由对外开放口岸或指定的口岸前往其他国家和地区,或者从其他国家和地区返回中国境内的行为。通常情况下出入境的"境"是指国境,但我国法律规定的"境"不仅包括国境,还包括边境。中国公民前往香港特别行政区、澳门特别行政区和台湾地区及后者来到祖国大陆也称为出入境,但这里的境是边境而非国境。外国人出入境是指具有外国国籍和无国籍的人员持合法有效的护照、通行证等出入证件,经由对外开放口岸或指定口岸出入我国的行为。外国人入境我国,应当向我国驻外签证机关办理签证方可通行。

二、我国旅游者出入境证件管理

我国旅游者出入境证件管理是指有权的国家机关依法对中国公民出入境申请办理护照和其他旅行证件的行为进行规范和服务的活动。它主要规范管理者的职权和出入境公民申办相应国际旅行证件的程序和方式。

(一)出入境证件的种类

出入境证件的种类是指依据一定标准对出入境证件进行划分和归类所形成的不同类型。依据《中华人民共和国护照法》(以下简称《护照法》)和《出境入境管理法》的有关规定,目前公安机关出入境管理机构签发的出入境证件有二十多种,其中包括签发给中国公民的护照、出入境通行证、往来港澳通行证及签注、前往港澳通行证、港澳居民来往内地通行证、大陆居民往来台湾通行证等。具体可分为以下4类。

1. 中华人民共和国护照

中华人民共和国护照是最主要的出入境证明,它是指我国有权机关依据中国公民申请,经审查颁发给申请公民出入我国国境和在外国旅行居留的合法身份证件与国籍证明。护照又分为普通护照、外交护照和公务护照其中普通护照是最常见的护照类型。

2. 中华人民共和国出入境通行证

出入境通行证是指在中国公民出入境过程中起护照作用的出入境证件，因申办通行证缘由的不同又分为不同的通行证，通常有边境通行证、往来港澳通行证等。边境通行证是指公安部委托的县级以上的地方人民政府公安机关出入境管理机构对从事边境贸易、边境旅游服务或者参加边境旅游的中国公民颁发的出入境通行证。往来港澳通行证和大陆居民往来台湾通行证是公安部委托的地方人民政府公安机关出入境管理机构对内地居民前往港澳地区、大陆居民前往台湾地区所颁发的通行证。

3. 中华人民共和国海员证

中华人民共和国海员证是指中华人民共和国交通运输部委托的海事管理机构给符合条件的以海员身份出入境和在国外船舶上从事工作的中国公民颁发的证明海员身份的证件。它可以作为中国公民出入境的特殊证件，是出入境证件的一种不可或缺的类型。

4. 中华人民共和国旅行证

中华人民共和国旅行证是指中华人民共和国驻外使馆、领馆或者外交部委托的其他驻外机构依据短期出国的在国外遗失、损毁护照或护照被盗的公民之申请并进行审查进而颁发给该公民证明身份的证件。

（二）出入境证件的签发对象和签发机构

1. 中华人民共和国护照的签发对象和签发机构

不同性质的中华人民共和国护照的颁发对象不同，其签发机构也不一样。我国《护照法》第五条和第八条分别规定，公民因前往外国定居、探亲、学习、就业、旅行、从事商务活动等非公务原因出国的，由本人向户籍所在地的县级以上地方人民政府公安机关出入境管理机构申请普通护照。外交官员、领事官员及其随行配偶、未成年子女和外交信使用外交护照。在中华人民共和国驻外使馆、领馆或者联合国、联合国专门机构及其他政府间国际组织中工作的中国政府派出的职员及其随行配偶、未成年子女持用公务护照。

从上述两条文的内容上可以知道，我国政府将普通护照主要签发给出国定居、探亲、访友、留学、就业、旅游、从事商务活动等非公务原因出国的我国旅游者。此类护照由公安部出入境管理机构或者公安部委托的县级以上地方人民政府公安机关出入境管理机构及中华人民共和国驻外使馆、领馆和外交部委托的其他驻外机构签发。

我国政府将外交护照主要签发给外交官员、领事官员及其随行配偶、未成年子女和外交信使。此类护照由外交部签发。

我国政府将公务护照主要签发给中华人民共和国驻外使馆、领馆或者联合国、联合国专门机构，以及其他政府间国际组织中工作的中国政府派出的职员及其随行配偶、未成年子女等。此类护照由外交部、中华人民共和国驻外使馆、领馆或者外交部委托的其他驻外机构及外交部委托的省、自治区、直辖市和设区的市人民政府外事部门签发。

除外交护照、公务护照持有对象之外的我国旅游者须出境执行公务的，由其工作单位向外交部门提出申请，由外交部门根据需要向其签发外交护照或公务护照。但我国《护照法》规定，护照签发机关对有下列情形之一的申请人，不予签发护照。

（1）申请人不具有中华人民共和国国籍的。
（2）申请人无法证明其身份的。
（3）申请人在申请过程中弄虚作假的。
（4）申请人被判处刑罚正在服刑的。
（5）申请人因人民法院通知有未了结的民事案件不能出境的。
（6）申请人属于刑事案件被告人或者犯罪嫌疑人的。
（7）国务院有关主管部门认为该申请人出境后将对国家安全造成危害或者对国家利益造成重大损失的。

2. 中华人民共和国出入境通行证的签发对象和签发机构

我国《护照法》第二十四条规定，公民从事边境贸易、边境旅游服务或者参加边境旅游等情形，可以向公安部委托的县级以上地方人民政府公安机关出入境管理机构申请中华人民共和国出入境通行证。

所谓"边境旅游"，是指经批准的旅行社组织和接待我国及毗邻国家的公民，集体从指定的边境口岸出入境，在双方政府商定的区域和期限内进行的旅游活动①。此定义将参游对象限于中国和毗邻国家的公民，已不适应边境旅游市场的发展，应把参游人员的范围扩大，允许第三国和地区的旅游者参加边境旅游。

我国与邻国已开展的边境旅游主要有中国—俄罗斯边境旅游、中国—蒙古边境旅游、中国—朝鲜边境旅游、中国—哈萨克斯坦、吉尔吉斯斯坦、中国—缅甸边境旅游、中国—越南边境旅游。我国旅游者入出这些邻国边境地区参与旅游活动或从事贸易往来，只需向县级以上公安机关出入境管理机构申办出入境通行证，无须持用护照和获取该邻国的签证，便可顺利通行。这一规定有利于促进我国与邻邦的友好往来，也极大地促进了我国边境旅游市场的发展。

3. 中华人民共和国海员证的签发对象和签发机构

我国《护照法》第二十五条规定，公民以海员身份出入国境和在国外船舶上从

---

① 这里采用国家旅游局2010年颁行的《边境旅游暂行管理办法》中的解释。

事工作的,应当向交通部委托的海事管理机构申请中华人民共和国海员证。

此规定意味着海员证是由海事管理机构颁发给在航行国际航线的中国籍船舶上工作的中国海员和由国内有关部门派往外国籍船舶上工作的中国海员,以便利其出入国境和证明其合法身份。

4.中华人民共和国旅行证的签发对象和签发机构

我国《护照法》第二十三条规定,短期出国的公民在国外发生护照遗失、被盗或者损毁不能使用等情形,应当向中华人民共和国驻外使馆、领馆或者外交部委托的其他驻外机构申请中华人民共和国旅行证。

此条文明确规定了旅行证的签发对象是短期出国的我国旅游者,如出国旅游者、从事商务活动人员等。当其遭遇护照遗失、被盗或损毁时,他们必须向我国驻其所在国的使、领馆或外交部委托的其他驻外机构申办旅行证,否则因无法证明其合法身份而不能顺利返回中国。

(三)出入境证件的申办程序

在上述部分详细介绍了我国旅游者出入境证件的种类,因大多数公民出国所持有的出入境证件是中华人民共和国普通护照和前往国签发的签证(各国签证的要求不同,在此就不赘述签证申办程序),因而在此处只重点描述我国旅游者普通护照的申办程序。

随着我国对外开放的不断深入,我国政府以立法的形式进一步简化了我国旅游者申请普通护照的程序。我国旅游者可根据需要,自愿申请普通护照。申办该类护照时,申请人须到户籍所在地的县级以上公安机关出入境管理机构提交本人的居民身份证、户口簿、近期免冠照片以及申请事由的相关材料。公安机关出入境管理机构自受理申请材料之日起十五日内签发普通护照;经审查,对不符合规定的申请人不予签发护照的,且书面说明理由,并告知申请人享有依法申请行政复议或者提起行政诉讼的权利。如果在偏远地区或者交通不便的地区或者因特殊情况,公安机关出入境管理机构不能按期签发护照的,经护照签发机关负责人批准,签发时间可以延长至30日。如果公民因合理紧急事由请求加急办理护照的,公安机关出入境管理机构应当及时办理,以方便公民的出入境。

三、外国人入出境签证制度

对于中国公民出境旅游主要是申办护照等各种旅行证件,而对外国游客进入我国主要通过签证来管理,签证是外国人出入我国国境的许可证明,已形成了系列完整的制度。

（一）签证的内涵

签证是指主权国家的有权机关因外国公民申请并审查，对符合进入本国境内法定条件的外国公民允许其进入该国的许可证明。其主要特征包括以下三点。

第一，签证是一种主权行为，由主权国家有权机关办理。依据国际惯例外国人要进入主权国家必须办理签证，签证是一个主权国家实施出入本国国境管理的重要手段，通常由本国涉外管理机关办理。依据我国有关法律规定，我国享有签证权的国家机关主要有驻外签证机关和口岸签证机关，前者通常为中国的外交代表机关、领事机关和外交部授权的其他驻外机关；后者主要是指国务院批准办理口岸签证业务的口岸机关，到目前为止，国务院共批准了44个城市的62个对外开放口岸签证机关。

第二，签证通常采取签注、盖印方式。签证通常需要外国公民向主权国家有权机关提出申请和相关材料，有权机关接到申请和材料后常常要进行一定的审查，审查合格后在申请签证外国公民的护照或其他国际旅行证件上签注、盖印，以示同意该公民出入该主权国家国境。

第三，签证是主权国家允许外国公民进入和经过本国国境的许可证明。外国人出入他国通常需要有一定的证明其身份和准许出入的证明，签证记载了签证外国人的相关信息和有关事项，以主权国家权力证明有关事实。

（二）签证的种类

签证的种类是指依据一定标准对签证所做的类型划分，划分的标准不同便有不同的签证类型，对签证通常可以采取签证主体和被签证人享有权利的差异性两个标准进行分类。

1. 依据签证主体不同可以将签证分为驻外机关签证、口岸机关签证和准签证

驻外签证机关签证是指中华人民共和国外交代表机关、领事机关和外交部授权的其他驻外机关办理的签证。签证是主权国家对外国公民办理的许可证明，当今国际关系中，主权国家为了发展与其他国家的关系和交流，在外设有驻外机关，驻外机关通常在需要办理签证的外国人所在国，由驻外机关签证可以方便外国公民，是最常见和最主要的一种签证。

口岸签证是指在特定情形下外国人不需要通过驻外使领馆签证而是直接在进出入口岸办理签证的一种签证方式，通常分为紧急情况口岸签证和团体旅游签证。依据我国《出境入境管理法》规定：出于人道原因需要紧急进入我国境内以及应邀到我国从事紧急商务、工程抢修或者其他紧急入境需要并持有关主管部门同意在口岸办理签证证明材料的外国人，可以在中华人民共和国批准办理签证业务的口岸向公

安部委托的口岸签证机关申请办理口岸签证。这里需要指出的是依据人道主义原因需要紧急进入我国境内的外国人申请办理口岸签证不一定要经有关主管部门同意，而其他紧急情形进入我国境内的外国人办理口岸签证必须持有有关主管部门同意在口岸申办签证的证明材料。依据《关于授权口岸签证机关团体旅游签证权的通知》规定：经国家旅游局批准并注册的国际旅行社为组织、接待外国旅游团，可凭旅行社公函和《团体旅游签证名单表》，向口岸签证机关申请团体旅游签证。这种签证方式称为"落地签证"。具体操作规定是组织入境旅游的旅行社应提前3天将旅游团队名单传至口岸签证机关，口岸签证机关提前1天将审批情况通知旅行社。口岸签证机关在旅游团抵达口岸后，给入境旅游者签发团体旅游签证，也可以在该旅游团抵达入境口岸前24小时提前做好签证后，交付给旅行社。

准签证是指对没有办理签证的外国人在特定情况下由入境边防检查机关批准其进入主权国家的一种入境准入证明，是一种临时入境的准许，依据《出境入境管理法》准许临时入境的情形主要包括：外国船员及其随行家属登陆港口所在的城市、因不可抗力或其他紧急原因需要入境的，等等。

2. 依据被签证人享有权利的差异可分为外交签证、礼遇签证、公务签证和普通签证

外交签证是驻外签证机关对因外交事由入境、过境和来华常驻的外国人员办理的一种签证。礼遇签证是指驻外签证机关对外国前政要、重要外宾、在野党领袖和知名人士等需要给予一定礼遇的外国人办理的签证。公务签证是驻外签证机关因公务入境、过境和来华常驻的外国人办理的签证。这三种签证不属于涉外旅游中的签证，而普通签证中的旅游探亲签证则是涉外旅游签证。因而对普通签证详尽进行分类分析。

普通签证是有权办理签证的签证机关对因工作、学习、探亲、旅游、商务活动、人才引进等非外交、公务事由入境的外国人签发的签证类别。依据国务院有关规定普通签证类别主要有以下8大类。

（1）L字签证（旅游签证）签发给前往中国旅游、探亲或因其他私人事务入境的人员。

（2）F字签证（访问签证）签发给应邀赴中国访问、考察、讲学、经商、进行学术交流、短期进修实习不超过6个月的人员。

（3）Z字签证（职业签证）签发给赴华任职、就业人员及其随行家属。

（4）X字签证（学习签证）签发给前往中国留学、进修、实习6个月以上的人员。

（5）D字签证（定居签证）签发给前往中国定居的人员。

（6）G字签证（过境签证）签发给须经中国过境的人员。

（7）C字签证（乘务签证）签发给前往中国执行国际乘务、航空、航运任务的列车乘务员、飞机机组人员、海员及其随行家属。

（8）J字签证分J-1签证和J-2签证（记者签证）：J-1签证签发给申请常驻中国的记者；J-2签证签发给临时前往中国采访的记者。

（三）签证记载的信息事项

签证记载的事项是指签证机关在签证人护照或其他旅行证件上的签证页所登记的内容，包括当次签证的有关信息和持证人的有关信息两个方面。

当次签证的有关信息主要包括签证的种类、该签证可以准入的次数、入境的有效期、签证的签发日期与地点、入境后的停留期限等作为涉外旅游者要特别注意入境的有效期、入境次数等内容。依据我国的法律和有关规定：入境有效期是指持证人持当次签证进入中国境内的截止日期。如签证有效期为2012年12月31日，持证人则必须在2012年12月31日前进入中国，否则将按超过签证有效期处理，不能进入中国境内。入境次数则是指持证人在签证有效期内进入中国的次数，依据申请人的申请和我国有关法律规定，签证人的入境次数一般包括1次、2次、半年多次和一年多次，特定情况下还可以为两年多次、三年多次甚至五年多次，多次入境是指在签证有效期内持证人进入我国的次数不受次数限制。

（四）签证的一般程序

签证的一般程序是指外国人向我国签证机关申请办理签证的方式、步骤、时限和顺序等总称。从步骤和顺序来看主要包括以下几个程序。

（1）提出办理签证申请。需要进入中国境内的外国人除免予签证的外，应当向我国驻外使领馆、办事处、驻港澳特派员公署和外交部授权的驻外机构提交办理签证申请。提交办理签证申请时因签证的类别不同而需要不同的材料，一般需要提交的材料包括：真实有效的护照和其他国际旅行证件，《中华人民共和国签证申请表》及近期正面免冠照片。

（2）面谈和委托办理。签证申请可由本人亲自提交，符合条件的也可委托他人代为提交。由本人提交的通常需要本人到办理签证现场与签证官进行面谈，申请人应当亲自到现场回答签证官的询问。委托他人代为办理签证的申请人可以不必亲自去签证机关办理签证申请，但委托代理人需要与签证官员进行接触并回答签证官的有关询问。

（3）签证决定。签证官在与申请人面谈或与委托代理人交流后为做出或不予签发的决定。对符合条件的申请人签证官签发签证，对不符合条件的将拒发签证。拒发签证的情形通常有：①被处驱逐出境或者被决定遣送出境，未满不准入境规定年限的；②患有严重精神障碍、传染性肺结核病或者有可能对公共卫生造成重大危害的其他传染病的；③可能危害中国国家安全和利益、破坏社会公共秩序或者从事其他违法犯罪活动的；④在申请签证过程中弄虚作假或者不能保障在中国境内期间所需费用的；⑤不能提交签证机关要求提交的相关材料的；⑥签证机关认为不宜签发签证的其他情形。对不予签发签证的，签证机关可以不说明理由。

（五）免予签证的法定情形

外国人入境要办理签证等证件证明是维护主权国家主权、尊严、安全和利益的必要，有助于形成良好的国际交往秩序，但随着国际关系和各国旅游事业的不断发展，为便利不同国家公民之间的友好交往，各国在签证制度中往往都规定免予签证制度。我国法律规定免予签证的情形主要有四种。

（1）根据双边协定免签。免予签证是主权国家出于对外国公民信用的信赖而方便其进入本国的措施，为使这种措施不影响主权国家的国家安全和尊严，通常对免签的情形进行规定。我国政府已与多个国家达成了互免签证的协定，根据这些协定，相关国家符合条件的公民持护照前往我国无须事先申请签证，但目前免签的范围仅局限于持外交护照或者公务护照的外国人。同时当前国际社会还有些区域性的协定也规定了免签制度，如亚太经合组织领导人会议就批准了持 APEC 商务旅行卡人员免签的规定，该规定具体内容包括：APEC 商务旅行卡的持卡人凭有效护照和旅行卡在三年内无须办理入境签证，而可自由来往于已批准入境的 APEC 经济体之间，我国是 APEC 成员之一，持 APEC 商务旅行卡的外国人进入我国时也无须办理签证。

（2）持有效居留证件免签。到我国学习、工作的外国人和常驻我国的外国记者首次入境需到我国公安机关申请办理外国人居留手续，中国公安机关给他们签发有效的外国人居留证件后，在居留许可有效期内，他们可以无须办理签证就可以多次出入我国国境。

（3）过境免签。依据国际民航公约的过境程序和要求，各缔约国应当给予过境旅行者在机场停留时间免予签证的待遇。我国为履行国际公约，在有关法律规定中对过境免予签证的情形做了规定，具体内容包括：国外旅游者持联程客票搭乘国际航行的航空器、船舶、列车从中国过境前往第三国或者地区，在中国境内停留不超过 24 小时且不离开口岸，或者在国务院批准的特定区域内停留不超过规定时限的；上海过境停留不超过 24 小时的、与我国签有协议的一些国家的公民等，可以免办签证。

（4）国务院规定的其他情形。国务院根据国内外形势的发展和需要以规范性文件形式规定了特定国家公民在一定情形下可以免办签证的具体规定。如持有与中华人民共和国建交国家的普通护照已在港澳的外国人，经在港澳合法注册的旅行社组团进入广东珠三角地区旅游，且停留不超过六天的也可免予办理签证。

第二节 旅游者出入境的权利和义务

对旅行者出入境进行管理是国际通行做法。为配合主权国家对出入境的管理，旅行者通常需履行一定义务，但同时在出入境过程中也享有一定的权利。我国的《宪法》《出境入境管理法》《旅游法》等法律法规赋予了出入境旅游者的权利，也规定了出入境旅游者须履行的法律义务。

一、出入境旅游者的权利

第一，出入境旅游者的护照、旅行证等国际旅行证件由持证人保存、使用，非经法定事由和特定机关批准，任何部门不得在其出入境时收缴、扣押和吊销。

第二，出入境旅游者出入境时，享有人格尊严、民族风俗习惯和宗教信仰自由受尊重的权利。

第三，在具备条件的口岸，我国旅游者出入境时，有权享受口岸边防检查机关为其提供专用通道等便利措施，从而实现快速通关。

第四，我国旅游者在出入境口岸接受海关检查时，就海关的行政处罚决定不服而引起的行政争议，有权向海关申请行政复议，或向人民法院提起行政诉讼。

二、出入境旅游者的义务

按照国际法属地管辖原则，凡进出一国领土、领空、领海的人员不分国籍和有无国籍都必须遵守所在国的法律、法规。所以，无论是我国旅游者出境，还是外国人入出我国国境，都必须普遍接受边防检查，并必须履行以下法定义务。

第一，外国人根据需要，欲进入我国国境的，应当向我国的驻外签证机关申请办理签证。申办签证时，应按照我国法律规定向我国驻外签证机关提交相应的签证材料，履行相应的手续，如应提供有效护照或者能够代替护照的证件、填写签证申请表、交验中国旅游部门的接待证明、接受面谈等。外交实践中，通常国与国之间会在互惠的基础上允许外国人为合法目的而入境，但都要求入境者持有护照等国际旅行证件，并申办签证手续，国家与国家之间达成了互免签证协议的除外。

第二，出境入境人员必须按照规定填写出境、入境登记卡，向边防检查人员交验本人有效护照或者其他出境、入境证件，履行规定的手续，经查验准许后方可出入境。但由于出入境人员种类繁多，情况复杂，对他们接受检查的义务，我国相关法律做出了一些特殊规定，就是一部分出入境人员可以免填出境、入境登记卡，其范围主要包括：重要的代表团成员，凭有关部门提供的名单；旅游团成员，凭团体签证名单或旅游团名单；首次因私出境人员，凭出境卡；飞机、船舶员工，凭申报的名单；港澳同胞可使用港澳同胞回证附页，在使用电脑验证的口岸免填登记卡。

第三，出入境人员携带的行李物品必须接受边防检查机关的依法检查。

第四，出入境人员必须从我国对外开放的海、空、陆口岸通行，除特殊情况下经主管审批临时入出我国非开放区域的中央政府职能部门或省级人民政府和主管口岸检查业务的机关许可，出境入境的人员可从非开放的地点（非开放的地点包括非开放的各类口岸、通道、码头、装卸点、起运点等）通行。

第五，出境人员必须在最后离开的国境口岸接受卫生检疫；入境人员必须在最先到达的国境口岸的指定地点接受卫生检疫。

第六，当国境卫生检疫机关要求出入境人员填写健康申明卡，出示某种传染病的预防接种证书、健康证明或其他有关证件时，出入境人员必须配合检查，方可出入境。

第七，我国旅游者以团队形式出境时，应整团出入境，不得分团，如确需分团的，应由组团社向边防检查机关报告。随团入境的外国旅游者不得擅自分团、离团。

第八，我国旅游者出境后，应当按规定期限和规定线路入境，不得在境外无故滞留不归。

三、我国旅游者被限制出境的法律规定

我国旅游者享有的出境权利是国家法律所赋予的，但并非所有的我国旅游者都能享有出境权利。我国《出境入境管理法》对具有以下情形之一的我国旅游者做出了出境限制的规定，具体包括：

（1）未持有效出境入境证件或者拒绝、逃避接受边防检查的。

（2）被判处刑罚尚未执行完毕或者属于刑事案件被告人、犯罪嫌疑人的。

（3）有未了结的民事案件，人民法院决定不准出境的。

（4）因妨害国（边）境管理受到刑事处罚或者因非法出境、非法居留、非法就业被其他国家或者地区遣返，未满不准出境规定年限的。

（5）可能危害国家安全和利益，国务院有关主管部门决定不准出境的。

（6）法律、行政法规规定不准出境的其他情形。

四、限制外国人入出我国国境的法律规定

（一）外国人被限制入境的法律规定

除国际条约另有规定，一个主权国家没有必须准许外国人入境的义务，也就是

说外国人无权要求一个主权国家必须准许其入出该国。主权国家有权根据其对外政策、出于国家安全和利益考虑，决定外国人能否入境，在什么条件下准许入境，何种情形下不准许入境等，这些通常由国家的内国法做出规定。我国的《出境入境管理法》对下列6类情形的外国人做出了不准许其进入我国国境的法律规定。

（1）被中国政府驱逐出境，未满不准入境年限的外国人。

（2）我国政府认为入境后可能进行恐怖、暴力、颠覆活动的外国人。

（3）我国政府认为入境后可能进行走私、贩毒、卖淫活动的外国人。

（4）患有精神病和麻风病、艾滋病、性病、开放性肺结核病等传染病的外国人。

（5）不能保障其在中国期间所需费用的外国人。

（6）我国政府认为入境后可能进行危害我国国家安全和利益的其他活动的外国人。

（二）外国人被限制出境的法律规定

一个主权国家对在其境内的符合离境法律规定的外国人，一般不得加以阻拦或拒发出境签证，限制其离境。但外国人的离境自由权要受到所在国法律的限制，在特定情况下，主权国家可以限制其离境或者将其驱逐出境。我国《出境入境管理法》规定，包括旅行者在内的下列外国人不得离开我国国境。

（1）被判处刑罚尚未执行完毕或者属于刑事案件被告人、犯罪嫌疑人的。在《出境入境管理法》中对这类外国人也做出了特殊规定——该类外国人的本国政府如果与我国签订了有关协议，移管被判刑人的，我国政府将依照彼此协议将该外国人交由其本国政府依法处理。

（2）有未了结的民事案件，人民法院决定不准出境的外国人。

（3）拖欠劳动者的劳动报酬，经国务院有关部门或者省、自治区、直辖市人民政府决定不准出境的外国人。这条规定对维护我国劳动者的合法权益十分重要。

（4）法律、行政法规规定不准出境的其他情形。

第三节　外国旅游者在华旅游管理制度

出入境管理制度是对涉外旅游管理的重要制度。但外国旅游者进入我国后离开我国前还要进行系列的活动与行为，对外国旅游者在此期间进行管理就形成了外国旅游者在华管理制度。

一、外国旅游者在华的法律地位

所有在异国境内的外国人,除享有外交特权和豁免权的,都处于所在国的管辖之下,这是世界各国通行的属地管辖。无论他们在所在国作短期旅行还是长期居住,都必须遵守所在国的法律、法规,对他们在所在国所做的一切负责。所在国则应对其人身安全和合法权益给予保护。我国《宪法》对外国人在华待遇做了原则规定,其第32条规定:"中华人民共和国保护在中国境内的外国人的合法权益,在中国境内的外国人必须遵守中华人民共和国的法律。"从旅游视角看,我国政府既保护外国旅游者的合法权益,不允许歧视他们,同时也不允许外国旅游者享有超越法律的特权。我国的具体法律制度依据此原则和我国承担的相应国际义务,参照国际惯例,对外国旅游者在华的法律地位进行了全面规制。

(一)外国旅游者在中国境内的权利

(1)外国旅游者在中国境内旅游时,人身自由和人格尊严不受侵犯。

(2)外国旅游者在中国境内时,非经人民检察院批准,或经人民法院决定,并由公安机关或者国家安全机关执行,不受逮捕。

(3)外国旅游者所持有的护照等有关国际旅行证件不受非法吊销、收缴。

(4)外国旅游者在中国旅游期间,享受与中国旅游者一样的景点门票价、车船价及住宿价。

(二)外国旅游者在中国境内的义务

外国旅游者在我国境内时,必须遵守我国的法律、法规,不得危害我国的国家安全、损害社会利益、破坏社会公共秩序;不得前往我国不对外国人开放的地区旅行。

二、外国旅游者在华的停留、居留制度

(一)停留及其特征

我国《出境入境管理法》颁行以前并未对停留和居留做出明确的标准界定,这使得实践中有的签证上只签注了停留期限的外国人通过反复延期的方式使停留期限达到了五年,比签证上注明居留的外国人在华时间还长。国际通行做法则对居住在本国境内达到较长期限的外国人实行重点管理,进而对居留和停留加以区分。现行立法对此进行了区别规定,对旅游者来说在一国境内主要是停留而非居留,停留是指持签注停留期限签证的外国人在我国旅行的期间。

停留与居留相比具有以下特征:第一,停留期限通常比居留期限短。我国法律规定外国人在我国的一般国境签证,其停留期限一般不超过7天,其他签证的停留期限一般为30天,如需要还可适当延长,但最长不超过180天,而居留有效期最

短为90天，最长可达5年。外国人工作类居留证件的有效期最短为90日，最长为5年；非工作类居留证件的有效期最短为180日，最长为5年。第二，停留无须办理停留证件，而居留通常需要办理居留证或临时居留证。停留由于期限通常比居留短，一般无须办理其他证件，而居留则意味着进入我国的外国人需要停留较长的期限，应加强对其管理，我国法律规定需要办理居留证。具体要求为：外国人所持签证注明入境后需要办理居留证件的，应当自入境之日起30日内，向拟居留地县级以上地方人民政府公安机关出入境管理机构申请办理外国人居留证件。

值得注意的是，符合条件的外国人还可由停留变更为居留，我国相关法律规定：符合国家规定的专门人才、投资者或者出于人道等原因确需由停留变更为居留的外国人，经设区的市级以上地方人民政府公安机关出入境管理机构批准可以办理外国人居留证件。持旅游签证的外国人如果符合条件也可以按照规定的程序和方式申请办理停留变更为居留的申请，如符合条件，设区的市级以上地方人民政府公安机关出入境管理机构应当准许。

（二）居留及其规定

我国《出境入境管理法》对外国人包括外国旅游者在中国居留做了以下规定。

（1）外国人在中国居留，必须持有中国政府主管机关签发的身份证件或者居留证件。身份证件或者居留证件的有效期限，根据入境的事由确定。在中国居留的外国人，应当在规定的时间内到当地公安机关缴验证件。境内的临时住宿，应当依照规定，办理住宿登记。

（2）外国人依照中国法律在中国投资或者同中国的企业、事业单位进行经济、科学技术、文化合作及其他需要在中国长期居留的，经中国政府主管机关批准，可以获得长期居留或者永久居留资格。

（3）外国人因政治原因要求在中国政治避难的，经中国政府主管机关批准，准许在中国居留。

（4）持标有F、L、G、C字签证的外国人，可以在签证注明的期限内在中国停留，不需办理居留证件。

（5）外国人在中国居留不满1年的，可获得中国政府发放的临时居留证。

（6）外国人在中国居留1年以上的，可获得中国政府发放的居留证。

（7）持居留证件的外国人在中国变更居留地点，必须依照规定办理迁移手续。

对不遵守中国法律的外国人，中国政府主管机关可以缩短其在中国停留的期限或者取消其在中国居留的资格。

三、外国人在中国住宿的法律规定

《出境入境管理法》对外国人包括外国旅游者在中国住宿做了以下规定。

（1）外国人在宾馆、饭店、招待所、学校等企、事业单位或者机关、团体及其他中国机构内住宿，应出示有效护照或者居留证件，填写临时住宿登记表。在非开放地区住宿还要出示旅行证。

（2）外国人在中国居民家住宿，在城镇的，须于抵达后 24 小时内，由留宿人或本人持住宿人护照、签证和留宿人户口簿到当地公安机关申报，填写临时住宿登记表；在农村的，须于 72 小时内向当地派出所或户籍办公室申报。

（3）外国人在中国的外国机构或在中国的外国人家中住宿，须于住宿人抵达后 24 小时内，由留宿机构、留宿人或者本人持住宿人的护照或居留证件，向当地公安机关申报，并填写临时住宿登记表。

（4）外国人在移动性住宿内临时住宿，须于 24 小时内向当地公安机关申报。为外国人的移动性住宿工具提供场地的机构或个人，应于 24 小时前向当地公安机关申报。

四、外国旅游者在华旅行的法律规定

旅行者在华旅行是其最主要的行为，由于旅行者本身身份及背景的复杂性，我国法律对外国旅游者在我国旅游采取依地区为基础的分类管理。

（一）外国旅游者在华旅行地区的分类

依据对外国人开放程度，我国法律将外国旅游者在我国的旅游的地区分为四大类型。即对外国人完全开放的甲类地区；新增加的对外国人控制开放的乙类地区；只准许外国人去考察、进行技术交流、现场施工等公务活动的一般性对外开放的丙类地区；不对外国人开放的丁类地区。

（二）外国旅游者在不同类型地区的管理要求

我国新颁行的《出境入境管理法》对外国旅游者在华旅游的地区没有做出严格期限规定。但依据我国加入的 WTO 的人员流动规定要求外国人持有效的签证或者居留证件，可以前往我国规定的对外开放的地区旅行，但若前往乙、丙、丁类地区应办理其他旅行许可证件。

第四节　出入境检查、检疫法律制度

一、海关管理制度概述

（一）海关的性质

海关是国家的进出关境的监督管理机关，代表国家行使主权、执行国家的对外

经济贸易政策，禁止侵害国家利益的货物、物品进出境，保护国家的财政收入。这既阐明了海关的基本性质，也表明了海关的法律地位。海关作为国家行政管理机构，与国家其他行政管理机关不同的一点是，海关以监督管理进出境为己任。

（二）海关的基本职能

海关作为国家进出境监督管理机关，应依照海关法和其他法律法规实施监督管理，依法履行以下各项基本职能。

（1）监管进出境的运输工具、货物、行李物品、邮递物品和其他物品。这里所指的进出境运输工具，是指用以载运人员、货物、物品进出境的各种船舶、车辆、航空器和驮畜。货物是指贸易性的，物品是指非贸易性的，在进出境时，它们都是海关监管的对象。

（2）征收关税和其他税、费。关税是对进出境货物、物品所征收的税，征税主体是海关。征收关税是海关的基本职能之一。

（3）查缉走私。这是海关的基本职能之一，也是海关非常重要的职能。走私是逃避海关监管，进行非法的进出境活动，偷逃关税，非法谋取暴利，扰乱破坏社会经济秩序，严重危害国家主权和国家利益的违法犯罪活动。因此，必须坚决打击走私活动，查处走私案件，缉拿走私犯罪人员，惩罚走私行为。

（4）编制海关统计表。

（5）办理其他海关业务。

（三）海关的权力

为维护国家主权和利益，国家通过制定《海关法》，授予了海关必要的行政执法权，当然，这些权力必须依法行使。依《海关法》的有关规定，海关享有以下权力。

（1）海关依法享有查验权、扣留权，这是海关实施进出境监管的基本权力。具体体现为：海关有权查阅进出境人员的证件，以便证实其身份；有权检查进出境运输工具；有权查验进出境货物、物品，对其中有违法行为的，有权扣留，这是法律赋予海关享有的对违法的运输工具、货物、物品采取强制措施的权力。

这里所指的"进出境运输工具"是指用以载运人员、货物、物品进出境的各种船舶、车辆、航空器和驮畜，包括：进出我国关境，在国际运营的境内船舶和境外船舶；经我国交通主管部门或其授权部门批准，专门来往于内地和香港、澳门之间，在境内注册从事客货运输的机动或非机动的小型船舶；进出我国关境的汽车、火车；从事国际航空运输的民航机和在交通不便的关境地区用于运载客货进出境的驼、马、驴、骡等。

（2）海关依法享有对进出境的有违法行为的嫌疑人具有查问权、调查权。

（3）海关有权查阅、复制与进出境运输工具、货物、物品有关资料的权力。这种权利限制在只能查阅、复制有关的资料。

（4）海关对进出境运输工具或个人违抗海关监管逃逸的，具有紧追权，可以连续追至海关监管区和海关附近沿海沿边规定地区以外，将其带回处理。这是海关的一项特定权力。

（5）海关具有配备武器的权力。

（6）海关在调查走私案件时，经直属海关关长或其授权的隶属海关关长批准，对涉嫌单位和涉嫌人员在金融机构、邮政企业的存款、汇款有查询的权力。

（7）法律法规规定由海关行使的其他权力。

二、边防检查制度概述

国家设立边防检查机关，建立国家出入境边防检查制度，对所有出入我国的人员和交通运输工具进行检查，是维护国家主权的具体体现。

（一）边防检查工作的主管机关

出入境人员和交通运输工具的基本权利和义务及对边防检查人员从事公务活动的基本要求做了规定。

出境、入境边防检查工作（以下简称"边防检查工作"）的主管部门是中华人民共和国公安部。边防检查工作属于中央事权，是一种国家行为，且我国制定的《人民警察法》规定，管理出入境事务，维护国（边）境地区的治安秩序，是公安机关的职责之一。边防检查机关作为公安机关的组成部分，这一属性也决定了边防检查工作必须由公安部主管。

（二）边防检查站的设立及其职责

为了保卫国家主权和国家安全，便利进出境人员和交通运输工具的通行，国家在对外开放的港口、机场、国境车站和孔道及特许的进出口岸，设立边防检查站。改革开放以来，边防检查站不仅担负着维护国家主权、维护国家政治稳定的任务，也担负着维护口岸正常的出入境秩序，控制和打击违法犯罪活动的繁重任务。作为国家主权和安全的防护机构之一，边防检查站应依法履行以下基本职责。

（1）边防检查站应依法对出境、入境的人员及其行李物品、交通运输工具及其载运的货物实施边防检查。边防检查站实施检查的对象包括出境入境人员的证件、人身、携带的行李物品、出境入境交通运输工具及其载运的货物等。这里所指的个人携带出入境的行李物品，是指出入境人员随身或以托运方式携带出入境的生活、学习等用品。出入境人员携带的行李物品及其他用品应以自用、合理数量①为限，

---

① 根据《中华人民共和国海关法》释义解释，自用是指进出境物品属于本人消费、使用或馈赠亲友，而不是为出售或出租，合理数量是指海关根据旅客旅行目的和居留时间所规定的正常数量。

并应当如实向海关申报和接受边防检查站的检查。

（2）边防检查站应按照国家有关规定对出境、入境的交通运输工具进行监护。这里所指的"监护"是指边防检查人员依法对有关出境入境的交通运输工具采取的监督性、保护性措施。过去，边防检查站对所有的出入境交通运输工具均实施监护。随着改革开放的深入发展，边防检查站担负的对交通运输工具的监护任务已经发生一些变化。根据国务院的有关规定，对出入境飞机的监护已移交民航局负责。

（3）边防检查站应依法对口岸的限定区域进行警戒，维护出境、入境秩序。这里所指的"口岸限定区域"是指各口岸为保障边防检查站正常执行公务和维护出境、入境秩序所划定的管理区域。"警戒"是指派出人员实行的警备防卫性管理措施。我国有多个口岸，口岸又有一类口岸和二类口岸之分。一类口岸是指由国务院批准开放的口岸；二类口岸是指由省级人民政府批准开放并向国务院主管部门备案的口岸，这些口岸包括海港、空港、车站、边境通道四类。边防检查站作为出境入境的检查机关，担负着维护国家主权、安全和社会秩序的任务，这种任务决定了边防检查站有必要、也必须对口岸限定区域进行警戒，以达到维护出境、入境秩序的目的。

（4）边防检查站应依法执行公安部赋予的任务，主要是查控、查询出入境人员的记录，对出入境人员、交通运输工具进行分类统计和对查处违法案（事）件进行统计，与毗邻国家、地区移民机关进行会谈会晤、签发与边防检查有关的证件等。

（5）我国法律、法规凡是涉及出入境边防检查的，边防检查站都必须依法履行职责，执行所规定的任务。

三、出入境卫生检疫制度概述

（一）出入境卫生检疫的含义

出入境卫生检疫是指为防止疫病由国外传入和由国内传出，保护人体健康，我国国境卫生检疫机关对出入境的人员、船舶、飞机、车辆、可能传播检疫传染病的行李、邮包、货物等实施传染病检疫、传染病监测和卫生监督的一种行政管理行为。根据《中华人民共和国国境卫生检疫法》及其实施细则规定，传染病包括检疫传染病和监测传染病。检疫传染病是指鼠疫、霍乱、黄热病及国务院确定和公布的其他传染病。

（二）出入境卫生检疫的主管机关

我国在国境口岸[①]设立国境卫生检疫机关，负责依法实施传染病检疫、检测和卫生监督。

---

① 此处的国境口岸是指在我国国际通航的港口、机场及陆地边境和国界江河的口岸。

（三）出入境卫生检疫机关的工作范围

出入境卫生检疫机关在国境口岸工作的范围，是指为国境口岸服务的涉外宾馆、饭店、俱乐部，为入境、出境交通工具提供饮食、服务的单位和对入境、出境人员、交通工具、集装箱和货物实施检疫、监测、卫生监督的场所。

【思考题】

1. 简述我国出入境管理的特点。
2. 简述出入境旅游者的权利和义务。
3. 我国海关依法享有哪些行政权力？
4. 简述我国边防检查站的基本职责。
5. 我国法律禁止具有哪些情形的外国旅游者入境？

第九章

旅游饭店法律制度

旅游饭店是以间（套）夜为单位出租客房，以住宿服务为主，并提供商务、休闲、度假等相应服务的住宿设施。按不同习惯，也可被称为宾馆、酒店、旅馆、旅社、宾舍、度假村、俱乐部、大厦、中心等。根据《中国旅游饭店行业规范》[①]第二条的规定，旅游饭店包括在中国境内开办的各种经济性质的饭店，含宾馆、饭店、度假村等。因此，旅游饭店是一个比较宽泛的概念，能为旅游者提供餐饮等相关服务的住宿设施都可称为旅游饭店。

第一节 旅游饭店基本制度

迄今我国关于旅游饭店业还没有单项的法律，《旅游法》中对饭店业的规范也较少。饭店法律制度在我国尚需加强理论研究，其立法空间还相当大。目前，我国关于旅游饭店业的法律制度主要是国务院有关部门制定的行政规章。但是，无论是从旅游饭店的建设到运营，还是从旅游者入住旅游饭店和在饭店用餐、停车、娱乐等方面看，相关旅游纠纷还比较多。因此，了解和掌握旅游饭店基本制度，对进一步完善旅游法律法规和解决相关旅游纠纷等都具有重要意义。

一、住宿业管理办法

为了规范住宿业市场经营秩序，维护住宿服务经营者和消费者的合法权益，促进行业的健康发展，商务部于2012年11月16日发布了《住宿业管理办法》（征求意见稿），该《办法》规定，住宿企业设立，应按照国家和当地的有关规定，取得相关许可并办理营业执照；开展连锁经营的住宿企业，应按照《商业特许经营备案管理办法》规定进行备案登记。

在经营过程中，住宿企业要严格执行国家及行业标准开展经营服务活动，遵纪守法，诚信经营，热情服务；同时编制突发事件应急预案，定期或不定期进行突发

---

① 2002年5月1日实施，2009年8月修订。

事件预防监测，适时组织演练，及时处理突发事件。

在硬件设施配置方面，住宿企业需按照国家和当地的有关规定和标准，配置保障残疾人、老年人和婴幼儿等群体通行安全和使用便利的无障碍设施，并定期进行检查、维护和更新，保障正常使用。

在环保节能方面，住宿企业应积极采用节能减排技术和产品，所提供的各种用品应当符合国家有关产品质量、安全和卫生的规定；采取措施引导顾客健康消费、绿色消费。

在从业人员方面，住宿企业服务人员必须每年进行健康检查，持健康合格证上岗；技术工种人员和管理人员应按照国家法规和标准的有关规定取得对应的从业、执业资格证书。住宿企业还应积极组织从业人员开展岗前培训和业务培训，并按照国家有关规定，提取职业培训经费，列入成本开支。

二、旅游饭店相关法律制度

（一）旅游住宿业治安管理法规制度

1. 旅游住宿业治安管理概述

改革开放以来，我国住宿业有了长足发展。旅客有安全感是住宿业发展的基础。为了保障住宿业的正常经营和旅客的生命财物安全，维护社会治安，经国务院批准，公安部于1987年11月10日发布了《旅馆业治安管理办法》（下称《办法》），这是我国旅游住宿业治安管理的基本行政法规，也是我国旅游住宿业健康发展的法制保障。

2. 旅游住宿业治安管理的主要内容

（1）住宿企业的设立，其房屋建筑、消防设备、出入口和通道等，必须符合消防治安法规的有关规定，并具备必要的防盗安全设施。申请开办住宿企业应经主管部门审查批准，经当地公安机关签署意见，向工商行政管理部门申请登记，领取营业执照后，才可以开业。经批准开业的住宿企业，如有歇业、转业、合并、迁移、改变名称等情况，应当在工商行政管理部门办理变更登记后三日内，向当地的县、市公安局、公安分局备案。之所以做这样的规定，从治安管理视角看，是为了便于掌握住宿企业的有关情况，加强对住宿企业的治安管理。

（2）遵守国家的法律，建立各项安全管理制度，设置治安保卫组织或者指定安全人员。为了加强治安管理，《办法》规定住宿企业接待旅客住宿必须查验旅客的身份证件，并要求旅客按规定的项目如实登记。在接待境外旅客住宿时，除了要履行上述规定外，住宿企业还应当在24小时内向当地公安机关报送住宿登记表。根据公安部门2017年的最新通知要求，自7月1日起住宿客人除查验身份证件以外，还要拍照留存，以备查验。

（3）住宿企业必须设置旅客财物保管箱、保管柜或者保管室、保险柜，并指定专人负责保管工作。对旅客寄存的财物，要建立严格、完备的登记、领取和交接制度。旅客遗留的物品，应加以妥善保管，并根据旅客登记所留下的地址，设法将遗留物品归还原主；如果遗留物主人不明，则应当揭示招领，经招领3个月后仍然无人认领的，则应当登记造册，并送当地公安机关按拾遗物品处理。同时，如果发现旅客将违禁的危险物品带入住宿企业，必须制止并及时报告公安机关。

（二）娱乐场所治安管理法规制度

1. 娱乐场所管理法规制度概述

娱乐场所是指以营利为目的，向公众开放的、消费者自娱自乐的歌舞、游艺等场所。为了加强对娱乐场所的管理、指导、规范和保障我国文化娱乐事业的健康发展，国务院于2006年3月重新修订公布了《娱乐场所管理条例》（以下简称《条例》），更加全面地加强了对娱乐场所的管理。

2. 娱乐场所管理相关法律规定

（1）娱乐场所的禁设地。娱乐场所不得在可能干扰学校、医院、机关正常工作、学习秩序的地点设立；不得在居民楼、博物馆、图书馆和被核定为文物保护单位的建筑物内；不得在车站、机场等人群密集的场所；不得在建筑物地下一层以下或与危险化学品仓库毗连的区域。娱乐场所的边界噪声，应当符合国家规定的环境噪声标准。

（2）设立娱乐场所的人员要求。因犯有强奸罪；强制猥亵、侮辱妇女罪；组织、强迫、引诱、容留、介绍卖淫罪；赌博罪；制作、贩卖、传播淫秽物品罪；或者走私、贩卖、运输、制造毒品罪；曾被判处有期徒刑以上刑罚；因犯罪曾被剥夺政治权利的，不得担任娱乐场所经营单位的法定代表人和主管人员，不得参与娱乐场所的经营管理活动。

3. 娱乐场所治安管理的主要内容

（1）严禁娱乐场所经营单位及其人员组织、强迫、引诱、容留、介绍他人卖淫，开设赌场、赌局，引诱、教唆、欺骗、强迫他人吸毒、注射毒品，进行封建迷信活动，贩卖、传播淫秽书刊、影片、录像带、录音带、图片及其他淫秽物品，提供以营利为目的的陪侍，或者为进入娱乐场所的人员从事上述活动提供方便条件。

（2）严禁进入娱乐场所的人员在娱乐场所卖淫、嫖娼、吸毒，贩卖、传播淫秽书刊、影片、录像带、录音带、图片及其他淫秽物品，从事淫秽、色情或者违背社会公德的活动和封建迷信活动，或者从事以营利为目的的陪侍。

（3）严禁在娱乐场所内打架斗殴、酗酒、滋事、调戏、侮辱妇女，进行扰乱娱乐场所正常经营秩序的活动。

（4）严禁非法携带枪支、弹药、管制刀具和爆炸性、易燃性、放射性、毒害性、腐蚀性物品进入娱乐场所。

第二节 旅游饭店标准化服务制度

旅游饭店标准化服务制度主要包括旅游饭店星级评定制度，涉及旅游饭店星级评定程序、复核和处理制度等。

一、旅游饭店星级评定程序

（一）旅游饭店星级评定制度概述

为了提高我国旅游饭店的经营管理水平，适应国际旅游业发展的需要，促进我国饭店业与国际接轨，国家旅游局参照国际标准，结合中国国情，于1988年8月开始制定并执行旅游饭店星级评定制度。现行评定依据为国家旅游局和国家质量监督检验检疫总局于2011年1月1日开始实施的《旅游饭店星级的划分与评定》（GB/T 14308—2010），它与国家旅游局2006年3月7日起实施的《星级饭店访查规范》，共同构成了饭店星级评定的完整体系。

（二）星级划分及评定依据

星级制度以"星"来标志饭店等级，以"星"反应饭店硬、软件水平，是一种国际化的通用标识。旅游饭店星级分为五个级别，即一星级、二星级、三星级、四星级、五星级（含白金五星级）。最低为一星级，最高为五星级。星级越高，表示旅游饭店的档次越高。星级标志由长城与五角星图案构成，用一颗五角星表示一星级，以此类推，五颗五角星表示五星级，五颗白金五角星表示白金五星级。

以星级划分旅游饭店的依据主要包括5项：一是饭店的建筑、装潢、设备、设施条件；二是饭店的设施设备维修保养状况；三是饭店管理水平、服务水平；四是饭店清洁卫生状况；五是宾客意见。

根据《旅游饭店星级的划分与评定》的规定，饭店星级评定遵循企业自愿申报的原则。凡是在我国境内的，从事接待外国人、华侨、港澳台同胞及国内公民，正式开业一年以上的国有、集体、中外合资、中外合作及外商独资的饭店（或宾馆、度假村等）都可以申请评定星级。饭店开业一年后可申请评定星级，经评定达到相应星级标准的饭店，由全国旅游饭店星级评定机构颁发相应的星级评定证书和标志牌，星级标识使用有效期为三年，三年期满后应进行重新评定。

一星级、二星级、三星级饭店是有限服务饭店，评定星级时应对饭店住宿产品进行重点评价；四星级和五星级（含白金五星级）饭店是完全服务饭店，评定星级时应对饭店产品进行全面评价。

（三）星级评定机构及权限

根据《旅游饭店星级的划分与评定》的规定，国家旅游局设全国旅游星级饭店评定委员会（以下简称为"全国星评委"）。全国星评委是负责全国星评工作的最高机构，制定星级评定的实施办法和检查细则，并具体负责评定五星级饭店；在国家旅游局统一领导下，各省、自治区、直辖市旅游行政管理部门设立饭店星级评定机构，具体负责评定本地区一星级、二星级、三星级、四星级饭店，评定结果报全国星评委备案，并承担推荐五星级饭店的责任；其他城市或行政区域旅游饭店星级评定机构实施本地区三星级以下旅游饭店的星级评定；向省级星评委推荐四星级、五星级饭店。

（四）旅游饭店星级评定的程序

（1）申请。申请评定星级的饭店应在对照《旅游饭店星级的划分及评定》（GB/T 14308—2010）充分准备的基础上，按属地原则向地区星评委和省级星评委逐级递交星级申请材料。申请材料包括：饭店星级申请报告、自查打分表、消防验收合格证（复印件）、卫生许可证（复印件）、工商营业执照（复印件）饭店装修设计说明等。

（2）推荐。省级星评委收到饭店申请材料后，应严格按照《旅游饭店星级的划分及评定》（GB/T 14308—2010）的要求，于一个月内对申报饭店进行星评工作指导。对符合申报要求的饭店，以省级星评委名义向全国星评委递交推荐报告。

（3）审查与公示。全国星评委在接到省级星评委推荐报告和饭店星级申请材料后，应在一个月内完成审定申请资格、核实申请报告等工作，并对通过资格审查的饭店，在中国旅游网和中国旅游饭店业协会网站上同时公示。对未通过资格审查的饭店，全国星评委应下发正式文件通知省级星评委。

（4）宾客满意度调查。对通过星级资格审查的饭店，全国星评委可根据工作需要安排宾客满意度调查，并形成专业调查报告，作为星评工作的参考意见。

（5）星评员检查。全国星评委发出《星级评定检查通知书》，委派2~3名国家级星评员，以明查或暗访的形式对申请星级的饭店进行评定检查。五星级评定检查工作应在36~48小时内完成，四星级饭店的评定检查工作应在36小时内完成，一、二、三星级饭店的评定检查工作应在24小时内完成。检查未予通过的饭店，应根据全国星评委反馈的有关意见进行整改。全国星评委待接到饭店整改完成并申请重新检查的报告后，于一个月内再次安排评定检查。

（6）审核。检查结束后1个月内，星评委应根据检查结果对申请星级的饭店进行审核。审核的主要内容及材料有：星评员检查报告（须有星评员签名）、星级评定检查反馈会原始记录材料（须有星评员及饭店负责人签名）、依据《旅游饭店星级的划分及评定》（GB/T 14308—2010）打分情况（打分总表须有星评员签名）等。

（7）批复。对于经审核认定达到标准的饭店，星评委应做出批准其为星级旅游饭店的批复，并授予星级证书和标志牌。对于经审核认定达不到标准的饭店，星评委应做出不批准其为五星级饭店的批复。批复结果在中国旅游网和中国旅游饭店业协会网站上同时公示，公示内容包括饭店名称、星评委受理时间、星评员评定检查时间、星评员姓名、批复时间。

（8）申诉。申请星级评定的饭店对星评过程及其结果如有异议，可直接向原国家旅游局申诉。原国家旅游局根据调查结果予以答复，并保留最终裁定权。

（9）抽查。原国家旅游局根据《国家级星评监督员管理规则》，派出星评监督员随机抽查星级评定情况，对星评工作进行监督。一旦发现星评过程中存在不符合程序的现象或检查结果不符合标准要求的情况，原国家旅游局可对星级评定结果予以否决，并对执行该任务的星评员进行处理。

二、旅游饭店星级评定复核及处理制度

星级复核是星级评定工作的重要补充部分，其目的是督促已取得星级的饭店持续达标，其责任划分完全依照星级评定的责任分工。对已经评定星级的饭店，旅游饭店星级评定机构应按照标准进行复核，每年一次。复核工作应在饭店对照星级标准自查自纠、并将自查结果报告旅游饭店星级评定机构的基础上，由旅游饭店星级评定机构以明查或暗访的形式安排抽查验收。旅游饭店星级评定机构应于本地区复核工作结束后进行认真总结，并逐级上报复核结果。对严重降低或复核认定达不到本标准相应星级的饭店，按以下办法处理。

（1）旅游饭店星级评定机构根据情节轻重给予签发警告通知书、通报批评、降低或取消星级的处理，并在相应范围内公布处理结果。

（2）凡在一年内接到警告通知书3次以上或通报批评2次以上的饭店，旅游饭店星级评定机构应降低或取消其星级，并向社会公布。

（3）被降低或取消星级的饭店。自降低或取消星级之日起1年内，不予恢复或重新评定星级；1年后，方可重新申请星级。

（4）已取得星级的饭店如发生重大事故，造成恶劣影响，其所在地旅游饭店星级评定机构应立即反映情况或在权限范围内做出降低或取消星级的处理。

饭店接待警告通知书、通报批评、降低星级的通知后，必须认真整改并在规定期限内将整改情况报告处理机构。旅游饭店星级评定机构对星级饭店进行处理的责任分工依照星级评定的责任分工办理。全国旅游饭店星级评定机构保留对各星级饭店的直接处理权。凡经旅游饭店星级评定机构决定提升或降低、取消星级的饭店，应立即将原星级标志和证书交还授予机构，由旅游饭店星级评定机构做出更换或没收的处理。

第三节　旅游饭店监管制度

旅游饭店监管制度主要包括旅游饭店注册审批制度和经营行为监管制度等。

一、旅游饭店注册审批制度

拟申请注册审批饭店必须向有关部门出示以下材料，并保证其真实有效性。

（一）员工手册

内容应包括总经理致辞、角色阐释、服务理念、行为通则以及员工福利、奖惩、安全基本管理制度等。

（二）组织机构图

组织机构图是指负责饭店运转的正式组织机构图，包括饭店组织机构图和部门组织机构图。

（三）饭店管理制度

饭店管理制度是饭店科学化管理的基础和服务与管理模式的操作工具。它能最大限度减少包括管理者在内的员工行为的随意性。这种管理制度主要是针对管理层制定的，如层级管理制度、质量控制制度、市场营销制度、物资采购制度等。一项完整的饭店管理制度包括制度名称、制度目的、管理职责、项目运作规程（具体包括执行层级、管理对象、方式与频率、管理工作内容）、管理分工、管理程序与考核指标等项目。大体来说，饭店管理制度可以分为服务流程管理制度、支持性流程管理和全局性职能管理制度几大类。

饭店管理制度应当及时修订，以达到现代饭店科学管理的基本要求。为此，星级饭店应积极采用符合国际惯例和国际通行的财务、质量、人力资源等方面的管理制度。

（四）部门化运作规范

为了使各工作区域和不同的管理层级能够达到一种有序运行的状态，星级饭店需要制订各个部门的运作规范。一般来说，部门化运作规范包括以下主要内容。

（1）管理人员岗位工作说明书（一星级以上饭店要求提供）。对管理人员的工作岗位、班次、指令与反馈渠道、工作目标、工作职责和任职条件、任职要求等项内容进行说明。

（2）管理人员工作关系表（三星级以上饭店要求提供）。对不同部门和不同层级进行与饭店管理有关的计划、组织、审批、指令、反馈、控制等活动以及相应的上下级关系、协调关系进行表格化说明。

（3）管理人员工作项目核检表（三星级以上饭店要求提供）。管理人员每天、每周、每季、每年需要进行的工作项目进行列表，以备自查和上级核查。

（4）专门的质量管理文件、工作用表和质量管理记录（三星级以上饭店要求提供）。质量管理和保持饭店星级标准是贯穿于饭店管理各个方面、各个环节的常备工作。而且质量是管理出来的，而不仅仅是检查出来的。为此，饭店需要有专门的质量管理文件及与此配套的工作用表和质量管理的记录。饭店管理者，特别是高层管理者也应当在自己的日常管理行为中尽力体现上述文件所规定的质量理念，包括顾客导向、全员参与、专业管理、全流程要覆盖等原则。

（五）服务和专业技术人员岗位工作说明书（一星级以上饭店要求提供）

对服务和专业技术人员的岗位要求、任职条件、班次、接受指令与协调渠道、主要工作职责等内容进行书面说明。

（六）服务项目、程序与标准说明书（二星级以上饭店要求提供）

针对服务和专业技术人员岗位工作说明书的要求，对每一个服务项目完成的目标、为完成该目标所需要经过的程序，以及为各个程序的质量标准进行局面说明。

（七）工作技术标准说明书（一星级以上饭店要求提供）

对国家和地方主管部门和强制性标准所要求的特定岗位的技术工作，如锅炉、强弱电、消防、食品加工与制作等，必须有相应的工作技术标准的书面说明，相应岗位的从业人员必须知晓。

四星级以上饭店还要求提供与设施设备、空间区域的维修保养与清洁卫生有关的作业技术标准的书面材料。

（八）其他可以证明饭店质量管理水平的证书或文件

在饭店提供的上述材料中，必须体现现代饭店管理和星级饭店所要求的质量、环保、科技和对当地社会文化发展的承诺，并有相应的措施保证这些承诺能够在饭店管理中得以贯彻和执行。

二、经营行为监管制度

《旅游法》规定，国家建立旅游市场统一监管和综合监管机制，由县级以上人民政府负责旅游饭店的领导、组织、协调旅游监督检查工作，并有权对旅游行政主管部门许可、备案的旅游饭店经营者的资质及其经营行为实施监督检查。旅游行政主管部门及旅游执法人员主要对饭店经营者以下经营行为进行监管。

（1）是否诚信经营，履行谨慎注意、安全保障、投诉处理等义务，并注意保护经营中获得的旅游者个人信息。

（2）是否预先对旅游饭店产品和服务项目的内容、收费标准及注意事项做出真实、完整、准确的说明。

（3）旅游饭店相关设施、产品和服务是否按照国家规定的标准，保障旅游者的人身及财产安全。

（4）已评定星级的饭店，其设施和服务不得低于相应标准，未获得星级评定的，严禁使用其称谓和标志。

第四节　旅游饭店与旅客之间的权利义务关系

作为旅游经营者或者辅助服务人，旅游饭店与旅客或旅游者之间具有法定和约定的权利和义务。

一、饭店的权利和义务

（一）饭店对旅客的权利

1. 拒绝旅客的权利

饭店是为住店旅客及社会公众提供各种服务的场所。但出现以下情况时，饭店可以不予接待。

（1）患有严重传染病或精神病者。因为严重的传染病患者和精神病患者对饭店内其他旅客的健康和安全构成威胁。如在"非典"时期，世界上很多国家做出禁止"非典"（包括疑似患者）进入一切公共场所的规定。

（2）携带危害饭店安全的物品入店者。我国《旅馆业治安管理办法》第十一条规定，严禁旅客将易燃、易爆、剧毒、腐蚀性和放射性等危险物品带入旅馆。对携带上述危险物品入店的旅客，饭店可以进行劝阻，如旅客不听劝阻，饭店有权拒绝入店。

（3）从事违法犯罪活动者。《旅馆业治安管理办法》第十二条规定，旅馆内，严禁卖淫、嫖宿、赌博、吸毒、传播淫秽物品等违法犯罪活动。为了保障旅客的安全，维护饭店的声誉，饭店有权拒绝一切有违法行为的旅客。对于其入店后违法或有违法行为的旅客，饭店有权制止，经劝阻无效的，饭店可以要求离店，情节严重的，饭店应当及时报公安机关。

（4）影响饭店形象者。饭店内禁止旅客携带猫和狗等动物进入，这是很多国家的饭店法明文规定的。我国的《旅馆业治安管理办法》第十三条规定，旅馆内，不得酗酒滋事、大声喧哗，影响他人休息，旅客不得私自留客住宿或者转让床位。对上述行为举止不当的旅客，饭店有权制止，不听劝告的，饭店有权要求旅客离店。有的饭店（特别是一些豪华的饭店）为了维护其自身的形象，对一些衣冠不整的旅客也规定不予接待。

（5）无支付能力或曾有过逃账记录者。饭店是以营利为目的的企业，并非公益性单位，对于无支付能力或者拒绝支付饭店合理费用的人员，饭店有权不予接待。对于曾有过逃账记录的人员再次入店时，饭店也有权加以拒绝。

（6）饭店客满。在饭店已经客满，无能力接待新来的旅客和接受新的预订时，饭店可以拒绝旅客。

（7）法律、法规规定的其他情况。

2. 要求旅客支付合理费用的权利

饭店有要求旅客支付饭店合理费用的权利。饭店收取的各种费用应当是合理的，收费标准不能违反国家的有关规定。旅客如无力或拒绝支付所欠饭店的合理费用，饭店可以通过向法院诉讼等方式实现其自身的权利。

在我国民法中，有关于留置权的规定。我国《民法通则》第八十九条第四款规定，按照合同约定一方占有对方的财产，对方不按照合同给付应付款项超过约定期限的，占有人有权留置该财产，依照法律的规定以留置财产折价或者以变卖该财产的价款优先得到偿还。这里的留置权是指债权人按照合同占有了债务人的财产，债务人不按照合同给付有关财产的应付款项超过约定期限时，债权人有权扣留处置该财产，依照法律的规定以该财产折价抵偿或者以变卖该财产的价款优先受偿。债权人根据合同占有债务人财产，当债务人不履行债务时，依法扣留处置该财产的权利，称为留置权。留置权是合同当事人一方因合同关系以留置对方当事人的财物，作为担保合同履行的一种方式。留置权是合同关系中的债权人对债务人的财产的权利。

有些国家的法律规定：当旅客无能力支付饭店的费用时，饭店可以扣留旅客的财物，用来抵付所欠的费用，这就是饭店的留置权。在这些国家，当旅客无能力或者拒绝支付所欠饭店住房、餐饮及其他的合理费用时，饭店有依法扣留旅客财物的权利，但被扣财物的价值只能相当于旅客在这次住房或其他消费时实际所欠的费用。

债务旅客不履行债务时，饭店按照法律规定留置其财产，促使其履行债务。债务旅客不履行债务超过一定的法律规定的期限，饭店可以按法律程序申请变卖其财产，从变卖的价款中得到清偿。在法定期间内，如果旅客付清欠账，饭店要主动将财物交还给对方。如果旅客拒绝支付饭店合法的费用，饭店可以通过向法院诉讼的方式实现其自身的权利。

3. 要求旅客赔偿饭店损失的权利

根据我国的法律，旅客无论是过失或故意损坏饭店的物品，影响了该客房的出租，饭店有权要求侵害人赔偿其损失。例如，旅客损坏了客房内的家具或其他设施，以至于该客房不能马上使用，则侵害人应该赔偿包括该房间不能使用在内的全部损失。一旦此种情况发生，饭店应尽快使得该房间恢复到可以使用的状态，否则，饭店无权要求旅客承担扩大的损失。《民法通则》第一百一十四条规定，当事人一方因另一方违反合同受到损失的，应当及时采取措施防止损失的扩大；没有及时采取措施致使损失扩大的，无权就扩大的损失要求赔偿。

对于旅客寄存在饭店的物品，如因没有事先向饭店说明寄存物的情况，而造成饭店损失的，除饭店知道或者应当知道而没有采取补救措施的外，饭店可以要求旅客承担所受损的赔偿责任。

此外，根据国家工商行政管理总局的有关规定，饭店没有谢绝旅客自带酒水进入餐厅享用的权利。即使饭店张贴厅堂告示，明示不允许消费者自带酒水，也不符合国家工商总局的这一禁止性规定，因为这属于"霸王条款"，有强迫消费者消费之嫌。

（二）饭店对旅客的义务

饭店对旅客的义务是指饭店在经营活动和服务过程中必须作为或不作为的责任。饭店的权利和义务是相辅相成、互相依存的，没有无义务的权利，也没有无权利的义务。饭店主要有以下几方面的义务。

1. 尊重和保障旅客的人权义务

人权作为民事主体的基本权利，包含很多内容，如公民的姓名权、名誉权、荣誉权、肖像权、隐私权、生命健康权等，历来受到各国法律的重视与保护。作为饭店不得非法搜查旅客的身体和所携带的行李物品。按照我国的法律规定，对旅客人身和财产实施检查或者搜查，只能由法律赋予权力的人员依照法定的程序来进行，其他任何机关、团体和个人是无权搜查旅客的身体和所携带的财产的。

保护和尊重旅客的人权是《宪法》明确规定的内容。人权也包括了隐私权。隐私是指个人生活方面不愿意让他人知道的正当的私人秘密，实质上是公民在一定范围内自由决定个人活动的权利。按照法律的规定，公民的隐私权受到法律的保护，饭店非经法定程序不得公开旅客的秘密。

饭店的客房一旦出租，客房的使用权即属于旅客，不允许未经许可的人员进入该客房。饭店的工作人员除履行职责，保护旅客安全外（如工作人员进入客房进行卫生清扫、设备维修或者在发生火灾等紧急情况下进入），不得随意进入客房。无明显理由进入旅客的房间，是一种侵权行为。例如，澳大利亚里茨—卡尔顿酒店（The Ritz-Carlton Hotel），客房门上所用的"请勿打扰"牌用的不是 Do Not Disturb，而是 Privacy 一词，意为"隐私"和"不干扰他人自由"。

2. 保障旅客安全义务

提供安全的住宿环境，保证旅客住店期间的人身安全，是饭店在安全方面最基本的职责之一。为保护旅客人身安全，饭店应当依法取得安全生产资质，严格执行有关标准、安全技术规范及消防的有关规定，安装合适的安全设备和器材，并建立健全一套安全管理制度和应急预案。为了保护旅客的人身和财产安全，饭店客房门应当装置防盗链、门镜、应急疏散图，卫生间内应当采取有效的防滑措施。客房内应当放置服务指南、住宿须知和防火指南。有条件的饭店应当安装客房电子门锁和公共区域安全监控系统。

旅游饭店还应当对直接为旅客提供服务的从业人员开展经常性的应急救助技能培训，对其提供的产品和服务进行安全检测和评估，采取必要措施防止危害发生。

3. 对旅客进行安全警示的义务

（1）告知旅客有关安全的义务。饭店应当用恰当的方式告诉旅客有关安全事宜，对一些可能危及旅客人身安全的项目和服务应当做出明确的警示和正确接受服务项目的说明。

明确的警示是指应当在显著的位置以醒目的字样或图形标明其危险性。这些警示和说明的文字应当简明易懂，不致使人产生误解，旅游饭店一般应当使用中、英文的警示。警示有两种方式：一是警示语；二是警示标志。无论何种警示，都应当是明确、通俗易懂，不致发生歧义。

饭店的说明可以用语言方式，也可以用文字方式，还可以用图片等其他方式。无论何种方式，其说明应当是真实、准确、恰当。同样，旅游饭店应当用中、英文的说明。

（2）有关康乐方面安全的警示义务。饭店为方便旅客消遣，提供有多种康乐设施设备。饭店在购置、维修和管理这些设施设备时要采取措施，保证旅客在合理使用的情况下不受伤害。饭店有义务根据危险程度的大小，向旅客做出明确的警示和正确使用的说明。

一旦旅客在使用设施设备过程中发生突发事件，饭店应当立即采取必要的救助和处置措施，并依法向有关部门报告，妥善处理善后事宜。

4. 提供符合等级标准的硬件与服务

饭店为旅客提供的硬件与服务必须和饭店的等级与收费标准相符，保证各种设备、设施运转良好；确保水、电、气的正常供应；确保饭店内无蚊虫、无异味、无噪声；提供符合本饭店星级与等级标准的服务。如果饭店提供的各种服务存在问题，不能达到规定的标准，旅客有权向有关部门投诉。

5. 提供真实情况的义务

饭店对自己的产品和服务，应当向旅客提供真实的信息，不得做容易引起人们误解的推销。《中华人民共和国消费者权益保护法》规定：经营者应当向消费者提供有关商品或者服务的真实信息，不得做引人误解的虚假宣传。经营者对消费者就其提供的商品或者服务的质量和使用方法等问题提出的询问,应当做出真实、明确的答复。商店提供商品应当明码标价。经营者以广告、产品说明、实物样品或者其他方式表明商品或者服务的质量状况的,应当保证其提供的商品或者服务的实际质量与表明的质量状况相符。在饭店业竞争越来越激烈的情况下,有少数饭店采取不正当的手法欺骗旅客,这不但是一种短期行为,也是一种不法行为。

6. 遵守有关法律法规和合同的义务

(1) 国家法律法规规定的义务。除以上所谈到的义务,饭店在为旅客提供服务或商品的过程中还应当履行国家法律法规规定的其他义务。这些法律法规包括《中华人民共和国食品卫生法》《中华人民共和国消防法》《消费者权益保护法》《中华人民共和国产品质量法》《中华人民共和国反不正当竞争法》等。

(2) 合同约定的义务。饭店不仅要履行法定的义务,与旅客签订合同的,还应当按照合同的规定履行约定的义务。饭店违反合同约定不履行义务的,是对旅客合法权益的侵犯,旅客可据此追究饭店的违约责任,造成损失的,还可以要求饭店支付赔偿金。饭店和旅客有其他方面约定的,应当按照合同的约定履行义务,但双方的约定不得违背国家法律法规的规定。

二、旅客的权利和义务

(一) 旅客的权利

根据有关法律法规的规定,旅客享有人身安全权、心理安全权、财产安全权、知悉真情权、自主选择权、公平交易权、获得知识权、维护尊严权、监督权和获得赔偿权等项权利。

(1) 人身安全权是指旅客在住店期间或者在饭店内使用饭店的设施或接受饭店的服务时,享有的人身不受损害的权利。旅客的人身安全权是我国宪法赋予公民的权利。《消费者权益保护法》第七条规定,消费者在购买、使用商品和接受服务时享有人身、财产安全不受损害的权利。消费者有权要求经营者提供的商品和服务,符合保障人身、财产安全的要求。旅客人身安全表现在两个方面:一是旅客的健康不受损害;二是生命安全有保障。

(2) 心理安全权是指旅客在住店期间或进行其他的消费时对饭店的环境、设施及服务所享有的安全感的权利。虽然旅客在住店期间人身和财物未受损害,但因为饭店的设施、设备安装得不合理或不牢固;施工时没有安全警示标志;楼层常有闲杂人员走动;房内的物品被翻动等一切不安全的因素使旅客认为住在该饭店没有安全感,存在着恐慌心理。旅客有权要求饭店提供安全的环境,使其心理获得安全感。

(3) 财物安全权是指旅客在住店期间或在接受饭店的服务,或在使用饭店的商品时，享有的财物不受损害的权利。2004年3月14日开始实施的新的《宪法》第十三条规定，公民的合法的私有财产不受侵犯。饭店不得私自扣留或者检查旅客携带进饭店的私有财物。

（4）知悉真情权是指旅客享有知悉其购买、使用饭店的商品或者接受饭店的服务的真实情况的权利。旅客有权根据饭店商品或者服务的不同情况，要求饭店提供商品的价格、产地、生产者、用途、性能、规格、等级、主要成分、生产日期、有效期限、检查合格证明、使用方法说明书、售后服务，或者饭店服务的内容、方式、规格、费用等有关情况。

（5）自主选择权是指旅客在饭店内消费时享有自主选择商品或者服务的权利。旅客有权自主选择饭店的商品品种或者服务方式，自主决定购买或者不购买任何一种商品、接受或者不接受任何一项服务。旅客在自主选择商品或者服务时，有权进行比较、鉴别和挑选。

（6）公平交易权是指旅客在饭店购买商品或者接受服务时，有权获得质量保障、价格合理、计量正确等公平交易条件，有权拒绝饭店的强制交易的行为。公平交易是市场经济下交易的基本法则，它要求交易双方自愿平等、等价有偿、公平与诚实信用。

（7）获得知识权是指旅客享有获得有关消费和消费者权益保护方面的知识。这些内容包括两个方面：①旅客有获得有关消费方面的知识的权利（包括有关商品和服务的基本知识、有关消费市场的知识、有关消费经济方面的知识）。②有关消费者权益保护方面的知识（包括旅客与饭店发生纠纷时如何投诉及其解决的途径和程序方面等方面知识）。

（8）维护尊严权是指旅客在购买、使用商品和接受服务时，享有其人格尊严、民族风俗习惯得到尊重的权利。

（9）监督权是指旅客享有对饭店的商品和服务进行监督的权利。我国《消费者权益保护法》第十五条规定，消费者享有对商品和服务及保护消费者权益工作进行监督的权利。消费者有权检举、控告侵害消费者权益的行为和国家机关及其工作人员在保护消费者权益工作中的违法失职行为，有权对保护消费者权益工作提出批评、建议。

（10）获得赔偿权是指旅客因购买、使用饭店的商品或者接受服务时受到人身、财产损害的，享有依法获得赔偿的权利。旅客在饭店内人身受到伤害，一般有两种情况：一是旅客生命健康受到伤害，如旅客被饭店提供的商品或者服务致伤、致残或失去生命；二是旅客的人身权、名誉权、人格权等受到侵犯。

（二）旅客的义务

（1）按照规定进行正确登记的义务。《中国旅游饭店行业规范》第七条规定，饭店在办理旅客入住手续时,应当按照国家的有关规定,要求旅客出示有效证件,并如实登记。目前我国还没有全国性的统一"住客登记表",有的地区统一印制了"旅客住宿登记单"和"旅客住宿登记簿"。凡要求住饭店的旅客都有义务出示本人有效的身份证件,并正确地进行登记。

(2)爱护饭店财物的义务。旅客在饭店期间应当爱护饭店的财物。如果旅客将饭店财物损坏应当进行赔偿。《民法通则》第一百一十七条规定,损坏国家的、集体的财产或者他人财产的,应当恢复原状或者折价赔偿。受害人因此遭受其他重大损失的,侵害人应当赔偿损失。

(3)支付饭店各种合理费用的义务。旅客应当支付因购买、使用饭店的商品或者接受饭店提供的服务而发生的各种合理费用。如果旅客无能力支付或者拒绝支付饭店的有关费用,饭店可以通过向法院诉讼等方式实现其自身的权利。

(4)遵守有关法律、法规和规章制度的义务。旅客住宿期间应当遵守国家和地方有关的法律、法规和规章制度。如《旅馆业治安管理办法》第十一条规定,严禁旅客将易燃、易爆、剧毒、腐蚀性和放射性等危险物品带入住宿企业。第十二条规定,住宿企业内,严禁卖淫、嫖宿、赌博、吸毒、传播淫秽物品等违法犯罪活动。第十三条规定,住宿企业内,不得酗酒滋事、大声喧哗,影响他人休息,旅客不得私自留客住宿或者转让床位。

(5)对自身安全负责的义务。旅客对饭店因发生重大突发事件时暂时限制自由活动的措施应予以理解配合。在使用饭店康乐方面设施设备时,应该如实告知相关个人健康信息,遵守安全警示要求,配合饭店采取的安全防范和应急处理措施。

【思考题】

1. 旅游饭店星级评定的主要内容是什么?
2. 饭店对旅客的义务主要有哪些?
3. 饭店为何要告知客人有关安全方面的事项?
4. 旅游行政主管部门主要对饭店经营者哪些经营行为进行监管?
5. 旅客入住饭店时的权利和义务是什么?

第十章

旅游景区法律制度

旅游景区法律制度是旅游法律制度的重要内容。《旅游法》和国家关于旅游景区开发、利用和保护的相关法律法规对旅游景区的开发、利用和保护等做出了明确规范。

第一节 旅游景区概述

了解旅游景区的基本概念和类型，是了解旅游法律法规的前提。

一、旅游景区的界定

《旅游景区质量等级管理办法》第二条规定，旅游景区是指可接待旅游者，具有观赏憩、文化娱乐等功能，具备相应旅游服务设施并提供相应旅游服务，且具有相对完整管理系统的游览区。旅游景区具有以下特征：

（1）相对独立性。旅游景区作为客观存在的旅游活动的客体，是有一定边界范围的空间或地域，是存在于一定的空间区域内的场所设施，不可能是无边无际的，至少构成一个相对完整的具有统一管理系统的独立单位。

（2）游览休闲性。这是旅游景区的核心和主要功能，旅游景区因具有一定的审美价值、文化价值和娱乐价值而可供旅游者游览欣赏、体察品味、积极参与，从而获得某种美感享受、文化熏陶或者身心刺激，得到快乐、愉悦和放松，以消磨度假休闲时光。

（3）公众开放性。旅游景区面向社会大众，以吸引旅游者参加旅游活动为目的，满足旅游者求新、求异、求知、求美等精神需求，接待旅游者，为其旅游活动提供相应的服务。旅游服务一般是有偿的，特别情况下，也可能是无偿的。

二、旅游景区的类型

基于不同标准，对旅游景区可以做出不同的分类。按旅游景区的属性，可以分为四种类型：第一类是自然类旅游景区，以名山、大川、名湖和海洋为代表；第二类是人文类旅游景区,以人类在长期的历史演进过程中留下的遗迹、遗址为代表,如北京的故宫;第三类是主题公园类旅游景区,是人类现代科学技术和劳动的结晶,如深圳华侨城的主题公园;第四类是社会类旅游景区,区别于传统的旅游景区的概念,却是传统的发展和延伸,如工业旅游、观光农业旅游景区等。按景区的营利性,分为可分为商业性旅游景区与非商业性旅游景区。

三、旅游景区法律制度

(1)宪法层面的立法,它是旅游景区立法的法源。例如,《宪法》第二十二条第二款规定,国家保护名胜古迹、珍贵文物和其他重要历史文化遗产,明确地提出了要保护名胜古迹、珍贵文物等旅游资源。

(2)法律层面的立法,尤其是《旅游法》的出台,构成旅游景区立法的骨架。主要有:①《旅游法》对旅游景区的开发、利用和保护提出了原则性的规定,对景区开放条件、景区门票价格及公示制度、景区流量控制制度等做出了明确规定;②《中华人民共和国文物保护法》(以下简称《文物保护法》)对人文旅游资源的保护有专门完备的规定;③《海岛保护法》第十六条对海岛自然资源、自然景观及历史、人文遗迹的保护,做出了专门规定。

(3)行政法规和规章等规范性文件。有关旅游景区的行政法规主要有《自然保护区条例》(1994年)、《风景名胜区条例》(2006年)、《历史文化名城名镇名村保护条例》(2008年)等。有关旅游景区的行政规章主要有《旅游景区质量等级管理办法》(2012年)、《森林公园管理办法》(1994年)、《旅游资源保护暂行办法》(2007年)等。

(4)地方法规、规章等规范性文件。由地方立法机关或政府,依据本地旅游景区发展情况而制定的。目前省一级的专门立法只有海南省人大通过的《海南省旅游景区景点管理条例》(2011年),其他省份大都把旅游景区作为旅游要素之一统一规定在旅游条例中,如《北京市旅游管理条例》(1999年)、《上海市旅游条例》(2003年)、《山东省旅游条例》(2005年)、《云南省旅游条例》(2005年)、《辽宁省旅游条例》(2005年)、《陕西省旅游管理条例》(2005年)、《四川省旅游条例》(2006年)等,河北省政府出台了《旅游景区管理若干办法》(2012年)。另外,有一些市有专门规范旅游景区的规范性文件,如《乌鲁木齐市旅游景区管理条例》(2003年)、《济宁市旅游景区管理规定》(2008年)、《西宁市旅游景区景点管理办法》(2009年)、《宁波市旅游景区条例》(2010年)等。

第二节 旅游景区质量等级的划分与评定

旅游景区质量等级的划分与评定主要涉及旅游景区质量等级制度、旅游景区质量等级划分和评定程序等相关制度。

一、旅游景区质量等级制度

1999年9月30日，国家旅游局发布《旅游区（点）质量等级评定办法》，10月1日实施，标志着我国旅游景区质量等级制度的建立。几年后，国家旅游局进行了修订，以《旅游景区质量等级评定管理办法》施行。目前实施的是最新的《旅游景区质量等级管理办法》，以及作为配套的相关国家标准《旅游景区质量等级的划分与评定》（修订）（GB/T 17775—2003）及其评定细则。

质量等级制度指国家旅游主管部门根据规定的条件和程序，对申请的旅游景区评定其质量等级并授予相应证书标牌，以及进行质量等级监督管理的行为规则。

二、旅游景区质量等级划分

《旅游景区质量等级管理办法》第三条规定，凡在中华人民共和国境内正式开业一年以上的旅游景区，均可申请质量等级。旅游景区质量等级划分为5个等级，从低到高依次为1A级、2A级、3A级、4A级、5A级。该办法第十条、第十一条还规定，旅游景区质量等级的标牌、证书由全国旅游景区质量等级评定委员会统一制作，由相应评定机构颁发。旅游景区在对外宣传资料中应正确标明其等级。旅游景区质量等级标牌，须置于旅游景区主要入口显著位置。旅游景区可根据需要自行制作庄重醒目、简洁大方的质量等级标志，标志在外形、材质、颜色等方面要与景区特点相一致。

三、旅游景区质量等级评定程序

（一）旅游景区质量评定监督部门及其权限

原国家旅游局负责旅游景区质量等级评定标准、评定细则等的编制和修订工作，负责对全国旅游景区质量等级评定标准的实施进行管理和监督。

原国家旅游局设立全国旅游景区质量等级评定委员会，负责全国旅游景区质量等级评定工作的组织和实施，授权并督导省级及以下旅游景区质量等级评定机构开展评定工作。各省、自治区、直辖市人民政府旅游行政主管部门组织设立本地区旅游景区质量等级评定委员会，按照全国旅游景区质量等级评定委员会授权，负责本行政区域内旅游景区质量等级评定工作的组织和实施。

（二）旅游景区质量等级的评定条件和依据

1. 评定原则

旅游景区质量等级评定，遵循自愿申报、分级评定原则。

2. 评定条件和依据

根据旅游景区质量等级划分条件，确定旅游景区质量等级。《〈旅游景区质量等级评定与划分〉评定细则》包括三项细则，按照《服务质量与环境质量评分细则》《景观质量评分细则》，并结合《游客意见评分细则》评估得分综合进行。

等级评定的主要条件和依据是：①旅游交通；②旅游条件；③卫生状况；④旅游安全；⑤邮电服务；⑥旅游购物；⑦经营管理；⑧资源与环境的保护；⑨市场吸引力；⑩年接待旅游者规模；⑪旅游资源吸引力；⑫游客综合满意度。

（三）旅游景区（点）质量等级评定申报程序

1. 申请与受理

3A级及以下等级旅游景区由全国旅游景区质量等级评定委员会授权各省级旅游景区质量等级评定委员会负责评定，省级旅游景区评定委员会可向条件成熟的地市级旅游景区评定委员会再行授权。

4A级旅游景区由省级旅游景区质量等级评定委员会推荐，全国旅游景区质量等级评定委员会组织评定。

5A级旅游景区从4A级旅游景区中产生。被公告为4A级三年以上的旅游景区可申报5A级旅游景区。5A级旅游景区由省级旅游景区质量等级评定委员会推荐，全国旅游景区质量等级评定委员会组织评定。

申报材料要求包括：（1）旅游景区申请报告。由旅游景区向当地旅游景区质量等级评定机构（旅游局）提交（一式5份）。（2）区（市）县旅游局审定后报送申请报告，其中申报5A级、4A级旅游景区的申请报告（一式4份）由市旅游景区质量等级评定委员会转省旅游景区质量等级评定委员会；申报3A级、2A级、1A级旅游景区的申请报告（一式3份）提交市旅游景区质量等级评定委员会初评并向省旅游景区质量等级评定委员会推荐。（3）《旅游景区质量等级申请评定报告书》。《旅游景区质量等级申请评定报告书》的填写必须真实、齐全、符合要求，并由当地旅游景区评定机构（旅游局）审核签章（纸质文档4份、电子文档1份）。

2. 初评

旅游景区所在地景评委对景区的评定申请进行审核，有初评权限的直接进行初评，无初评权限的报有初评权限的上级景评委进行初评。初评达不到等级标准的，相应级别景评委应根据国家标准提出具体整改意见。

3. 整改

申请的景区应按照相关景评委提出的意见进行整改。该景评委审核后认为景区达到相应等级标准后，以正式文件形式向负责评定的景评委推荐。

4. 评定

有权景评委收到推荐材料后负责组织评定。评定工作一般分书面评定和现场评定两部分。现场评定工作由负责评定景评委派专家评定小组承担。评定小组采取现场检查、资料审核、抽样调查等方式进行现场评定。具体评定结果，有的是两部分结果出来后组织景评委会商确定，也有的只有书面审查通过的，才能进入现场评定环节。

5. 公告

通过评定的旅游景区，由负责评定的景评委批准其质量等级，并向社会公告，并报国家旅游景区质量等级评定委员会备案，但4A级、5A级旅游景区由全国旅游景区质量等级评定委员会公告。

四、监管与处理

（一）监管机构

各级旅游景区质量等级评定机构对所评旅游景区要进行监督检查和复核。监督检查采取重点抽查、定期明查和不定期暗访，以及社会调查、听取游客意见反馈等方式进行。

全国旅游景区质量等级评定委员会负责建立全国旅游景区动态监测与游客评价系统和景区信息管理系统，系统收集信息和游客评价意见，是对景区监督检查和复核依据之一。

（二）监管处理

对景区处理方式包括签发警告通知书、通报批评、降低或取消等级。

旅游景区接到警告通知书、通报批评、降低或取消等级的通知后，须认真整改，并在规定期限内将整改情况上报相应的等级评定机构。

旅游景区被处以签发警告通知书和通报批评处理后，整改期满仍未达标的，将给予降低或取消等级处理。凡被降低、取消质量等级的旅游景区，自降低或取消等级之日起一年内不得重新申请等级。

第三节　旅游景区监管制度

旅游景区监管制度主要包括旅游景区规划制度和旅游景区保护制度。

一、旅游景区规划制度

旅游景区规划是指为了保护、开发、利用和经营、管理某一特定旅游景区，使其发挥多种功能和作用而进行的各项旅游要素的统筹部署和具体安排。

《旅游法》第三章对于旅游规划设有专门规范，这是旅游规划首次被写入法律，具有重大意义。就相关条文来看，第二十一条可适用于旅游景区规划，即"对自然资源和文物等人文资源进行旅游利用，必须严格遵守有关法律、法规的规定，符合资源、生态保护和文物安全的要求，尊重和维护当地传统文化和习俗，维护资源的区域整体性、文化代表性和地域特殊性，并考虑军事设施保护的需要。有关主管部门应当加强对资源保护和旅游利用状况的监督检查。"无疑，这里确定了旅游景区规划应遵循的基本原则。

根据上述规定，结合其他相关条例，旅游景区规划的基本要求包括以下几方面。

（一）规划先行及审批

旅游景区开发应当委托具有相应资质等级的旅游规划单位编制旅游规划，经专家评审后报当地政府批准实施，并根据发展状况及时修编。

（二）保护优先，协调发展

旅游景区建设涉及利用自然资源的，应当采取严格的保护措施，不得破坏景观、污染环境；涉及利用历史人文资源的，应当保持其原有的历史风貌，不得擅自重建、改建、迁移、拆除。

旅游景区规划要与当地国民经济和社会发展规划、城乡总体规划、土地利用总体规划和旅游发展总体规划等相衔接。

（三）旅游景区规划分总体规划和详细规划

旅游景区总体规划的编制，应当体现人与自然和谐相处、区域协调发展和经济社会全面进步的要求，坚持"保护优先、开发服从保护"的原则，突出资源的自然特征、文化内涵和地方特色。总体规划的规划期一般为20年。

旅游景区详细规划应当根据核心景区和其他景区的不同要求编制，确定基础设施、旅游设施、文化设施等建设项目的选址、布局与规模，并明确建设用地范围和规划设计条件。

二、旅游景区保护制度

《旅游法》第四十五条规定了景区流量控制制度，作为法定保护的措施之一。根据这一规定，景区接待旅游者不得超过景区主管部门核定的最大承载量。景区应当公布景区主管部门核定的最大承载量，制定和实施旅游者流量控制方案，并可以采取门票预约等方式,对景区接待旅游者的数量进行控制。旅游者数量可能达到最大承载量时,景区应当提前公告并同时向当地人民政府报告,景区和当地人民政府应当及时采取疏导、分流等措施。

任何一个景区均受诸如道路、交通、餐饮、住宿、空间、环境、服务人员等因素的限制,其接待旅游者的数量和规模必将受到一定限制,因此有必要对旅游者的数量进行控制,即确定最大承载量[①]。所谓最大承载量是指在一段时间内,在维持景区正常运行的前提下,景区资源所能容纳的旅游者规模的最大数额。例如,如果一个旅游风景区一日最多能容纳2万人参观,则该景区每日的最大承载量为2万。最大承载量一般由景区主管部门(如当地旅游局或文物局)聘请相关专家经过科学估算,并经过试验或实践验证的一个数字。当景区接待旅游者超过了最大承载量,就会引发一系列不良后果:如会导致场地、道路、观景台等景区资源的不堪重负,景点设施的毁损;旅游者会因为过分拥挤而产生失望情绪,进而影响旅游者对景区的观感;景区秩序的维护会变得很困难,甚至发生踩踏等危险。例如,2012年10月2日,由于游客数量激增,超过了缆车的运送能力,陕西华山景区出现了上万名游客滞留的险情,甚至有打架斗殴的情况,一对年轻夫妻因被捅十余刀而住进医院,华山景区名声受损,管理者不能免其责[②]。可见,景区接待旅游者不是越多越好,须进行流量控制,数量不得超过景区主管部门核定的最大承载量。景区应当公布景区主管部门核定的最大承载量,让旅游者知情;还应当制定旅游者流量控制方案,并结合景区道路、景点、设施等具体情况,适时实施。此外,还可以采取门票预约等方式对景区接待旅游者的数量进行控制。目前,许多景区已经实施门票预约的方式,这对于了解旅游者的数量,控制客流具有很好的效果。

当旅游者数量可能达到最大承载量时,景区一方面有义务提前公告,让旅游者知情,以便安排行程;另一方面景区应当同时向当地人民政府报告,便于当地人民政府维持秩序,保护旅游者的安全。接到报告的当地人民政府有职责派出工作人员和景区一起及时采取疏导、分流等措施,维持景区秩序和旅游者的安全。

---

① 现在多采用"旅游环境承载量"一词,包括以下五个方面的内容:①旅游的资源承载量,指在一定时间内旅游资源的特质和空间规模能够容纳的旅游活动量;②旅游的生态环境承载量,指在一定时间内旅游接待地区的自然环境所能承受的最大限度的旅游活动量,此限度一旦被突破,旅游资源所处的自然环境就会被破坏;③旅游的经济发展承载量,指作为经济和社会发展到一定高度的产物的现代旅游,旅游接待能力也受到各国当地的经济和社会发展水平的限制,此限度就是旅游的经济发展承载量;④旅游的社会地域承载量,由于每个旅游接待地区的人口构成、宗教信仰、民情风俗和社会开化度不同,每个旅游地的居民与旅游者数量和行为方式也不相同,二者之间可能存在一个最大的容忍上限,此限度则被称为社会地域承载量;⑤感应气氛承载量,即游客的数量应限制在不破坏游兴的范围之内,否则就达不到旅游目的。

② 华山游客滞留,伤不起[EB/OL]. http://www.chinadaily.com.cn/hqpl/zggc/2012-10-06/content_7169734.html.

在实践中，景区违反本条规定的情形主要有：①景区接待旅游者超过了核定的最大承载量；②当旅游者数量可能达到最大承载量时，景区没有提前公告，或没有向当地人民政府报告，或没有及时采取疏导、分流等措施。对此，《旅游法》第一百零五条第二款规定，景区在旅游者数量可能达到最大承载量时，未依照本法规定公告或者未向当地人民政府报告，未及时采取疏导、分流等措施，或者超过最大承载量接待旅游者的，由景区主管部门责令改正，情节严重的，责令停业整顿一个月至六个月。

至于其他法律保护及措施散见于不同的法律中，主要有《风景名胜区条例》《自然保护区条例》及《文物保护法》等。

（一）风景名胜区的法律保护

为了加强对风景名胜区的管理，1985年6月7日，国务院发布了《风景名胜区管理暂行条例》，2006年9月19日，国务院发布《风景名胜区条例》（2006年12月1日起施行，《风景名胜区管理暂行条例》同时废止）。

《风景名胜区条例》第二条规定，所谓风景名胜区，是指具有观赏、文化或者科学价值，自然景观、人文景观比较集中，环境优美，可供人们游览或者进行科学、文化活动的区域。

1. 保护措施

风景名胜区内的一切景物和自然环境，必须严格保护，不得破坏、污染和随意改变。具体而言，对风景名胜区的保护措施主要包括以下几方面。

（1）风景名胜区的土地，任何单位和个人都不得侵占。我国法律明确规定风景名胜区的土地属于国家或集体所有，任何单位和个人都不得侵占。

（2）风景名胜区应当做好封山育林、植树绿化、防林防火和防治病虫害等工作，切实保护好林木植被和动植物种及其生长、栖息的环境。

（3）风景名胜区及其外围保护地带内的林木、不分权属都应当按照规划进行抚育管理，不得砍伐。确需进行更新扶育性采伐的，须经地方主管部门批准。

（4）在风景名胜区及其外围保护地带内严禁砍伐古树。一些具有数百年甚至上千年的古树以及珍稀名木，不仅具有重要的生态效应，也是人类社会的宝贵财富。

（5）在风景名胜区内采集标本、野生药材和其他林副产品，必须经管理机构同意，并应限定数量，且在指定的范围内进行。

（6）风景区的管理部门应当对风景名胜区内的重要景物、文物古迹、古树名木进行调查、鉴定，并制定保护措施，组织实施。

（7）禁止下列活动：开山、采石、开矿、开荒、修坟立碑等破坏景观、植被和地形地貌的活动；修建储存爆炸性、易燃性、放射性、毒害性、腐蚀性物品的设施；在景物或者设施上刻画、涂污；乱扔垃圾。

2. 法律责任

为了切实做好风景名胜区的保护工作，对违反有关规定者，《风景名胜区条例》规定了相应的行政责任（包括行政处罚和行政处分两类）和刑事责任。

首先是行政处罚，主要包括以下几点：

（1）有下列行为之一的，由风景名胜区管理机构责令停止违法行为、恢复原状或者限期拆除，没收违法所得，并处 50 万元以上 100 万元以下的罚款。①在风景名胜区内进行开山、采石、开矿等破坏景观、植被、地形地貌的活动的；②在风景名胜区内修建储存爆炸性、易燃性、放射性、毒害性、腐蚀性物品的设施的；③在核心景区内建设宾馆、招待所、培训中心、疗养院及与风景名胜资源保护无关的其他建筑物的。

（2）在风景名胜区内从事禁止范围以外的建设活动，未经风景名胜区管理机构审核的，由风景名胜区管理机构责令停止建设、限期拆除，对个人处 2 万元以上 5 万元以下的罚款，对单位处 20 万元以上 50 万元以下的罚款。

（3）个人在风景名胜区内进行开荒、修坟立碑等破坏景观、植被、地形地貌的活动的，由风景名胜区管理机构责令停止违法行为、限期恢复原状或者采取其他补救措施，没收违法所得，并处 1000 元以上 1 万元以下的罚款。

（4）在景物、设施上刻画、涂污或者在风景名胜区内乱扔垃圾的，由风景名胜区管理机构责令恢复原状或者采取其他补救措施，处 50 元的罚款；刻划、涂污或者以其他方式故意损坏国家保护的文物、名胜古迹的，按照治安管理处罚法的有关规定予以处罚。

（5）未经风景名胜区管理机构审核，在风景名胜区内进行下列活动的，由风景名胜区管理机构责令停止违法行为、限期恢复原状或者采取其他补救措施，没收违法所得，并处 5 万元以上 10 万元以下的罚款；情节严重的，并处 10 万元以上 20 万元以下的罚款。①设置、张贴商业广告的；②举办大型游乐等活动的；③改变水资源、水环境自然状态的活动的；④其他影响生态和景观的活动。

（6）施工单位在施工过程中，对周围景物、水体、林草植被、野生动物资源和地形地貌造成破坏的，由风景名胜区管理机构责令停止违法行为、限期恢复原状或者采取其他补救措施，并处 2 万元以上 10 万元以下的罚款；逾期未恢复原状或者采取有效措施的，由风景名胜区管理机构责令停止施工。

其次是行政处分，主要包括以下几点：

（1）县级以上地方人民政府及其有关主管部门批准实施在风景名胜区开山、采石、开矿，修筑储存爆炸性、易燃性、放射性设施，在核心区内建设宾馆、招待所、培训中心、疗养院及与风景名胜资源保护无关的其他建筑物的行为的，对直接负责的主管人员和其他直接责任人员依法给予降级或者撤职的处分。

（2）在国家级风景名胜区内修建缆车、索道等重大建设工程，项目的选址方案未经国务院建设主管部门核准，县级以上地方人民政府有关部门核发选址意见书的，对直接负责的主管人员和其他直接责任人员依法给予处分。

（3）风景名胜区管理机构有下列行为之一的，由设立该风景名胜区管理机构的县级以上地方人民政府责令改正；情节严重的，对直接负责的主管人员和其他直接责任人员给予降级或者撤职的处分。①超过允许容量接纳游客或者在没有安全保障的区域开展游览活动的；②未设置风景名胜区标志和路标、安全警示等标牌的；③从事以营利为目的的经营活动的；④将规划、管理和监督等行政管理职能委托给企业或者个人行使的；⑤允许风景名胜区管理机构的工作人员在风景名胜区内的企业兼职的；⑥审核同意在风景名胜区内进行不符合风景名胜区规划的建设活动的；⑦发现违法行为不予查处的。

（4）国务院建设主管部门、县级以上地方人民政府及其有关主管部门有下列行为之一的，对直接负责的主管人员和其他直接责任人员依法给予处分。①违反风景名胜区规划在风景名胜区内设立各类开发区的；②风景名胜区自设立之日起未在 2 年内编制完成风景名胜区总体规划的；③选择不具有相应资质等级的单位编制风景名胜区规划的；④风景名胜区规划批准前批准在风景名胜区内进行建设活动的；⑤擅自修改风景名胜区规划的；⑥不依法履行监督管理职责的其他行为。

最后是刑事责任。以上行为违反有关森林保护、环境保护、文物保护等法律法规情节严重，构成犯罪的，追究其刑事责任。

（二）自然保护区的法律保护

为了加强自然保护区的建设和管理，依法保护自然资源和特殊环境，1994 年 10 月 9 日，国务院颁布了《自然保护区条例》。

根据《自然保护区条例》第二条的规定，自然保护区是指对有代表性的自然生态系统、珍稀濒危野生植物物种的天然集中分布地、有特殊意义的自然遗迹等保护对象所在的陆地、陆地水体或者海域，依法划出一定面积予以特殊保护和管理的区域。

自然保护区可以分为核心区、缓冲区和实验区。①核心区。是自然保护区内保存完好的天然状态的生态系统及珍稀、濒危动植物的集中分布地，禁止任何单位和个人进入；除依照本条例第二十七条的规定经批准外，也不允许进入从事科学研究活动。②缓冲区。核心区外围可以划定一定面积的缓冲区，只准进入从事科学研究观测活动。③实验区。缓冲区外围划为实验区，可以进入从事科学试验、教学实习、参观考察、旅游，以及驯化、繁殖珍稀、濒危野生动植物等活动。原批准建立自然保护区的人民政府认为必要时，可以在自然保护区的外围划定一定面积的外围保护地带。

1. 保护措施

关于自然保护区的保护措施，主要包括以下几点：

（1）禁止在自然保护区内进行砍伐、放牧、狩猎、捕捞、采药、开垦、烧荒、开矿、采石、挖沙等活动。但是，法律、行政法规另有规定的除外。

（2）禁止任何人进入自然保护区的核心区，除非从事科研活动的人员经过特别批准。禁止在自然保护区的缓冲区开展旅游和生产经营活动。在实验区内，不得建设污染环境、破坏资源或者景观的生产设施；建设其他项目，其污染物排放不得超过国家和地方规定的污染物排放标准。在实验区内已经建成的设施，其污染物排放超过国家和地方规定的排放标准的，应当限期治理；造成损害的，必须采取补救措施。在自然保护区的外围保护地带建设的项目，不得损害自然保护区内的环境质量；已造成损害的，应当限期治理。

（3）积极应对突发事件。因发生事故或者其他突然性事件，造成或者可能造成自然保护区污染或者破坏的单位和个人，必须立即采取措施处理，及时通报可能受到危害的单位和居民，并向自然保护区管理机构、当地环境保护行政主管部门和自然保护区行政主管部门报告，接受调查处理。

（4）相关主体的义务包括：在自然保护区内的单位、居民和经批准进入自然保护区的人员，必须遵守自然保护区的各项管理制度，接受自然保护区管理机构的管理。一切单位和个人都有保护自然保护区内自然环境和自然资源的义务，并有权对破坏、侵占自然保护区的单位和个人进行检举、控告。

2. 法律责任

对于违法者，《自然保护区条例》规定了行政法律责任和刑事法律责任，主要包括以下几点。

首先是行政处罚。《自然保护区条例》第三十四、三十五条规定，单位和个人有下列行为的，依法给予行政处罚（根据情节，给予100元至5000元或300元至1万元的罚款）。

（1）擅自移动或者破坏自然保护区界标的。

（2）未经批准进入自然保护区或者在自然保护区内不服从管理机构管理的。

（3）经批准在自然保护区的缓冲区内从事科学研究、教学实习和标本采集的单位和个人，不向自然保护区管理机构提交活动成果副本的。

（4）违反规定，在自然保护区进行砍伐、放牧、狩猎、捕捞、采药、开垦、烧荒、开矿、采石、挖沙等活动的。

其次是行政处分。《自然保护区条例》第三十七条规定，自然保护区管理机构违反本条例规定，有下列行为之一的，对直接责任人员，由其所在单位或者上级机关给予行政处分。

（1）未经批准在自然保护区开展参观、旅游活动的。
（2）开设与自然保护区保护方向不一致的参观、旅游项目的。
（3）不按照批准的方案开展参观、旅游活动的。
（4）违法批准人员进入自然保护区的核心区，或者违法批准外国人进入自然保护区的。
（5）有其他滥用职权、玩忽职守、徇私舞弊行为的。

最后是刑事责任。《自然保护区条例》第三十九、四十条规定，有下列行为的，依法追究刑事责任。
（1）妨碍自然保护区管理人员执行公务，情节严重，构成犯罪的。
（2）直接负责的主管人员和其他直接责任人员，违反规定，造成自然保护区重大污染或者破坏事故，导致公私财产重大损失或者人身伤亡的严重后果，构成犯罪的。
（3）自然保护区管理人员滥用职权、玩忽职守、徇私舞弊，构成犯罪的。

（三）文物的法律保护

1982年11月19日，第五届人大常委会就通过并颁布了《中华人民共和国文物保护法》。1991年、2002年、2007年先后三次对该法进行修改。此外，还有一系列保护文物的行政法规、规章及相关的国际公约。

1. 保护措施

首先，明确文物保护范围及文物级别。文物是指人类在历史发展过程中遗留下来的遗物、遗迹。文物属于不可再生的旅游资源，因此，国家通过专门立法来保护我国的文物。《文物保护法》第二条规定，在中华人民共和国境内，下列文物受国家保护。
（1）具有历史、艺术、科学价值的古文化遗址、古墓葬、古建筑、石窟寺和石刻、壁画。
（2）与重大历史事件、革命运动或者著名人物有关的，以及具有重要纪念意义、教育意义或者史料价值的近代现代重要史迹、实物、代表性建筑。
（3）历史上各时代珍贵的艺术品、工艺美术品。
（4）历史上各时代重要的文献资料以及具有历史、艺术、科学价值的手稿和图书资料等。
（5）反映历史上各时代、各民族社会制度、社会生产、社会生活的代表性实物。

文物认定的标准和办法由国务院文物行政部门制定，并报国务院批准。该法第三条第二款规定，历史上各时代重要实物、艺术品、文献、手稿、图书资料、代表性实物等可移动文物，分为珍贵文物和一般文物；珍贵文物分为一级文物、二级文物、三级文物。

其次，规定文物保护单位。该法第三条第一款规定，古文化遗址、古墓葬、古建筑、石窟寺、石刻、壁画、近代现代重要史迹和代表性建筑等不可移动文物，根据它们的历史、艺术、科学价值，可以分别确定为全国重点文物保护单位，省级文物保护单位，市、县级文物保护单位。

再次，明确文物所有权。文物所有权分为国家所有、集体所有和私人所有3种。

归国家所有的文物包括：中华人民共和国境内地下、内水和领海中遗存的一切文物；古文化遗址、古墓葬、石窟寺属于国家所有。国家指定保护的纪念建筑物、古建筑、石刻、壁画、近代现代代表性建筑等不可移动文物，除国家另有规定的以外，属于国家所有。下列可移动文物，属于国家所有：①中国境内出土的文物，国家另有规定的除外；②国有文物收藏单位以及其他国家机关、部队和国有企业、事业组织等收藏、保管的文物；③国家征集、购买的文物；④公民、法人和其他组织捐赠给国家的文物；⑤法律规定属于国家所有的其他文物。

归集体所有和私人所有的文物包括：属于集体所有和私人所有的纪念建筑物、古建筑和祖传文物及依法取得的其他文物。

最后，规定了文物的修缮维护。国有不可移动文物由使用人负责修缮、保养；非国有不可移动文物由所有人负责修缮、保养。非国有不可移动文物有损毁危险，所有人不具备修缮能力的，当地人民政府应当给予帮助；所有人具备修缮能力而拒不依法履行修缮义务的，县级以上人民政府可以给予抢救修缮，所需费用由所有人负担。

此外，《文物保护法》还规定了"历史文化名城"等内容。历史文化名城是指保存文物特别丰富并且具有重大历史价值或者革命纪念意义的城市。它在我国的文物保护中居特别重要的地位。

2.法律责任

为加强对文物的保护，惩治各种违法行为，《文物保护法》规定的法律责任，主要包括以下几方面。

首先是行政责任，具体包括以下几点：

（1）该法第六十六条规定，擅自在文物保护单位的保护范围内进行建设工程或者爆破、钻探、挖掘等作业的；在文物保护单位的建设控制地带内进行建设工程，其工程设计方案未经文物行政部门同意、报城乡建设规划部门批准，对文物保护单位的历史风貌造成破坏的；擅自迁移、拆除不可移动文物的；擅自修缮不可移动文物，明显改变文物原状的；擅自在原址重建已全部毁坏的不可移动文物，造成文物破坏的；施工单位未取得文物保护工程资质证书，擅自从事文物修缮、迁移、重建的，处5万元以上50万元以下的罚款；情节严重的，由原发证机关吊销资质证书。

（2）该法第六十七条规定，在文物保护单位的保护范围内或者建设控制地带内建设污染文物保护单位及其环境的设施的，或者对已有的污染文物保护单位及其环境的设施未在规定的期限内完成治理的，由环境保护行政部门依照有关法律、法规的规定给予处罚。

（3）该法第七十条规定，文物收藏单位未按照国家有关规定配备防火、防盗、防自然损坏的设施的；国有文物收藏单位法定代表人离任时未按照馆藏文物档案移交馆藏文物，或者所移交的馆藏文物与馆藏文物档案不符的；将国有馆藏文物赠与、出租或者出售给其他单位、个人的；违法处置国有馆藏文物的；违法挪用或者侵占依法调拨、交换、出借文物所得补偿费用，尚不构成犯罪的，由县级以上人民政府文物主管部门责令改正，并处2万元以下的罚款，有违法所得的，没收违法所得。

（4）该法第七十一条规定，买卖国家禁止买卖的文物或者将禁止出境的文物转让、出租、质押给外国人，尚不构成犯罪的，由县级以上人民政府文物主管部门责令改正，没收违法所得，违法经营额1万元以上的，并处违法经营额2倍以上5倍以下的罚款；违法经营额不足1万元的，并处5000元以上2万元以下的罚款。

（5）该法第七十二条规定，未经许可，擅自设立文物商店、经营文物拍卖的拍卖企业，或者擅自从事文物的商业经营活动，尚不构成犯罪的，由工商行政管理部门依法予以制止，没收违法所得、非法经营的文物，违法经营额5万元以上的，并处违法经营额2倍以上5倍以下的罚款；违法经营额不足5万元的，并处2万元以上10万元以下的罚款。

（6）该法第七十三条规定，文物商店从事文物拍卖经营活动的；经营文物拍卖的拍卖企业从事文物购销经营活动的；文物商店销售的文物、拍卖企业拍卖的文物，未经审核的；文物收藏单位从事文物的商业经营活动的，由工商行政管理部门没收违法所得、非法经营的文物，违法经营额5万元以上的，并处违法经营额1倍以上3倍以下的罚款；违法经营额不足5万元的，并处5000元以上5万元以下的罚款；情节严重的，由原发证机关吊销许可证书。

其次是刑事责任。该法第六十四条规定，有下列行为之一，构成犯罪的，依法追究刑事责任：①盗掘古文化遗址、古墓葬的；②故意或者过失损毁国家保护的珍贵文物的；③擅自将国有馆藏文物出售或者私自送给非国有单位或者个人的；④将国家禁止出境的珍贵文物私自出售或者送给外国人的；⑤以牟利为目的倒卖国家禁止经营的文物的；⑥走私文物的；⑦盗窃、哄抢、私分或者非法侵占国有文物的；⑧应当追究刑事责任的其他妨害文物管理行为。

根据该法第七十六条、第七十八条的相关规定，文物行政管理机关、公安机关、工商行政管理部门、海关、城乡建设规划部门和其他国家机关工作人员滥用职权、玩忽职守、徇私舞弊、造成珍贵文物损毁或者流失，情节严重，构成犯罪的，均依法追究刑事犯罪责任。

第四节　旅游景区与游客之间的权利义务关系

旅游景区在经营过程中，会与各种市场主体，包括其他经营者、政府及游客发生各种法律关系，最重要的莫过于旅游景区与游客之间的旅游法律关系。游客购买并接受景区旅游服务而产生的旅游法律关系，以旅游合同关系为基础。尽管也会发生票价、服务质量不达标等合同纠纷，最多的却是游客在旅游过程中受到人身伤害而与旅游景区之间产生的侵权纠纷。游客伤亡，谁来担责。很大程度上取决于旅游景区对其所负的安全保障义务的履行状况。因此，旅游景区与游客之间的法律关系是以安全保障义务为核心展开的。

一、旅游景区的安全保障义务

安全保障义务就是对特定人的人身、财产负有照顾、保护义务的人应当为一定行为或不为一定行为，以避免侵害他人合法权益。

（一）旅游景区安全保障义务的法律依据

最高人民法院《审理人身损害赔偿案件适用法律若干问题的解释》第六条（2004 年 5 月 1 日施行）规定，从事住宿、餐饮、娱乐等经营活动或者其他社会活动的自然人、法人、其他组织，未尽合理限度范围内的安全保障义务致使他人遭受人身损害，赔偿权利人请求其承担相应赔偿责任的，人民法院应予支持。

因第三人侵权导致损害结果发生的，由实施侵权行为的第三人承担赔偿责任。安全保障义务人有过错的，应当在其能够防止或者制止损害的范围内承担相应的补充赔偿责任。安全保障义务人承担责任后，可以向第三人追偿。赔偿权利人起诉安全保障义务人的，应当将第三人作为共同被告，但第三人不能确定的除外。

侵权责任法第三十七条规定，宾馆、商场、银行、车站、娱乐场所等公共场所的管理人或者群众性活动的组织者，未尽到安全保障义务，造成他人损害的，应当承担侵权责任。

因第三人的行为造成他人损害的，由第三人承担侵权责任；管理人或者组织者未尽到安全保障义务的，承担相应的补充责任。

《旅游法》第六章专章规定了旅游安全问题。结合旅游景区经营情况，适用于旅游景区的法律规定包括：景区流量控制，景区安全保障。根据《旅游法》第四十二条规定,景区开放应当具备下列条件,并听取旅游主管部门的意见。①有必要的旅游配套服务和辅助设施;②有必要的安全设施及制度,经过安全风险评估,满足安全条件;③有必要的环境保护设施和生态保护措施;④法律、行政法规规定的其他条件。

景区是旅游者参观游览的地方,是开展旅游活动的核心区域。因此,景区本身的品质及管理水平如何直接关系着旅游者的旅游目的能否圆满实现,进而对旅游业的健康持续发展产生影响。《旅游法》首次以法律条文的方式确立了景区开放所应具备的条件。根据本条规定,旅游景区开放应当具备四个条件,分别是配套服务和辅助设施条件、安全条件、环境和生态保护条件和其他条件。其中,配套服务和辅助设施条件、安全条件、环境和生态保护条件是所有景区开放都必须具备的条件;其他条件则是法律、法规针对不同类型、不同区域的景区开放规定的特别条件。本条所规定的各项要求,是景区开放的法定强制性条件,任何景区都应遵守,否则要承担相应的法律责任。《旅游法》第105条对此做出了规定,景区不符合本法规定的开放条件而接待旅游者的,由景区主管部门责令停业整顿直至符合开放条件,并处2万元以上20万元以下罚款。

首先,景区开放应当具备必要的旅游配套服务和辅助设施。旅游配套服务是指景区为帮助旅游者实现更好、更方便的旅行和游览,享受旅游带来的乐趣而向其提供的各种服务,具体包括接待服务、解说服务及其他配套服务。接待服务又包括票务服务、闸口服务(指景区服务人员的检票与验票工作)、咨询服务和投诉处理服务。解说服务包括导游解说服务、物化解说服务(指通过印刷品、音像解说系统、标示牌等设施设备向旅游者提供自助信息服务或为导游提供辅助解说服务)。其他配套服务包括餐饮服务、住宿服务、交通服务、娱乐服务、购物服务等。旅游辅助设施即旅游服务设施,是指为适应旅游者在景区旅行游览中的需要、方便向其提供服务而建设的各种物质设施,是发展旅游业不可缺少的物质基础,主要包括旅游饭店(宾馆)、旅游交通及各种文化娱乐、体育、疗养等物资设备。将必要的旅游配套服务和辅助设施作为景区开放的必备条件,可以满足旅游者的各项实际需要,提升旅游者对景区的旅游体验和舒适度,有助于景区持续健康发展。在实践中,景区应当注意完善以下服务和设施:①建设景区接待中心,为旅游者提供景区介绍、旅游咨询、导游、通信、休息等旅游服务和相关设施,处理旅游者的投诉,对其进行安全提示等;②建设布局合理、顺畅、美观的景区内部交通和停车场;③应当配备供旅游者餐饮、住宿、娱乐、购物等的场所和物资设备;④景区应当为特殊旅游者提供特殊服务和设施,如设置无障碍通道,提供轮椅、拐杖、婴儿车等辅助工具。

其次,景区开放应当具备必要的安全设施及制度,经过安全风险评估,满足安全条件。景区安全设施是指景区在提供旅游产品和服务的过程中,将危险、有害因素控制在安全范围内，以及减少、预防和消除危害所应有的设备和采取的措施。景区安全制度是指为了保障旅游者以及景区工作人员的人身、财产安全，预防各类安全事故的发生而制定的管理制度，包括景区食品安全制度、交通安全管理制度、消防安全管理制度，还包括景区安全预警制度、应急救援制度等。安全风险评估就是从风险管理角度，运用科学的方法和手段，系统地分析景区安全所面临的威胁及其存在的脆弱性，评估安全事件一旦发生可能造成的危害程度，提出有针对性的抵御威胁的防护对策和整改措施。景区必须具备必要的安全设施和安全管理制度，通过安全风险评估，才能满足开放的安全条件。之所以将安全条件作为景区开放的必备条件，一是因为安全是旅游的前提和基础，是旅游者最重要、最基本的权利，而保障旅游者的安全是旅游经营者最基本的义务。二是景区环境复杂多变，旅游者往往缺少专业知识，容易发生安全问题。这些安全问题主要有犯罪、自然灾害事故、交通事故、火灾事故等。另外，景区的安全状况直接关系着旅游质量的高低，从而影响景区的收益水平及其后续发展。在实践中，景区为满足开放的安全条件，应当符合以下要求：①认真贯彻执行国家制定、颁布的安全法规，保证景区的服务设施达到国家安全标准；②保证消防、机电、交通、救护等设备齐全、完好，游览、娱乐设备不存在安全隐患；③有完善的安全保卫制度和突发事件应急处理预案，能够及时、有效地处理安全事故；④完善紧急救援机制，设立相应规模的医疗机构，配备足够的医务人员；⑤投保景区安全责任保险，保证因安全事件的发生而受到损害的旅游者得到及时的赔偿。

再次，景区开放应当具备必要的环境保护设施和生态保护措施。之所以要求景区必须具备必要的环保条件，是因为良好的生态环境是旅游业发展的基础。然而，伴随着旅游业的快速发展和旅游者群体的迅速扩张，旅游与景区生态环境的矛盾日益突出，旅游给景区的生态环境带了各种损害。这些损害主要体现在水污染、土壤污染、大气污染、噪声污染等方面。上述生态环境问题的产生既有旅游资源开发、基础设施建设及旅游者活动的原因，也有景区自身环保措施不当、设施短缺的原因。在开放之前，景区必须要具备以下环保条件：①景区内应当安置数量充足、布局合理、美观而洁净的厕所以及分类垃圾箱，设置明显的指示标志并安排专职人员及时清理；②采取必要措施保护景区内的动植物，保障其正常的生存环境不受旅游活动的破坏；③设置环保标语、印发环保宣传册等，开展环保宣传，强化旅游者的环保意识；④设置环境监测部门，严格执行环保法律法规，随时监测景区环境质量，对景区内的环保隐患定期排查；⑤建设景区的垃圾处理厂或中转站，配备污水处理设施、完善排水系统等。

最后，景区开放应当具备法律、行政法规规定的其他条件。这项规定是本条中的一个"兜底条款"，用以弥补前三个基本条件的缺漏之处，它要求景区开放还应当具备《旅游法》以外的其他法律、行政法规针对不同类型、不同区域的景区规定的特别开放条件。比如，2008年国务院颁布的《历史文化名城名镇名村保护条例》第七条规定，具备下列条件的城市、镇、村庄，可以申报历史文化名城、名镇、名村：①保存文物特别丰富；②历史建筑集中成片；③保留着传统格局和历史风貌；④历史上曾经作为政治、经济、文化、交通中心或者军事要地，或者发生过重要历史事件，或者其传统产业、历史上建设的重大工程对本地区的发展产生过重要影响，或者能够集中反映本地区建筑的文化特色、民族特色。申报历史文化名城的，在所申报的历史文化名城保护范围内还应当有2个以上的历史文化街区。上述规定既是历史文化名城名镇名村的申请条件，也是其以"历史文化名城名镇名村"的名义设立景区的开放条件。

（3）景区安全警示。旅游景区经营者应当就旅游活动中的下列事项，以明示的方式事先向旅游者做出说明或者警示。第一，正确使用设施设备或者接受服务的方法。第二，预防危害的方法和必要的安全防范、应急措施。第三，未向旅游者开放的经营、服务场所和设施设备。第四，不适宜参加活动的群体。第五，可能危及旅游者人身、财产安全的其他情形。

（4）景区事故救助处置。突发事件或者旅游安全事故发生后，旅游景区经营者应当立即采取必要的救助和处置措施，依法履行报告义务，并妥善处理善后事宜。

（二）安全保障义务的具体内容

结合上述法律，以及旅游景区业务的实际，旅游景区经营者对旅游者所负的安全保障义务至少包括：①旅游设施、设备安全；②场地、环境安全；③旅游服务内容、过程安全；④警示安全；⑤危险防范；⑥说明、劝告和救助义务；⑦法律、行政法规、规章、地方法规和规章及行业规范所要求的其他安全方面的义务。

上述安全保障义务，大致可分为硬件和软件安全保障义务两大类。

首先，从硬件安全保障义务方面看，主要包括以下内容。

（1）静态要求。旅游景区内的建筑物、游乐设施、配套设施设备应当安全可靠，有国家强制标准的应当符合强制标准的要求；没有国家强制标准的，应当符合行业标准或者达到进行此等经营所需要达到的安全标准。这是对硬件设备符合安全要求的静态的义务。对于安全设施的要求包括：第一，应设置安全通道，时刻保持畅通。第二，设置安全栅栏。第三，设置防火设备，配备专人管理，定期检查。第四，有报警设施，并按消防安全装置标准设置警报器和火警电话标志。第五，有处理意外事故的急救设施设备。第六，有残疾人安全通道和残疾人使用的设施。第七，应设置为游客服务的医务室，位置合理，标志明显。

（2）动态要求。建筑物、游乐设施、相关配套设施还必须由经营者进行经常的、勤勉的维护，使它们处于良好运行状态。这是对旅游景区经营者的动态的要求,它要求服务场所的建筑物、游乐设施、相关配套设施在整个运营过程中一直符合安全标准。比如,电梯要经常性的维护,确保运转正常;灭火器材要及时换药粉;安全出口不能上锁;安全出口不能被占用、堆放物品,影响疏散通道的畅通;消防栓、灭火器材不能被遮挡、压埋。只有这样才能在硬件方面给游客一个安全的消费环境。

(3) 具体措施。第一,加强安全检查,除进行日、周、月、节假日前和旺季开始前的例行检查外,游乐设施设备必须按规定每年全面检修一次,严禁设备带故障运转。第二,每日运营前的例行安全检查要认真负责,建立安全检查记录制度。没有安全检查人员签字的设施、设备不能投入营业。第三,详细做好安全运行状态记录。严禁使用超过安全期限的游乐设施、设备载客运转。第四,凡遇恶劣天气或游乐设施机械故障时,须有应急、应变措施。由此停业时,应对外公告。

其次,从软件保障义务方面看,主要包括如下内容。

(1) 保安人员的要求。经营者对于可能出现的危险应当采取必要的安全防范措施,配备数量足够的、合格的安全保障人员。应有保安人员的巡逻制度,防御来自第三方的侵害,不懈怠、脱岗,不在工作时醉酒、睡觉等,以维护景点秩序,制止治安纠纷。

(2) 服务人员的要求。操作前应注意:每天运营前须做好安全检查,营业前试机运行不少于两次,确认一切正常后,才能开机营业。操作中应注意:向游客详细介绍游乐规则、游乐设施操纵方法及有关注意事项。谢绝不符合游乐设施乘坐条件的游客参与游艺活动。引导游客正确入座高空旋转游乐设施,严禁超员,不偏载,系好安全带。维持秩序,劝阻游客远离安全栅栏,上下游乐设施秩序井然。开机前先鸣铃提示,确认无任何险情时方可再开机。游乐设施在运行中,操作人员严禁擅自离岗。密切注意游客动态,及时制止个别游客的不安全行为。操作后应注意:整理、清扫、检查各承载物、附属设备及游乐场地,确保其整齐有序,清洁干净,无安全隐患。做好当天游乐设备运转情况记录。

(3) 不安全因素的提示、说明、劝告、协助义务。事前应注意:在正门附近显著位置设立中英文对照的《游客须知》;引导标志,各主要通道、岔路口应在适当的位置设置引导标牌。室内项目要有醒目的出入口标志。对容易发生危险的部位,应有明显的提醒游客注意的警告标志,如水坑危险,雨后路滑等。上述标志应当内容准确,文字规范,字迹清晰,符号标准,表面无浮尘,无油漆剥落造成的缺句少字。标志应在醒目的位置设立,清晰易辨,不应设在可移动的物体上,以免这些物体位置被移动后,导致游客看不见标志。标志应随时检查,发现有变形、破损或变色的,应及时整修或更换。各游乐项目的入口处,应在显著的地方设置该项目的《游园规则》。广播要反复宣传,提醒游客注意安全,防止意外事故发生。随时向游客报告天气变化情况。为游客设置避风、避雨的安全场所或具备其他保护措施。在游乐活动开始前,应对游客进行安全知识讲解和安全事项说明,具体指导游客正确使用游乐设施,确保游客掌握游乐活动的安全要领。某些游乐活动如有游客健康条件要求,或不适合某种疾病患者参与的,应在该项活动入门处以"警告"方式予以公布。当然,事先的安全警示的方式应当是多样的,标志牌、广播宣传、口头、书面小册子都可采用。

事中应注意:在游乐过程中,应密切注视游客安全状态,适时提醒游客注意安全事项,及时纠正游客不符合安全要求的行为举止,排除安全隐患。对于可能出现的危险应当对游客进行合理的说明,对于有违安全的游客应当进行劝告,必要时通知公安部门采取必要的强制措施。

事后应注意:如遇游客发生安全意外事故,应按规定程序采取救援措施,认真、负责地做好善后处理。对于已经或正在发生的危险,应进行积极救助,以避免损害的发生或减少损失。例如,游客在景点受到外来侵袭发生危险时,保安及其他工作人员应当帮助共同对付危险或正在侵袭的歹徒。

(三)旅游景区违反安全保障义务的民事责任

最先明文提及安全保障义务的是最高人民法院的《审理人身损害赔偿案件适用法律若干问题的解释》,《中华人民共和国侵权责任法》(以下简称《侵权责任法》)第三十七条有关规定把安全保障义务上升为法定义务。旅游景区经营者需要尽安全保障义务却没有尽这种义务,给旅游者造成人身或财产损害的,就具有过错,应当承担相应的民事责任。

1. 直接责任

旅游景区经营者为自己的侵权行为负责的,就是直接责任。承担直接责任的构成要件为:①经营者的经营活动引起正当信赖,如信赖其环境设施的正常利用符合安全性要求;②损害发生于经营者的危险控制范围;③对发生损害的潜在危险经营者能够合理予以控制;④损害结果的发生没有第三者行为的介入。

2. 补充责任

因第三人的行为造成他人损害的,由第三人承担侵权责任;管理人或者组织者未尽到安全保障义务的,承担相应的补充责任。同时规定,安全保障义务人承担补充责任后,可以向第三人追偿。赔偿权利人起诉安全保障义务人的,应当将第三人作为共同被告,但第三人不能确定的除外。

首先,受害游客在旅游景区受到人身或者财产损害后,应当由加害人承担民事责任。其次,在无法确认加害人或者加害人没有能力承担赔偿责任的情况下,由对其负有安全保障义务的经营者承担补充责任。最后,如果负有安全保障义务的责任人证明自己的行为没有过错的,也就是尽到了必要的注意的,免除其责任。

经营者承担补充责任的构成要件为：①第三人的侵权行为是损害事实发生的直接根本原因；②经营者对侵权的发生未尽安全保障义务，是侵权成立的条件，但非原因；③第三人侵权与经营者的不作为行为发生竞合。符合以上条件的，经营者应承担补充赔偿责任。经营者在承担了补充责任之后，获得对加害人或者其他赔偿义务人的追偿权，这是一种单向的追偿权，经营者可以向终局责任人，即直接侵权的第三人追偿。

（四）旅游景区的免责抗辩

1. 受害人过错

受害人过错作为一种免责抗辩，《侵权责任法》第二十六、二十七条有明确规定。损害是因受害人故意造成的，行为人不承担责任。被侵权人对损害的发生也有过错的，可以减轻侵权人的责任。

2. 不可抗力

《侵权责任法》第二十九条规定，因不可抗力造成他人损害的，不承担责任。法律另有规定的，依照其规定。

3. 受害人同意

受害人同意作为一种免责事由，是指由于受害人事先明确表示自己愿意承担某种损害后果，在其同意承担的损害后果的范围内受害的，加害人不承担民事责任。侵权责任法等对此并无明确规定，为了解决实际生活中涉及受害人同意的案件，谨慎承认这种抗辩是必要的。游客参加高风险的旅游项目，如蹦极、攀岩或者冰上运动等，就应当预料到可能发生一定程度的危险，可以认为游客参加这些活动，就已了解其危险性。此时，如果游客受伤，而经营者又没有故意或者重大过失，应当解释为"受害人同意"，无须承担民事责任。

二、游客对景区的义务

除非另有约定，付费进入景区是旅游者的基本义务。游客在游览旅游景区过程中，应当遵守有关法律、法规的规定和社会公德，保护旅游资源、环境和设施，遵守旅游景区安全、卫生等管理规定，禁止下列行为：①乱扔废弃物和倾倒垃圾；②攀折、刻划树木和采摘花卉；③在文物、景物上涂写、刻划、张贴；④从事封建迷信活动，酗酒滋事；⑤擅自摆摊设点，兜售物品；⑥焚烧树叶、荒草、垃圾，在禁火区内吸烟、动用明火；⑦损毁景物、林木植被和公用设施；⑧捕猎野生动物；⑨法律、法规禁止的其他行为。

另外，《旅游法》第十三条至第十六条规定的旅游者义务，包括旅游者的文明旅游义务、不得损害他人合法权益的义务、如实告知义务、遵守安全警示的义务、配合义务、不得非法滞留和擅自分团、脱团的义务，以及其他相关条款规定的旅游者义务，对于在景区游览的旅游者都适用。具体而言：①文明旅游义务；②不得损害他人合法权益的义务；③如实告知义务；④遵守安全警示的义务；⑤配合义务，包括景区实施流量控制时，游客应当予以配合的义务；⑥购买、接受旅游服务时，应当向旅游经营者如实告知与旅游活动相关的个人健康信息；⑦付费义务，包括游客在接受国家或者社会公共组织的救助后，应当支付应由个人承担的费用；等等。

【思考题】

1. 试述旅游景区质量等级制度的主要内容。
2. 什么是旅游景区保护制度？
3. 试述旅游景区对游客的安全保障义务。
4. 旅游景区对游客诉讼的抗辩事由有哪些？
5. 游客对景区应当承当什么义务？为什么游客要承担文明旅游的义务？

第十一章

旅游新业态法律制度

我国传统的旅游业态主要包括饭店、旅行社及景区三种形态。但随着旅游方式多样化、个性化的发展，加之我国旅游业信息化、民生化的加速推进，各种新型旅游活动和方式不断出现，从而催生了一些新型旅游业态。目前针对这些新型旅游业态的监管，我国尚未建立起体系化的法律制度。因此，本章根据《旅游法》及相关法律法规，对旅游新业态监管提出一些制度性的建设，供学习者参考。

第一节 民俗和乡村旅游经营法律制度

一、民俗和乡村旅游的概念

民俗旅游和乡村旅游是两种不同类型的旅游活动。民俗旅游又可称为民俗风情旅游，是指人们离开常住地，到异地去以地域民俗事项为主要观赏内容而进行的文化旅游活动的总称[①]。民俗旅游可以分为两类：一类是都市民俗旅游；另一类是乡村民俗旅游。乡村旅游是指以农村田园景观和农业生产活动为依托，以农家生活为特色，以乡村休闲度假、农业观光游览、民俗风情体验等为主要内容的旅游休闲方式，主要包括农家乐经营户、休闲观光农业园区（点）、乡村旅游景区（点）、农家乐休闲旅游村等基本形式。

民俗旅游和乡村旅游有非常密切的联系，有些民俗旅游就是以存在于乡村的民间习俗为资源依托而开展的旅游活动，因而可以称之为乡村的民俗旅游；而有些乡村旅游则是以观赏或体验各种乡村民俗为内容的，也因此可以称为乡村旅游的民俗游。总之，民俗旅游和乡村旅游既存在差异部分也存在相同部分。也正因为如此，有些学者或地方政府就将这两种旅游统称为乡村民俗旅游。如《北京市乡村民俗旅游户食品安全管理规定（试行）》中就使用了"乡村民俗旅游"的概念，并将"乡村民俗旅游户"界定为"以乡村自然、人文旅游资源为依托，以田园风光和农家生

---

① 范智军. 我国民俗旅游现状与开发策略初探［J］. 集团经济研究，2006（8）：46-47.

活方式为特色,向游客提供观光、娱乐、住宿、餐饮等服务的农户"。

民俗旅游、乡村旅游或者是乡村民俗旅游,目前在全国各地都是颇受游客追捧的旅游活动,这与旅游者对传统文化的好奇、对乡村田园生活方式的向往不无关系。最早提出"民俗旅游"这一口号的是深圳的民俗文化村,这个民俗文化村是国内第一个荟萃各民族的民间艺术、民俗风情和民居建筑于一体的大型文化游览区;而"农家乐"作为乡村旅游的主要形式,其诞生地应该说是在成都,并且成都在2005年就发布了《农家乐旅游服务质量等级划分及其评定》和《成都市农家乐开业基本条件》,成为全国第一个发布实施农家乐旅游服务地方规范标准的省会城市。

二、民俗和乡村旅游的监督管理制度

伴随着民俗和乡村旅游在全国各地迅猛发展的同时,一些负面问题也逐渐显现,如市场经营混乱、服务质量低劣、民俗旅游项目低俗化、乡村旅游内容太雷同等问题比比皆是。因此,在一些民俗和乡村旅游比较盛行的地方,当地政府开始对这类旅游经营和服务加强监督管理。而在国家层面上,《旅游法》对这类旅游经营的管理,也做出了授权性规定:城镇和乡村居民利用自有住宅或者其他条件依法从事旅游经营,其管理办法由国务院有关部门或者省、自治区、直辖市人民政府制定。这条规定明确了法律监管方面的两层含义:一是对城镇和乡村居民利用自有住宅或者其他条件从事旅游经营的,应当依法经营并遵守相关管理规定;二是由国务院有关部门或者省、自治区、直辖市人民政府相关的管理办法。

总结梳理《旅游法》及其他相关法律法规的规定,再结合各地相关管理的实践经验来看,针对民俗和乡村旅游的行政监管,涉及以下具体的监管制度。

(一)经营资质审核登记

目前各地在这方面的具体规定并不完全一致:有些地方要求经营民俗和乡村旅游的城镇或乡村居民必须先向当地的旅游管理部门提出申请,经旅游管理部门审核后再由公安、消防、工商、卫生、环保等部门办理相关审批登记手续(有些地方可以由旅游管理部门统一为申请人提供一站式全程服务,代为办理相关手续和证照)。也有些地方不要求民俗和乡村旅游的经营户取得旅游管理部门的前置审核,只要凭相关材料向公安、消防、卫生、环保、工商等部门办理审批和经营登记即可。当然,由于民俗和乡村旅游经营者具体经营的项目内容不同,所需要办理的审核登记手续可能也会有所不同,同时提供住宿服务的经营者,其需要办理的审批手续相对要复杂一些。同时,由于申请经营者的具体身份不同,其需要办理的工商执照也会有所不同。居民个体申请者需要办理的应当是个体工商户营业登记,企业或其他组织化的申请者需要办理的则是农民专业(旅游)合作社或者旅游公司等企业性质的工商登记。

（二）基本经营条件核准

民俗和乡村旅游产品在全国各地也各具特色、各有千秋，但是作为旅游产品，经营者所提供的基本服务主要涉及食、住、行、游、购、娱等方面。为了保障经营者具备相应的服务能力，满足游客基本的旅游需求，在立法规定层面需要明确民俗和乡村旅游的基本经营条件，并作为当地旅游行政部门进行前置审核的依据。当然，由于全国各地的经济发展不平衡，加之传统文化和民俗民风特色不同，这个基本经营条件应当由当地政府部门根据当地实际情况来确定。比如，某地地方政府规定的农家乐基本经营条件就包括：①有良好的经营场所，土地、房屋使用权合法，房屋安全牢固、宽敞明亮、干净整洁，配备必要的生活污水和垃圾处理设施，厕所环保整洁；②有良好的餐饮条件，厨房间整洁，配备必要的消毒、洗涤设施，符合国家食品卫生许可的有关规定和要求；③有良好的安全设施，配备必要的消防、防盗、护栏等安全设施，用电安全可靠，为游客提供的娱乐设施无安全隐患，确保游客活动的安全；④有必要的通信设备，配备固定或移动通信设备；⑤取得必要的经营证照；⑥有良好的住宿条件，有为客房配套（或公用）的卫生间和洗漱场所，有淋浴设施和热水供应，客房用品干净整洁，被褥一客一换。某地方政府规定的休闲观光农业园区（点）的基本条件包括：①符合土地利用、产业发展、生态建设和乡村旅游发展等规划；②合法取得土地、林地、河道、景观等资源的使用权，无违章建筑和设施；③有较为完善的休闲观光服务设施和防火、防盗、防禽兽侵害等安全设施；④有符合环保要求的生产、生活污水处理设施，生态环境优美；⑤具有鲜明的本土和农业生产特色；⑥取得合法的经营证照。某地方政府规定的乡村旅游景区（点）的基本条件包括：①符合土地利用、产业发展、生态建设和乡村旅游发展等规划；②合法取得土地、林地、河道、景观等资源的使用权，无违章建筑和设施；③道路畅通，有较好的可进入性；④功能布局合理，有完善的旅游服务设施和安全保卫设施；⑤质量等级达到国家《旅游景区质量等级的划分与评定》（修订）（GB/T 17775—2003）A级旅游区标准；⑥取得合法经营证照；⑦漂流、攀岩等乡村旅游项目建设应符合国家、省（市）制定的有关安全和服务质量标准。

（三）相关经营规则

民俗和乡村旅游经营者首先是经营者，因此，工商、物价、税收等相关部门制定的适用于一般经营者的经营规范对其都适用，如不得虚假宣传、不得进行不正当竞争、不得偷税漏税等。此外，作为旅游经营者，还必须遵守《旅游法》所规定的旅游经营规则：①诚信经营，履行谨慎注意、安全保障、投诉处理等义务，保护经营中获得的旅游者个人信息；②预先对产品和服务项目的内容、收费标准及注意事项做出真实、完整、准确的说明；③相关设施、产品和服务符合国家规定的安全技术规范和标准，保障旅游者的人身及财产安全；④取得质量标准等级的，其设施和服务不得低于相应标准，未取得质量等级标准的，严禁使用其称谓和标志；⑤不得设置违反我国法律法规和公序良俗的旅游项目，不得组织、带领旅游者参观、从事违反我国法律法规和公序良俗的活动；⑥不得索取小费；⑦不得给予、收受贿赂。

（四）相关旅游服务质量认证或等级评定

国家旅游局于 2002 年发布施行了《全国工农业旅游示范点检查标准（试行）》，该文件从示范点的接待人数和经济效益、示范点的社会效益、示范点的生态环境效益、示范点的旅游产品、示范点的旅游设施、示范点的旅游管理、示范点的旅游经营、示范点的旅游安全、示范点的周边环境和可进入性、示范点的发展后劲评估 10 个方面明确了示范点的检查标准。由此开始的创建全国工农业旅游示范点的工作得到了各地旅游部门的高度重视和众多工农业单位的积极响应，同时，也大大推进了各地民俗和乡村旅游的服务质量认证或等级评定工作。目前国内许多地方都颁布了相关的地方标准，如上海的《农家乐旅游服务质量等级评定》、北京的《乡村民俗旅游村等级划分与评定》、浙江的《乡村旅游点服务质量等级划分与评定》、河南的《乡村旅游经营单位等级评定与管理规范》、成都的《农家乐旅游服务质量等级划分及其评定》等，这些标准大多从从业资质、经营服务场地、接待服务设施、环境保护、服务质量要求、服务项目等几个方面入手，设定了不同的等级评定标准。这些地方标准虽然都属于推荐性标准，不具有强制力，但对引导当地民俗和乡村旅游的规范化发展、保障和提高服务质量，发挥了极其重要的作用。

第二节 高风险旅游监管法律制度

一、高风险旅游的概念和特点

要了解高风险旅游监管制度，需要先了解高风险旅游的概念和特点。所谓高风险旅游，是指游客在参加或体验的过程中存在较高的人身安全风险的旅游项目，如涉及高空、高速、水上、潜水、探险等的项目。高空开展的旅游活动，如乘坐滑翔伞、热气球、直升机等开展的观光体验活动；水上开展的旅游活动如摩托艇、冲浪、漂流等；探险旅游活动如沙漠徒步、丛林穿越、峡谷溯溪、野外露营等。分析国内高风险旅游实践活动，可以总结出这类旅游的如下特点。

首先，这类旅游都存在较高的人身安全风险。这些旅游项目通过挑战游客的勇气和体能，让游客达到寻求刺激、释放压力等目的，所依托的多是高空、水上等资源。因此，这些旅游项目要比旅行社组织的常规旅游线路产品的安全风险高得多。

其次，这类旅游活动通常都是游客自愿选择参加的。由于安全风险大，旅行社的常规线路产品中一般都不包括这些旅游项目。因此，游客通常是直接和高风险旅游项目的经营者发生交易关系的，或者是自助旅行的游客，或者是在组团旅游的自由活动期间自行选择参加高风险项目的游客。

最后，这类旅游活动属性存在边界模糊的问题。确切地说，属性争议的问题主要是这类旅游活动究竟是体育活动还是旅游活动。这个问题关系到究竟由哪个部门进行监管及如何监管的问题。有一些高风险旅游项目就是从传统的体育活动演变而来的，如登山活动。目前有些探险类的旅游活动就是以登山的形式开展的，但是很显然其参加者又不是专业的登山运动员而是普通的游客，按照体育活动进行监管的事实和法律依据均不足。国家体育委发布的《国内登山管理办法》也仅适用于西藏、新疆、青海、四川、云南、甘肃等省、自治区海拔5000米以上和其他省、自治区3500米以上的登山活动。

二、高风险旅游监管相关法律制度

虽然高风险旅游的监管主体尚存一定的争议，但是无论由哪个部门监管或者哪些部门联合监管，对这类旅游要加强监管是毋庸置疑的，因为这直接关系到游客的生命安全。对高风险旅游的监管，主要应明确下列相关法律制度。

（一）项目经营许可制度

从事高风险旅游项目经营的，应当取得相关经营许可。对此，《旅游法》中已有明确规定，国家对高空、高速、水上、潜水、探险等高风险旅游项目实行经营许可制度。这条规定先用列举的方式，明确国家对高空、高速、水上、潜水、探险类的高风险旅游项目实行许可经营。除了这些列举出来的项目外，还有其他一些高风险旅游项目也可能要实行许可经营。当然，具体如何实施项目许可制度，还需要通过制定行政法规或规章等做更具体的规定，也包括对相关概念的进一步界定，如哪些是需要实行经营许可的探险旅游项目，除了以上列举之外，还有哪些需要实行经营许可的高风险旅游项目。例如，骑马、蹦极、攀岩等旅游娱乐项目无疑也属于高风险旅游项目，这方面已有不少相关的判例。

（二）相关部门联合监管制度

高风险旅游项目，兼具旅游、运动等多重属性，属于新型旅游活动。传统的条块划分的行政监管模式很难适应这种旅游市场监管的需要，需要建立起相关部门的联合监管制度。如热气球飞行娱乐项目经营，目前是由三个部门来管理规范的：第一是《民用航空法》规定民航局对热气球试航、驾驶员的资格、执照等方面进行审核；第二是国家体育总局的《热气球运动管理办法》，主要是从热气球运动的角度进行管理的；第三是国务院颁布的《中华人民共和国飞行基本规则》，是从热气球飞行所使用的空域方面来做限定的。实际上，《旅游法》也已明确了对旅游市场的联合监管机制,该法规定:县级以上人民政府应当建立有关部门分工负责的旅游市场监管工作机制。旅游及相关行政主管部门依照本法和其他有关法律法规规定,对旅游市场进行监管,依据法定职责查处相关违法行为。从法律和法理上说,对旅游活动中的高风险旅游项目,应当实行"谁审批、谁监管"的基本原则。

(三)强制意外保险或责任保险制度

就高风险旅游项目而言,让游客或者商家通过保险来适当地转移风险或让保险公司分担风险尤其重要,因为一旦发生安全意外,经济保障是解决问题或者弥补伤害的非常关键之因素;有些商业保险还可以提供专业的紧急救援,可以弥补政府公共救援或民间救援力量的不足。目前,《旅游法》对实行旅游经营强制责任保险制度已做出明确规定:国家根据旅游活动的风险程度,对旅行社、住宿、旅游交通等经营者分类实施责任保险。基于高风险旅游项目的风险程度比较高,对相关经营者显然应当实行强制责任保险。而强制性意外保险方面,目前还没有任何法律法规可提供依据。但借鉴境外国家或地区经验的做法,我国也应当结合实践需要对参加高风险旅游项目的强制意外险做出规定,其投保的方式可以是游客在购买相关旅游项目时同时投保。

(四)项目安全风险评估制度

高风险旅游项目由于其开展的方式、场所等不同,所蕴含的安全风险也有所不同。相关部门对高风险旅游项目进行许可审批时,审查的重点应当在于其安全性,即该项目的安全风险有多大,这就需要由专业机构和专业人员对该项目的安全风险进行预先评估。如探险旅游,虽然其路线千差万别,但是驴友们常走的路线还是有规律可循的,对连接这些路线的各目的地探险旅游资源,就可以考虑进行安全风险评估,既可以作为相关部门对探险旅游项目审批的依据之一,又可以为当地政府的旅游公共服务提供参考。

(五)安全风险揭示和披露制度

《旅游法》规定:"国家建立旅游目的地安全风险提示制度。旅游目的地安全风险提示级别的划分标准和实施程序由国务院旅游行政主管部门会同有关部门依法制定。"这条规定强调了对旅游目的地安全风险的揭示和披露。对各种高风险旅游项目来说,如果有涉及相关目的地的,该条规定同样适用。此外,对高风险旅游项目存在的其他安全风险,经营者同样也应当充分地揭示和披露,这也是基于《消费者权益保护法》的规定得出的结论。《消费者权益保护法》规定:"经营者应当保证其提供的商品或者服务符合保障人身、财产安全的要求。对可能危及人身、财产安全的商品和服务,应当向消费者做出真实的说明和明确的警示,并说明和标明正确使用商品或者接受服务的方法及防止危害发生的方法。经营者发现其提供的商品或者服务存在严重缺陷,即使正确使用商品或者接受服务仍然可能对人身、财产安全造成危害的,应当立即向有关行政部门报告和告知消费者,并采取防止危害发生的措施。"

第三节　网络旅游经营监管法律制度

网络经营旅游业务是近些年随着互联网的普及和应用而兴盛起来的新业态,"互联网+旅游"也是我国旅游业未来发展的新趋势之一。建立和健全网络旅游经营监管制度对促进网络旅游业务可持续发展,维护旅游者合法权益非常必要。

一、网络旅游经营的含义

网络旅游,业界也称之为在线旅游。"在线"一词来自于英文的"online",意为联机的、在互联网上的。人们对在线旅游一般有狭义和广义两种理解。狭义的在线旅游又称为在线预订旅游,是指旅游者通过互联网获得旅游目的地信息、旅游产品价格、旅游计划安排等相关旅游信息,进而进行在线旅游咨询、旅游预订、旅游产品购买的旅游活动,它是旅游电子商务体系中的重要组成部分。广义的在线旅游,不仅包括通过网络的方式查阅和预订旅游产品、通过网络分享旅游或旅行经验,而且包括通过在线(网络)的方式旅游或旅行(有人称之为虚拟旅游)。虚拟旅游(Virtual Tourism)指的是建立在现实旅游景观基础上,通过模拟或超现实景,构建一个虚拟旅游环境,网友能够身临其境地逛逛、看看[1]。虽然虚拟旅游作为一种旅游体验营销的方式正在逐渐引起人们的关注,但其超自然性、获得乐趣的有限性决定了它不可能取代传统旅游,只能是小部分人偶尔的尝试,不代表大众化的旅游消费方式。

本节所称的网络旅游,如无特别说明,仅指狭义的在线旅游。与这一在线旅游的概念相对应,本节所称的网络旅游经营,也是指商家通过互联网,在线为旅游者提供旅游咨询、旅游预订、旅游产品购买等有偿服务的活动。准确理解这个概念,需要从以下几方面把握。

第一,网络旅游经营一定是有偿开展的旅游预订等相关旅游服务活动,这是由经营行为的本质属性决定的。如果网站从事的不是营利性的旅游服务行为,而是无偿提供旅游资讯平台服务,一般不应划入网络旅游经营范畴。但是对如何判断网站是否存在营利性,则不应以用户在使用网站提供的服务时是否付费为主要的依据,

---

[1] 江辉仙,刘小玲.当前虚拟地理环境应用研究探讨[J].亚热带资源与环境学报,2005,20(4):46-49.

因为旅游网站还有一些其他的盈利模式，如利用点击率盈利、向线下商家收取代理佣金等。

第二，网络旅游经营的范围主要包括通过网络从事旅游咨询、旅游预订和旅游产品销售等服务活动。通常人们对旅游咨询、旅游预订的理解不存在大的争议，但对什么是旅游产品，实践中仍存在一些不同的观点。传统上认为，旅游产品就是旅游线路产品，也就是由旅行社将旅游所需要的"食住行游购娱"等基本服务要素进行组合，以包价的方式出售给旅游者的旅游服务。当然，也不是每个旅游线路产品都必须包含以上六种服务要素。《旅游法》规定，旅游经营者从事招徕、组织、接待旅游者，为其提供交通、住宿、游览、餐饮等两项以上组合服务并以总价销售的，应当取得旅行社经营许可。在交通工具上和住宿场所内另外提供上述其他单项服务的经营者除外。由此规定可得出的结论是：只要网站将以上旅游服务要素中的两项或两项以上组合后通过网络打包销售，都属于以销售旅游线路产品的方式在经营旅游业务，因而也都应当取得旅行社经营许可。

第三，从事网络旅游经营的商家既可以是传统的旅行社，也可以是从网络旅游经营起步的新型旅游服务商，还可以是其他类型的网络旅游服务有偿提供者。目前实践中从事网络旅游经营的商家，有些是直接通过网络开始旅游业务经营的，如携程旅行网、途牛旅行网、驴妈妈旅行网等；也有些是传统的旅行社将线下旅游业务开辟到了线上，如春秋旅行社等一些规模比较大的旅行社；还有些是自建网络平台或借助他人的网络平台，从旅游线路产品的生产者——旅行社处获得招徕代理权后，代理销售旅游线路产品的，如淘宝网上也有一些销售旅游产品的小店，当然其中有些并非属于合法经营者。

二、网络旅游经营的监管制度

网络旅游在我国的发展非常迅猛，但作为一种新的旅游商业形态，其在发展中也逐渐显现出一些问题，应当引起社会各界的重视。

一是产品供需之间的矛盾日渐突出，网络旅游服务质量缺乏保障。一方面，网络旅游产品类型不够丰富，难以满足旅游者多样化、个性化的旅游需求。目前全国已注册的综合性旅游网站，多数主要提供机票、酒店的预订，或者一些基本旅游信息的搜索，应用层次比较低。另一方面，网络旅游产品质量不高，其售后服务逐渐成为消费投诉的高发领域。消费者不管是通过专业的网络旅游企业还是旅行社的网络直销平台购买旅游产品，出现纠纷后，旅游网站与线下旅游产品供应商往往互相推诿，大大增加了消费者维权难度。

二是网络旅游企业法律定位不清，阻碍网络旅游行业健康发展。一方面，网络旅游企业到底是信息服务企业还是旅游服务企业，这个问题在法律层面没有清晰的界定，这就导致了现实中有不少网络旅游企业持有的是"增值电信业务经营许可证"，但实际上所从事的却是旅游服务经营业务。另一方面，网络旅游企业在提供旅游信息服务或预订服务时，其角色属于服务中介还是旅游合同的相对方，这个问题在法律上同样也没有明确的规定，这就导致了网络旅游企业对消费者所应承担的义务和责任模糊不清，不利于网络旅游消费者合法权益的保护。

三是网络旅游行业监管主体缺位、监管制度缺失，市场失范情况比较严重。我国网络旅游企业的监管机构尚不明确，是属于工信部、工商局、旅游管理部门或其他部门进行监管，还是各部门联合监管，都没有明确的法律授权，这对消费者的合法权益、网络旅游市场秩序和行业声誉及网络旅游企业自身，都潜存着较大的危害。同时，我国针对网络旅游经营的管理制度也不健全。《旅行社条例》等旅游法规主要是对传统旅行社等旅游行业进行规范，电子商务法律法规对网络预订、网络团购等网上交易行为的规制本身也不完善，造成了网络旅游企业经营中的严重不规范。尤其是一些小型的旅游网站在完全没有监管的情况下乱发信息、虚报旅游价格，负面影响十分大。此外，在网络支付安全、消费者网络隐私权保障等方面也缺乏更有效的监管制度，也造成了消费者对旅游网站的信任危机等负面问题。

四是网络旅游企业竞争逐渐加剧，线下恶性竞争行为开始向线上渗透。由于各家旅游网站的主要经营项目都是机票、酒店和旅游线路产品预订，经营内容同质化情况比较严重，价格竞争成为主要的竞争手段。去哪儿等搜索平台的出现更是让价格的竞争白热化，在线旅游团购来势汹汹。如此下去，线下旅游市场畸形的"零负团费"经营模式必将席卷线上旅游市场。

综上所述，尽快建立健全我国网络旅游经营的各项监管制度势在必行。目前我国与网络旅游经营相关的法律法规应包括以下几方面。

（1）法律层面有《合同法》《中华人民共和国电子签名法》（以下简称《电子签名法》）和《旅游法》。1999年3月颁布的《合同法》在合同形式方面大胆地吸收了数据电文形式，并将之视为书面合同。2005年4月颁布的《电子签名法》是我国首部电子商务相关法律，该法首次赋予可靠电子签名与手写签名或盖章具有同等的法律效力，并明确了电子认证服务的市场准入制度。《旅游法》则直接明确了网络旅游经营的相关行为规范。

（2）行政法规层面有国务院于1996年2月发布的《中华人民共和国计算机信息网络国际联网管理暂行规定》、国务院信息化工作领导小组办公室于1997年5月发布的《中国互联网络域名注册暂行管理办法》，以及国务院于2000年发布的《中华人民共和国电信条例》和《互联网信息服务管理办法》。《电信管理条例》主要规定了电子商务企业经营增值电信业务的基本条件和审批管辖等基本要求，而《互联网信息服务管理办法》则进一步明确了从事经营性互联网信息服务的电子商务企业的设立条件、登记程序、审批机关等要求，从而确立了电子商务企业设立经营性网站的登记注册制度。

（3）部门规章层面有1997年12月公安部发布的《计算机信息网络国际联网安全保护管理办法》，1999年8月信息产业部发布的《电信网间互联管理暂行规定》，2004年国家信息产业部出台的《电子认证服务管理办法》（2009年修订），2007年3月商务部发布的《关于网上交易的指导意见（暂行）》，2010年5月国家工商总局颁布的《网络商品交易及有关服务行为管理暂行办法》等。

此外，与网络旅游经营相关的规范还包括一些行业规定，如2005年中国电子商务协会政策法律委员会组织有关企业起草并正式发布的《网上交易平台服务自律规范》。还有一些地方政府也颁布了地方性相关规范，如《广东省电子交易条例》，以及北京、安徽等地的《经营性网站备案管理办法》（规范性文件）等。

总体而言，我国国家和地方都非常重视电子商务立法，也取得了一些标志性成果，在宏观规划和指导电子商务发展及采取积极稳妥的措施推动电子商务发展方面都发挥了重要作用。但是，就规范我国电子商务活动、实现我国电子商务的可持续发展而言，这些法律资源是远远不够的。尤其对网络旅游行业来说，现有的法律还存在许多问题和不足。一是原则性较强，操作性较弱。以《合同法》的相关规定为例，该法原则确认了数据电文形式合同的合法性，并提供了判断合同成立的时间和地点的依据。但是，电子商务中所涉及的合同问题远不止于合同成立问题，合同的签名、合同的变更与解除、合同中支付义务的履行、违约责任的承担等问题在电子商务中都具有较大的特殊性。因此，与复杂的电子商务实践活动相比，《合同法》中这些简单的规定根本不能满足规范电子合同行为的现实需要。再以国家工商总局颁布的《网络商品交易及有关服务行为管理暂行办法》为例，该办法也用十条的篇幅规定了"网络商品经营者和网络服务经营者的义务"，但仔细研究这些条文可以发现，多数条文规定得比较原则，缺乏具体的指导。比如，要求网络商品经营者和网络服务经营者应当"采取安全保障措施确保交易安全可靠"，但并未指明具体应当采取哪些安全措施，这就造成了实践中对相关事实问题进行法律研判的困难。二是行政性规范居多，民事性规范欠缺。目前已有法律大多数属于行政法规或部门规章，分别由国务院或相关委办局颁布。内容方面也以对电子商务企业进行行政监管的规范居多，涉及电子商务中民事关系调整的规范比较少。但从实践中暴露出的问题看，许多电子商务交易纠纷都与电子合同的订立和履行、民事责任的确定和承担等民事法律问题有直接的关系。虽然《合同法》和《电子签名法》有一些规定，但涉及内容都比较狭窄、单一，无法对电子商务交易中的民事活动进行全面的指导和规范。三是针对性不强，与网络旅游的适应性较差。目前所颁布的与电子商务有关的规章，大多由信息产业部、公安部、工商总局等部门颁布，其内容也基本立足于各委办局自身的工作需要，对其职责范围内的事项设定监管制度和行为规范。但网络旅游应当是信息服务和旅游服务的复合体，信息产业部门的规定对旅游行业监管并没有针对性，一般的工商经营管理规定也体现不出旅游行业管理的特殊性。因此，目前的电子商务相关规定与网络旅游管理的适应性都比较差。旅游管理部门虽然有《旅行社条例》及其实施细则，但网络旅游经营的模式已超出了传统旅行社的经营模式，因此线下旅游交易行为的监管制度对网络旅游交易也不完全适应。

当然，网络旅游经营的实质上就是将线下的旅游经营行为扩展到了网络空间。因此，针对线下旅游经营者的经营规则对网络旅游经营者应当都适用。此外，结合网络旅游经营的特殊性，从规范我国网络旅游发展的现实需要考虑，对我国网络旅游经营的监管还应当明确以下监管制度或规定。

一是对网络经营旅行社业务（即旅游业务）的行为予以明确界定。根据《旅行社条例》及实施细则的相关规定，在线从事招徕、组织、接待旅游者等活动的行为应当都属于网络经营旅行社业务的行为。具体到旅游网站，可以明确指出，旅游网站提供旅游线路产品预订服务的，就属于一种在线经营旅行社业务（主要经营的是"招徕业务"）。同时还需要明确的是：如果旅游网站提供交通、住宿、游览等两项以上组合服务预订的（目前比较多的是"机+酒"），也应当属于在线经营旅行社业务。

二是规定网络旅游经营者应当公示其业务经营资质。《旅游法》已规定：通过网络从事旅游经营的，经营者或者发布旅游经营信息的互联网服务提供者应当在网站主页面或者从事经营活动的网页的醒目位置，明示旅游经营相关许可证信息、营业执照信息或者电子链接标识及旅游经营和服务的项目、内容、价格等事项。

三是赋予非旅行社开办的旅游网站代理旅行社招徕业务的权利。根据相关规定，目前旅行社只能将其招徕业务委托给其他旅行社代理，但这种做法存在很大局限性。从相关部门的角度看，未来也是准备将这部分业务的代理权放开的，只是目前采取了比较保守的业内代理进行过渡。基于此种考虑，加之我国网络旅游发展的现实需要，相关部门应当尽快发文将旅行社招徕业务的代理扩展到旅行社业外，允许不具备旅行社经营资质的旅游网站代理旅行社线路产品的招徕销售业务。但考虑到改革的稳定性，目前旅行社招徕业务的业外代理也应当仅限于取得合法的互联网信息服务经营许可的网站。

四是规定非旅行社开办的旅游网站代理旅行社招徕业务的备案制度。在赋予非旅行社开办的旅游网站代理旅行社招徕业务的权利的同时，还应当建立对这些旅游网站代理业务的备案管理制度，以将其纳入旅行社行业管理的范畴。备案管理制度的具体内容包括：第一，规定办理备案的义务人。按照属地化管理的原则，规定在某地注册的旅行社委托其他旅游网站（包括当地和外地注册的旅游网站）代理招徕业务，或者某地注册的旅游网站接受外地旅行社的委托代理招徕业务，都应当向注册地的旅游行政管理部门办理备案。第二，规定备案的办理机构及备案的程序。以招徕业务的委托方或受托方所在地的区县级旅游行政部门为备案的受理和办理机构，备案的程序规定应当包括备案提交的材料、备案办理的时间等。第三，规定违反备案管理制度的处理。对委托其他旅游网站代理旅行社招徕业务却不办理备案的旅行社，应当认定为非法使用旅行社业务经营许可证的行为，按照《旅行社条例》第 47 条的规定处罚[1]；对接受旅行社的委托代理招徕业务却不办理备案的旅游网站，应当认定为非法经营旅行社业务的行为，按照《旅行社条例》第 46 条的规定处罚[2]。

　　五是规定建立网络旅游服务示范基地并予以政策支持。建立网络旅游服务的示范基地，逐步推行网络旅游服务标准化建设，应当是推行旅游服务标准化的一个重要内容。而且由于网络旅游业尚处于起步阶段，服务的标准和规则都比较匮乏，网络旅游服务质量难以保障，有必要从建立网络旅游服务示范基地的实践开始，逐步探索总结出网络旅游服务的一套标准或规则，再去指导网络旅游企业的服务行为。该示范基地的建设应当由政府引导和推动、旅游行业协会具体负责。网络旅游服务示范基地的建设的内容应当包括网站与网页的设置与维护、网上服务信息的发布、委托代理合同的签订、网络旅游组团合同的签订、在线支付的规范、网络旅游纠纷的投诉处理等。

　　六是明确规定网络旅游组团合同应当以组织旅游的旅行社名义签订。《旅行社条例》规定，旅行社为旅游者提供服务，应当与旅游者签订旅游合同。因此，无论是旅行社开办的旅游网站，还是非旅行社开办的旅游网站，如果就旅游线路产品的预订与用户达成了一致意向，都应当签署旅游组团合同（也可以是电子形式的）。为了使旅游合同主体更明确，在签订旅游组团合同时，旅行社开办的旅游网站应当以旅行社的名义签署、非旅行社开办的网站也应当以其所代理的旅行社名义签订。由此就可以明确，旅行社开办的网站与旅游组团合同的主体是同一的，合同中的所有义务与责任都应由该旅行社承担；而非旅行社开办的网站，旅游网站和旅游组团

---

[1] 第47条规定：旅行社转让、出租、出借旅行社业务经营许可证的，由旅游行政管理部门责令停业整顿1个月至 3 个月，并没收违法所得；情节严重的，吊销旅行社业务经营许可证。受让或者租借旅行社业务经营许可证的，由旅游行政管理部门或者工商行政管理部门责令停止非法经营，没收违法所得，并处 10 万元以上 50 万元以下的罚款。

[2] 第46条规定：违反本条例的规定，有下列情形之一的，由旅游行政管理部门或者工商行政管理部门责令改正，没收违法所得，违法所得 10 万元以上的，并处违法所得 1 倍以上 5 倍以下的罚款；违法所得不足１０万元或者没有违法所得的，并处 10 万元以上 50 万元以下的罚款：①未取得相应的旅行业务经营许可，经营国内旅游业务、入境旅游业务、出境旅游业务的；②分社的经营范围超出设立分社的旅行社的经营范围的；③旅行社服务网点从事招徕、咨询以外的活动的。

合同的主体不同一，合同中的义务和责任应当由签约的旅行社承担，但是如果旅游网站行使代理权不当，对其侵权造成的损害后果应当承担责任。

【思考题】

1. 对民俗和乡村旅游的监管，应包括哪些方面的制度？
2. 我国对高风险旅游项目已经或应当明确哪些监管制度？
3. 目前我国与网络旅游经营监管相关的法律规定有哪些？存在怎样的问题？
4. 我国对网络旅游经营的监管还应当明确哪些方面的监管制度或规定？

第十二章

旅游经营法律制度

规范旅游经营的法律制度有很多，如《旅游法》《产品质量法》《价格法》《反不正当竞争法》《反垄断法》《食品安全法》等，其中，旅游法是对旅游经营规范更直接、更具体明确的法律，因此，本章旅游经营法律制度主要阐述旅游法对旅游经营的法律规定。

第一节 旅游经营的一般原则

一、旅游经营一般原则的含义

（一）原则的含义

原则是指说话或者行事的法则或标准，是公民、法人、国家等主体在经济、政治、法律、社会生活等方面说话、行事的法则、标准，是关于经济、政治、法律、社会生活等方面的原则。

（二）旅游经营一般原则的含义

旅游经营一般原则是指旅游经营的基本原则，是旅游经营者都必须遵守的法律原则，是旅游法所规定的旅游经营原则，是规范旅游活动，解决旅游纠纷的原则，是旅游经营活动的基本规范。

二、旅游经营一般原则的内容

根据《旅游法》第六条、第三十五条规定，旅游经营的一般原则是建立健全旅游服务标准原则、禁止垄断原则、公平交易原则。

（一）建立健全旅游服务标准原则

建立健全旅游服务标准原则是指旅游管理者和经营者根据旅游业发展规律、旅游企业发展实际、旅游者的旅游服务要求，建立和完善旅游服务标准，形成全面系统的旅游服务标准。

建立和健全旅游服务标准就是制定和完善旅游服务标准；制定和完善旅游经营

主体的资格和规范；制定和完善旅游服务的行、游、住、食、娱、购等方面的安全、健康、卫生、方便的标准；制定和完善旅游服务标准的层级是国家标准、行业标准、地方标准、企业标准。建立和健全旅游服务标准就是要建立和健全国家标准，要实施国家标准。没有国家标准时，要建立健全行业标准；没有国家标准和行业标准时，要建立健全地方标准；没有国家标准、行业标准、地方标准时，要建立健全企业标准。

截至2015年5月，中国已经制定和实施的旅游国家标准30项、行业标准34项，地方标准300多项，旅游企业标准2万多项。具体的旅游标准如下。

旅游国家标准包括：《旅游饭店星级的划分与评定》《旅游业基础术语》《导游服务规范》《内河旅游船星级的划分与评定》《游乐园（场）服务质量》《旅游度假区等级划分》《国家生态旅游示范区建设与运营规范》《民族民俗文化旅游示范区认定》《旅游景区服务指南》《旅游购物场所服务质量要求》《旅游餐馆设施与服务等级划分》《旅游娱乐场所基础设施管理及服务规范》《旅游饭店管理信息系统建设规范》《旅游客车设施与服务规范》《旅游汽车公司资质等级划分》《旅行社出境旅游服务规范》《旅行社服务通则》等。

旅游行业标准包括：《绿色旅游饭店》《星级饭店访查规范》《温泉企业服务质量等级划分与评定》《国际邮轮口岸旅游服务规范》《绿色旅游景区》《旅游景区讲解服务规范》《旅游饭店节能减排指引》《研学旅行服务规范》《红色旅游经典景区服务规范》《旅游电子商务企业基本信息规范》《旅游电子商务旅游产品和服务基本规范》《会议服务机构经营与服务规范》《旅游民宿基本要求与评价》《国家康养旅游示范基地标准》等。

地方标准是指各省、市、县根据本地区特色和发展需求，制定和实施的符合区域旅游业发展需要的标准，是在其管辖区域内实施的标准，是其管辖区域内旅游企业应当遵守和实施的标准。地方标准涉及乡村旅游区、农家乐、家庭旅馆、工业旅游、特色街区、旅游景区道路交通标志、旅游汽车营地、自驾车基地、潜水、滑雪、漂流等方面，据不完全统计，我国制定和发布的旅游业地方标准已达300多项。

企业标准是旅游景区、饭店、娱乐场所等旅游企业制定的旅游标准，是旅游企业在本企业内实施的标准。如深圳华侨城、九寨沟风景旅游区、云台山旅游景区等制定和实施的标准。

建立和健全旅游服务标准，能够保证旅游服务质量，保证旅游交通安全、旅游娱乐安全，保障旅游住宿和餐饮的规范化，防范和约束旅游经营者以低级冒充高级、以假充真、以次充好，防范和约束旅游经营者提供虚假旅游服务、虚假旅游产品、虚假旅游设施等，为旅游者判断经营者提供的旅游服务是否合法、是否满意提供统一标准,为旅游者维护其合法权益提供明确依据。

建立和健全旅游服务标准使旅游经营者和旅游者明确了判断旅游经营服务的是非标准,明确旅游经营服务合法与违法的标准,克服"公说公有理、婆说婆有理"困境,明确旅游纠纷证据的证明力,有效解决旅游纠纷。

建立和健全旅游服务标准使旅游经营者明确服务义务的范围、细致度、高低水平度,使不同等级的饭店住宿、娱乐、旅游景区的经营义务明确和清晰,使经营者明确自己的法律责任,既维护旅游者合法权益又不扩大法律责任;使旅游者明确自己的权益,既不损失合法权益又不过度维权,解决有三星级服务权益的游客要求五星级服务的权益误解纠纷,减轻旅游经营者对低交费旅游者的高品质服务义务,保障质价相符、等价交换的旅游经营秩序,保障旅游法律关系各方利益平衡和谐的旅游环境。

（二）禁止垄断原则

旅游法规定的禁止垄断是指禁止行业垄断、禁止地区垄断。

禁止行业垄断主要指禁止旅游价格垄断、旅游住宿垄断、旅游资源垄断;旅游价格垄断有旅游住宿价格垄断、旅游餐饮价格垄断,旅游景区景点门票价格垄断、景区内旅游交通价格垄断等。近两年,某些具有独特性旅游景区在其旅游产品、设施、服务没有改善的情形下,不断上涨门票价格就涉嫌价格垄断。

禁止地区垄断主要指旅游开发垄断、旅游经营垄断、旅游流通垄断、旅游线路垄断、滥用行政权力排除或限制竞争。滥用行政权力排除或限制竞争是指旅游资源所在地、旅游目的地的行政机关或者具有管理公共事务职能的组织排除或者限制外地企业参与本地旅游开发;排除或者限制外地旅游企业进行旅游经营;排除或者限制外地旅游客车进入本地旅游区;排除或者限制外地的同类旅游商品进入本地区;限制外地旅行社带团到本地旅游,要求外来旅游团必须由本地旅行社接待旅游,或要求某些旅游线路必须由本地旅行社组织游览等;对外来旅游车收取高额过路费、高额停车费,排挤外来旅游交通竞争;对外来竞争的旅游企业实行高税费或多税费、实行高额工商管理费,排挤外来旅游经营竞争者。

此外,我们应当关注到《旅游法》没有禁止旅游经营者垄断的条文规定,其没有规定并不是允许旅游经营者垄断,仍然是禁止旅游经营者垄断,此禁止旅游经营者垄断的法律依据是《中华人民共和国反垄断法》(下称《反垄断法》)。

《反垄断法》明确规定禁止经营者垄断,明确规定了禁止经营者达成垄断协议、禁止经营者滥用市场支配地位、禁止具有或者可能具有排除或限制竞争效果的经营者集中等垄断行为(《反垄断法》第三条)。禁止经营者达成垄断协议是禁止具有竞争关系的经营者达成固定或者变更商品价格的协议,禁止达成限制商品的生产数量或者销售数量协议,禁止达成分割销售市场或者原材料采购市场协议、达成联合抵制交易协议等（《反垄断法》第十三条）；禁止经营者达成垄断协议是禁止经营者与交易相对人达成固定向第三人转售商品的价格协议，禁止达成限定向第三人转售商品的最低价格协议等（《反垄断法》第十四条）。禁止具有市场支配地位的经营者从事下列滥用市场支配地位的行为：以不公平的高价销售商品或者以不公平的低价购买商品；没有正当理由，以低于成本的价格销售商品；没有正当理由，拒绝与交易相对人进行交易；没有正当理由，限定交易相对人只能与其进行交易或者只能与其指定的经营者进行交易；没有正当理由搭售商品，或者在交易时附加其他不合理的交易条件；没有正当理由，对条件相同的交易相对人在交易价格等交易条件上实行差别待遇（《反垄断法》第二十条）。

作为经营者之一的旅游经营者属于《反垄断法》的适用主体，应当遵守《反垄断法》。旅游法为避免法律规定的重复和遵守专门法的规定，没有在《旅游法》中规定禁止旅游经营者垄断，这只是法律表述的不同，不是法律规定的不同。旅游法规定的禁止垄断原则是内含禁止旅游经营者垄断基础上的禁止行业垄断，禁止地区垄断，是针对中国旅游业现状的切实规定，是对《反垄断法》的补充。

（三）公平交易原则

公平交易原则是指旅游经营者与旅游者之间、旅游经营者之间的旅游提供与需求要质价相符，等价有偿，供需双方利益平衡，各有所得，一方不得以损害对方利益为自己获利，一方不得强迫对方交易而获利，非特定情形下，一方不得无偿占有对方利益。

旅游法规定的公平交易原则主要指旅行社不得以不合理的低价组织旅游活动，诱骗旅游者，并通过安排购物或者另行付费旅游项目获取回扣等不正当利益。旅行社组织、接待旅游者，不得指定具体购物场所，不得安排另行付费旅游项目。以不合理的低价组织旅游经营活动是指旅行社以低于接待和服务费用的价格或者行业公认的合理价格提供旅游服务，且无正当理由和充分证据证明的活动，是背离价值规律，低于经营成本的行为。诱骗旅游者是指旅行社或其从业人员通过虚假宣传，隐瞒旅游行程、具体购物场所及商品，或者另行付费旅游项目等真实情况的手段，诱使旅游者参加旅游活动或者购买相关产品和服务的行为。

旅行社为实现其营利的经营宗旨，常常会在旅游过程中，对不合理的低价甚至低于成本价招徕组织的"负团费"或"零团费"旅游者哄骗、强迫旅游者增加旅游费用，或者降低旅游服务标准，减少旅游项目，缩短旅游时间等，损害旅游者的旅游满意度和旅游愉快度。旅行社通过减少其旅游支出，增加旅游者的旅游支出，获取旅游利益。旅行社以不合理的低价招徕、组织、接待旅游者是损害其自身利益的行为，违反其以营利为目的的经营宗旨，是不利于其持续发展的危害行为，是不公平行为，是应当禁止的行为。国家旅游局在2015年9月发布的《国家旅游局关于打击组织"不合理"低价游的意见》规定,各级旅游部门可以对"不合理低价游"的旅行社没收违法所得处30万元罚款,列入旅游经营服务不良信息,并转入旅游经营服务信用档案,向社会公布。

旅行社组织、接待团队旅游不得指定购物场所,不得安排另行付费旅游项目之规定是指旅行社未经旅游者同意的指定、强迫、安排,不是旅游者与旅行社协商一致的指定,不是旅游者自愿的,不是满足旅游者购物愿望的指定。此未经旅游者同意的单方面指定是不顾及对方需求和利益的不公平行为,理当禁止。2017年3月修订的《旅行社条例》第59条做出了处罚规定,对欺骗、胁迫旅游者购物或者参加需要另行付费游览项目的旅行社,责令改正,处10万元以上50万元以下罚款。国家旅游局在2015年发布的《国家旅游局关于打击旅游活动中欺骗、强制购物行为的意见》规定,对欺骗、胁迫旅游者购物的旅行社、购物场所及其经营者,列入旅游经营服务不良信息,并转入旅游经营服务信用档案,向社会公布。

但是,对那些旅行社与旅游者协商一致的购物指定、购物安排,满足游客愿望和要求的购物指定、购物安排,符合《合同法》,应当允许。尤其是游客要求旅行社专业指导的购物指定,愉快的项目安排属于旅行社满足和维护旅游者愿望的行为,是实现和维护旅游者利益的行为,是合法的,应当允许。

第二节 旅游经营的具体规则

这里所论述的旅游经营的具体规则是旅游法规定的旅游经营义务准则,主要体现在《旅游法》第三十二条、三十三条、五十条、五十二条规定之中,包括诚信经营义务、预先说明义务、安全保障义务、不得违反公序良俗义务等。

一、诚信经营义务

(一)诚信经营义务的内容

诚信经营义务是指经营者要诚实守信,善意经营,善意履行自己的法定义务、约定义务,不违法违约,不损害他人合法利益,不损人利己。

诚信经营义务要求旅游经营信息透明、真实,经营者不得夸大旅游吸引物优点和旅游服务优点,不缩小旅游吸引物缺点和旅游服务缺欠,不隐瞒旅游活动内容和旅游风险等;要求经营者保护经营中获得的旅游者个人信息;要求取得质量标准等级的,其设施和服务不得低于相应标准,未取得质量等级标准的,严禁使用其称谓和标志。诚信经营义务是旅游经营者尽己所能地提供旅游服务,尽己所能地履行承诺和法律规定。旅游者不能以经营者有诚信经营义务而要求经营者提供力所不能的服务，不得苛求经营者的力所不能，不得责难经营者的力所不能。

（二）履行诚信经营义务

现实旅游经营中，旅游经营者提供"准三星酒店""相当三星酒店""超五星酒店"住宿的宣传和服务属于非诚信经营；按照商业、娱乐、交通便利区的酒店价格收费，却安排远离商业、娱乐区的偏僻地区酒店住宿属于非诚信经营；安排低质的履行辅助人为旅游者服务属于非诚信经营；为降低成本而减少菜量或不用新鲜肉菜鱼等；对损害旅游者权益的行为拖延处理，不主动承担责任属于非诚信经营。非诚信经营是见利忘义的短视，是饮鸩止渴的自以为是，是违反诚信义务的违法违约行为。旅游经营者应当明辨和摒弃非诚信行为，履行诚信经营义务。

二、预先说明义务

（一）预先说明产品内容、收费标准、注意事项的义务

预先说明义务的内容是旅游经营者预先对产品和服务项目的内容、收费标准及注意事项做出真实、完整、准确说明。

预先是旅游开始前、每项旅游活动开始前、旅游事故可能发生前、旅游结束前。

说明的产品和服务项目是旅游起始时间、旅游行程安排、旅游交通工具与条件、游览娱乐项目的具体内容与时间、住宿标准与地点、餐饮标准、菜品口味与数量、购物内容与时间、旅游保险、导游服务、收费标准、收费内容、旅游者不适合参加的特殊旅游项目等。

说明的注意事项是旅游地天气变化与相应的防晒、防寒、防雨准备，登山、游泳需要的物品准备与危害防范，高空、高速、水上、潜水、探险等高风险旅游项目的身体健康要求，旅游目的地的风俗习惯、宗教禁忌等，旅游者物品财产的自我保护，旅游者自由活动时的迷路与伤害防范，节庆活动中的防踩踏、防丢失、情绪控制，旅游购物的防假、防骗，旅游商品假冒伪劣的鉴别等。

真实、完整、准确的说明是指旅游经营者对说明的内容、收费、事项要客观可靠、合法合理；要全面、公开、细致地说明内容、标准，事项，不遗漏、不删减；对内容、标准、事项不夸大、不缩小、不编造、不隐瞒；要采取发旅游行程单的书面形式，在车船上讲解、强调旅游项目及注意事项的口头形式。

旅游经营者预先用清楚、无歧义的语言表达，合适的音量，全面、细致、明确地说明旅游经营内容、标准、注意事项等就是真实、完整、准确的说明，就是履行了预先说明义务。否则，就是违反预先说明义务，就要承担相应的法律责任。

例如，"云南出境书药费"之争。张某参加某旅行社组织的云南八日游，在旅行社提供的《旅游合同》上签了字，交了全额旅游费5000元。张某在参团旅游第

3天,在中缅边境办理出境手续时,旅行社让张某支付边境通行证费和出境地书药费(缅方入境须知和免疫药品费)共计112元,张某查看《旅游合同》,合同中的旅游费用包括云南出境书药费,旅行社向张某解释说,合同中标明的云南出境书药费只包括边境通行证费12元,不包括出境地书药费100元,出境地书药费应当由张某支付。游客张某认为合同中写的云南出境书药费包含边境通行证费和出境地书药费,不同意旅行社的说明解释,拒绝交付出境地书药费100元。根据本案中"出境地书药费"的通常词义应当是包括出境地书费和药费,旅行社将出境地书药费解释为边境通行证费,没有解释药费,是不完整的解释,是不符合中缅边境旅游实际情况,是不真实的说明解释。而且,旅行社提供给张某的合同是格式合同,旅游费标准和内容是格式条款,根据《合同法》规定,对格式条款的理解发生争议时,应当按照通常理解予以解释;对格式条款有两种以上解释的,应当做出不利于格式条款一方的解释。旅行社的出境地书药费的说明解释是不完整、不准确的,没有游客张某的说明解释更合理、准确,旅行社关于旅游收费标准的说明解释不合法,游客张某拒绝交付100元出境地书药费合法。此案例关乎的旅游者利益虽小,仅100元的得与失,但是其说明的问题却不小,如果此案例不是关于出境地书药费的百元之争,而是关于旅行社给旅游者的旅游保险是否包括旅游意外伤害保险。如果旅行社没有给旅游者投保旅游意外伤害保险,并且旅游者在旅游中受到意外伤害死亡,将涉及较大数额的保险金赔偿,影响到旅游者的利益。

(二)预先说明的安全警示义务

《旅游法》第八十条规定了旅游经营者的预先说明的安全警示义务。旅游经营者预先说明的安全警示义务是正确使用设施设备或者接受服务的方法,预防危害的方法和必要的安全防范、应急措施,未向旅游者开放的经营、服务场所和设施设备,不适宜参加活动的群体,可能危及旅游者人身、财产安全的其他情形。

旅游经营者不仅要明确上述安全警示义务的内容,更需要明确履行安全警示义务的方式及要求,安全警示的方式不仅是口头说明告知,更要有文字说明警示、图示警示、多媒体影像警示;安全警示的具体规定、设施设备的使用方法、应急措施、禁止情形、文字图示影像要真实、全面、准确、形象、简明、有效,使旅游者能够快速理解、掌握、使用、遵守、防范,能够保护旅游者人身财产安全,避免承担赔偿损失的民事责任。否则,经营者不履行安全警示义务,就要承担赔偿损失等民事法律责任。

例如,恐高症游客坐索道吊椅摔伤赔偿之争。李某到著名山岳风景名胜区旅游,乘坐风景名胜区上山的索道吊椅游览,在运行过程中,李某从八九米高空运行的吊椅上摔到地面,索道工作人员将其送到附近医院治疗,经诊断和鉴定,李某为八级伤残。另诊断,李某患有恐高症。李某住院治疗和在家休养后,要求景区赔偿她摔伤的医疗费、护理费、残疾用具费、误工费等共计133800元。李某的赔偿要求是否合法，景区是否应当赔偿李某的人身损害。本案中，此著名风景名胜区为游客提供的旅游设施是高空运行的索道吊椅，有一定的危险性，有乘坐者的身体条件要求，景区具有向游客介绍正确使用吊椅的方法，不适宜乘坐吊椅的警示，有防止恐高症、心理恐惧症、眩晕、碰撞等危险造成游客摔伤、吊椅落地伤害游客的必要措施，应当有游客乘坐吊椅时的工作人员的危险与安全警示，但是，经调查和检查索道吊椅及其周边环境，关于索道吊椅的安全警示少、不全面、不醒目，索道和吊椅的安全防护措施不安全，吊椅工作人员对游客的安全警示不严格，没有强调不宜乘坐索道吊椅的恐高症、高血压等情形。景区没有履行其安全警示义务，造成游客李某八级伤残，应当赔偿李某的人身损害。在明确景区没有履行其安全警示义务，应当赔偿李某人身伤害时，还可深入思考景区应当赔偿李某的全部人身伤害还是大部分人身伤害。李某明知自己患有恐高症还买票坐索道吊椅，是否有过错，应当自己承担一些损失。对此问题，可根据景区索道吊椅安全警示的具体情况而定，如果李某轻易就可看到"恐高症不能乘坐吊椅"的警示，或者李某没有真实回答工作人员的警示，还坚持乘坐，李某就应当承担一大部分责任；如果李某没有看到也没有得到警示，李某就不承担损失。此作为旅游经营者的山岳风景名胜区没有尽到安全警示义务，导致游客伤残。由此而言，在危险情形变化多的海滨旅游景区，更应注重安全警示和采取防范、救助措施。如果处在天气突然变化、海浪变大、海水激流的危险情形，带团游泳的导游、海滨景区浴场工作人员没有尽到安全警示义务，没有采取有效防范游客溺水的措施，或者没有及时救援，导致游客溺水死亡，旅行社和景区就要承担游客溺水死亡的赔偿责任。

三、安全保障义务

（一）安全保障义务的内容

《旅游法》第五十条、第七十九条明确规定了旅游经营者的安全保障义务内容，旅游经营者应当保证其提供的商品和服务符合保障人身、财产安全的要求。旅游经营者取得相关质量标准等级的，其设施和服务不得低于相应标准；未取得质量标准等级的，不得使用相关质量等级的称谓和标识。旅游经营者应当严格执行安全生产管理和消防安全管理的法律、法规和国家标准、行业标准，具备相应的安全生产条件，制定旅游者安全保护制度和应急预案。旅游经营者应当对直接为旅游者提供服务的从业人员开展经常性应急救助技能培训，对提供的产品和服务进行安全检验、监测和评估，采取必要措施防止危害发生。旅游经营者组织接待老年人、未成年人、残疾人等旅游者时，应当采取相应的安全保障措施。

例如，"酒店顾客酒后坠落楼梯死亡赔偿之争"。胡某在某酒店喝酒就餐，酒后沿楼梯下楼时，不慎踏空掉到下一层平台，当场昏迷，经医院抢救无效死亡。医院诊断为重型闭合性颅脑挫伤、并发性脑干挫伤、高血压等病。胡某家属要求酒店赔偿胡某死亡的医疗费、死亡补偿费等。经权威调查鉴定，该酒店楼梯的踏步数和踏步宽度均不符合国家标准，扶手也不符合安全要求。酒店认为胡某是由酒醉和高血压发晕摔下楼梯致死，酒店不应当承担赔偿胡某死亡赔偿责任。本案例中，胡某确实喝了酒，也有高血压病，有可能发晕摔下楼梯，但是，为众多复杂人群提供酒水餐品的酒店，有保障患病或身体虚弱顾客下楼安全的义务，有保障顾客在酒店行走安全的义务。有保护喝酒顾客和醉酒顾客安全的义务，并且，医院没有胡某醉酒的诊断，酒店有楼梯的踏步数和踏步宽度均不符合国家标准，扶手也不符合安全要求的安全缺欠，酒店没有履行其对相关设施、产品和服务符合国家规定的安全技术规范和标准，保障旅游者的人身及财产安全的义务，没有严格执行有关标准、安全技术规范及消防的有关规定的安全保障义务，不能起到安全保障作用的楼梯和扶手是胡某摔下楼梯死亡的原因，酒店应当承担赔偿胡某死亡损失的部分责任。

（二）明确安全保障义务合理范围，履行好安全保障义务

旅游经营者不仅要明确其安全保障义务的内容，更需要明确其履行安全保障义务的正确性、全面性、有效性，避免安全保障遗漏与失误，避免安全保障失效。而要明确旅游经营者履行安全保障义务的正确性、全面性、有效性，就要明确经营者的安全保障义务合理范围、安全保障义务合理程度等方面。

安全保障义务合理范围可以根据一般常识，受害人对经营活动等社会活动安全性的合理预期，一般安全保障义务人对损害发生的合理预见，经营者的法定安全保障义务，经营者约定的安全保障义务，安全保障人的实际行为是否符合法律、法规、规章或者特定的操作规程的要求，同类社会活动应当达到的通常的程度、诚信善良经营者的程度、预见可能性大小等方面确定。

例如，"旅客住店死亡赔偿之争"。旅客王某住某四星级宾馆，宾馆有"24小时的保安巡视，确保您的人身安全"的承诺，宾馆有电梯监控和楼层监控，客房有探视镜、自动闭门器、安全链条等。王某入住酒店后的下午两点，歹徒按客房门铃，旅客王某没有防备就开门，歹徒强行入室将王某杀害并抢劫财物，离开宾馆，该宾馆没有对歹徒做访客登记，没有对其上下电梯7次的行踪加以注意，酒店在第2天发现王某死亡。后来，歹徒被抓到，但是，他没有赔偿能力，也因杀人抢劫被判处死刑。受害者王某的父母要求宾馆承担王某死亡赔偿责任，宾馆是否应当承担王某死亡赔偿责任。在本案例中，宾馆有"24小时的保安巡视，确保您的人身安全"的承诺，有了保障王某人身安全的约定义务，应当履行其保障王某安全的义务。但是，宾馆没有24小时巡视，没有注意到歹徒上下电梯7次的异常行踪，没有对歹徒做访客登记，没有防范和阻止歹徒进入宾馆客房区，使歹徒有敲门入室杀

人抢劫的机会，宾馆没有告诫王某不要轻率开门，宾馆没有及时发现王某被害和及时援救，宾馆没有尽到其应尽的安全保障义务；宾馆保安没有尽到其应尽的谨慎注意义务，没有仔细关注电梯、楼层的可疑迹象，没有重点关注住宿区的可疑情况、顾客的安全情况，使王某被歹徒杀害，宾馆应当承担赔偿责任。此案例是宾馆没有尽到诚信善良注意义务导致其没有履行保障旅客安全义务，应承担旅客人身伤害赔偿责任。在本案例中，如果宾馆保安能够以高于普通人的勤勉和谨慎注意，以比宾馆服务员更诚信善良的注意，有更强的预警能力，就能发现和阻止歹徒作案，防止悲惨事件发生。

四、不得违反公序良俗义务

（一）公序良俗的含义

公序良俗指公共秩序和善良风俗，公共秩序包括社会公共秩序和生活秩序。善良风俗是社会全体成员所普遍认可、遵循的道德准则。

（二）不得违反公序良俗义务的内容

《旅游法》第三十三条规定了旅游经营者不得违反公序良俗义务的内容，即旅行社及其从业人员组织、接待旅游者，不得安排参观或者参与违反我国法律、法规和社会公德的项目或者活动。

此不得违反公序良俗义务是规定旅游经营者及其工作人员不得在中国组织和带领旅游者参观、从事违法和违反公序良俗的活动，是规定中国的经营者及工作人员不得在外国积极、主动地组织、带领旅游者参观、从事外国认可的违反中国公序良俗的活动。经营者及其工作人员到外国入乡随俗地、不主动、不积极鼓动，为保护游客人身安全的、非获得经济利益的、消极、被动顺应游客要求的非中国公序良俗活动的指引不属于违规，不违反我国刑法的犯罪行为，不违反我国行政法明确规定的违法行为。

旅行社及其从业人员安排旅游者参观或者参与违反我国法律、法规和社会公德的项目或者活动的，由旅游主管部门责令改正，没收违法所得，责令停业整顿，并处2万元以上20万元以下罚款；情节严重的，吊销旅行社业务经营许可证；对直接负责的主管人员和其他直接责任人员，处2000元以上2万元以下罚款，并暂扣或者吊销导游证、领队证。

五、其他相关规定

（一）不得索取小费、不得给予或者收受贿赂的义务

《旅游法》第四十一条第二款规定，导游和领队不得向旅游者索取小费。如果旅游经营者及其工作人员索取小费的，将承担行政法律责任，即导游、领队向旅游

者索取小费的，由旅游主管部门责令退还，处 1000 元以上 1 万元以下罚款；情节严重的，并暂扣或者吊销导游证、领队证。此规定中应当注意：处罚的情形是索取小费，不是指游客自愿给的小费，不是指导游收了游客自愿给的小费归自己所有，不是指导游收了游客自愿给的小费没有给旅行社；索取小费罚款的幅度是 10 倍，实施处罚的机关是旅游局。

《旅游法》第五十二条规定，旅游经营者销售、购买商品或者服务，不得给予或者收受贿赂，赋予旅游经营者不得给予或者收受贿赂的法定义务，《旅游法》同时规定了违反此法定义务应当承担的行政责任，即《旅游法》第一百零四条规定，旅游经营者给予或者收受贿赂的，由工商行政管理部门依照有关法律、法规的规定处罚；情节严重的，并由旅游主管部门吊销旅行社业务经营许可证。此规定中应当注意的是：实施处罚的机关是工商局，依据有关法律法规，如《反不正当竞争法》；工商局没有吊销旅行社业务经营许可证的权力，旅游局有吊销旅行社业务经营许可证的权力。

（二）景区门票价格制定与变动的规定

《旅游法》第四十三条、第四十四条对景区门票价格与变动进行了分类、限定条件的规定。对利用公共资源建设的景区门票实行政府定价或者政府指导价，对利用公共资源建设的景区内游览场所、交通工具等另行收费项目，实行政府定价或者政府指导价。对利用公共资源建设的景区门票及景区内游览场所、交通工具等另行收费项目拟提高价格的，应当举行听证会，征求旅游者、经营者和有关方面的意见，论证其必要性、可行性。对公益性的城市公园、博物馆、纪念馆等，除重点文物保护单位和珍贵文物收藏单位外，应当逐步免费开放。

景区应当在醒目位置公示门票价格、另行收费项目的价格及团体收费价格。景区提高门票价格应当提前 6 个月公布。将不同景区的门票或者同一景区内不同游览场所的门票合并出售的，合并后的价格不得高于各单项门票的价格之和，且旅游者有权选择购买其中的单项票。

（三）居民可以成为民俗旅游经营者、乡村旅游经营者

《旅游法》第四十六条规定，城镇和乡村居民利用自有住宅或者其他条件依法从事旅游经营，其管理办法由省、自治区、直辖市人民政府制定。此规定允许居民从事民俗旅游，从事乡村旅游，使城乡居民成为民俗旅游经营者、乡村旅游经营者，且给予省级政府以立法权、管理权，以更切合实际地管理民俗旅游、乡村旅游，促进其发展。

（四）旅游许可规定

《旅游法》规定，设立旅行社，招徕、组织、接待旅游者，为其提供旅游服务，应当取得旅游主管部门的许可；参加导游资格考试成绩合格，与旅行社订立劳动合同或者在相关旅游行业组织注册的人员,可以申请取得导游证,即国家实行旅行社业务经营许可,旅行社要取得旅行社业务经营许可证;导游和领队实行执业许可,导游要有导游证,领队要有领队证。《旅游法》还规定,高空、高速、水上、潜水、探险等高风险旅游项目实行经营许可制度,经营此高风险旅游项目必须取得高风险旅游经营许可。

(五)网络旅游经营者的明示义务

《旅游法》第四十八条规定,通过网络经营旅行社业务的,应当依法取得旅行社业务经营许可,并在其网站主页的显著位置标明其业务经营许可证信息。发布旅游经营信息的网站,应当保证其信息真实、准确。

第三节 委托经营的连带责任

委托经营是旅游业务中不可避免的现象。正确理解委托经营的概念、内容、种类和相关法律责任,是掌握旅游经营法律制度所必需的要求。

一、委托经营的含义、内容、种类

(一)委托经营的含义

委托经营是指旅游经营者将其部分经营项目或者场地交由他人从事住宿、餐饮、购物、游览、娱乐、旅游交通等经营。委托经营是具有经营权、所有权、使用权的委托方将其经营权、财产、场地使用权委托给其信任的一方行使,接受委托方(即受托方)实际行使经营权,实际使用场地,从事其有权经营的行为。此委托经营实际是委托旅游经营,是具有旅游经营权、旅游产品、财产、场地等权利的委托方将其委托给受托方经营、使用。

(二)委托经营的内容

由于委托经营是旅游经营者将其部分经营项目或者场地交由他人从事住宿、餐饮、购物、游览、娱乐、旅游交通等经营,因此,委托经营的内容包括住宿委托经营、餐饮委托经营、购物委托经营、景区委托经营、旅游交通委托经营。

(三)委托经营的种类

由于旅游经营有要求许可的经营和不要求许可的经营,如旅行社的旅游业务经营是需要旅行社业务经营许可,高速、潜水、探险等高风险旅游项目需要高风险旅游经营许可;购物、游览、娱乐项目不需要行政许可。因此,委托经营分为行政许可项目的委托经营、非行政许可项目的委托经营两种类型。委托人必须根据行政许可法等行政法律、法规、规章规定,委托经营许可项目,即将需要许可的项目委托给有行政许可权的其他经营者经营；委托人将不需要行政许可的项目、地点委托给他人经营。

鉴于委托经营有行政许可项目的委托经营、非行政许可项目的经营两种类型，旅行社将其旅游业务委托给没有旅游业务资格的企业或部门承包、转包、分包是违法的，是违反《行政许可法》的违法行为，是无效的委托行为，是应当禁止的委托经营行为。旅游法认可的委托经营是对具有合法旅游经营权、经营许可资格的委托行为认可，是对符合行政许可法律、法规、规章的委托经营行为认可，委托经营不是对旅行社承包、转包、分包的认可与默许。

二、委托经营的连带责任

（一）委托经营的连带责任含义

连带责任有多种含义，本文采用王利明教授的连带责任含义，即连带责任是当事人按照法律的规定或者合同的约定，连带地向权利人承担责任。在此责任中，权利人有权要求责任人中的任何一个人承担全部的或者部分的责任，责任人也有义务承担部分的或者全部的责任。

委托经营的连带责任含义是经营者将其部分经营项目或者场地交由他人从事住宿、餐饮、购物、游览、娱乐、旅游交通等经营后，委托经营者对实际经营者的经营行为给旅游者造成的损害承担连带责任。

（二）委托经营的连带责任承担主体与承担连带责任的条件

连带责任的承担主体是委托经营者和实际经营者，实际经营者是接受委托的经营者。

承担连带责任的条件是委托经营者将其经营项目或者场地交由实际经营者经营；实际经营者的经营行为给旅游者造成损害，损害了旅游者的合法权益；实际经营者给旅游者造成损害的行为是违法行为或者违约行为；实际经营者有过错。

第四节　经营者的报告义务

旅游经营者有法定的报告义务，这是《旅游法》对旅游经营者明确提出的基本要求。

一、经营者报告义务的含义

经营者报告义务的含义是经营者依照法律、法规规定，向有关国家机关、旅游者告知、陈述的旅游者状况、事故、事件等事项的义务，是法定义务。

二、经营者报告义务的内容和法律责任

(一) 报告义务的内容

经营者报告义务的内容包括：出境旅游者非法滞留境外、在境外从事违法活动的报告；入境旅游者擅自分团、脱团或者在境内从事违法活动的报告；景区可能达到或超过承载旅游者的最大承载量时的报告；突发旅游事件的报告；以及旅游安全事故报告、旅游安全事故救助处置报告、食品安全事故报告、旅游交通事故报告，旅游中了解的旅游者传染病、精神病报告等。

出境旅游者非法滞留境外、在境外从事违法活动的报告人是组织出境旅游的旅行社、导游、领队等了解情况的工作人员；入境旅游者擅自分团、脱团或者在境内从事违法活动的报告人是组织入境旅游的旅行社，导游、领队等了解情况的工作人员。报告的部门是旅游行政主管部门、公安机关。超过最大承载量的报告人是景区，报告的部门是当地人民政府。突发旅游事件、旅游安全事故的报告人是发生事件、事故的经营者，报告的部门是旅游局、公安局、卫生局、交通局、当地政府等相关部门。旅行社对可能或已经危及旅游者人身、财产安全的事项，应当向旅游者报告。

发生旅游安全事故等应当向国家机关、部门、组织报告的事项时，经营者应当根据事故事项的性质、类型、危害程度等逐级报告，即事项、事故发生时的现场人员立即报告经营单位和上级主管部门，主管部门报告归口管理部门，归口管理部门对接到的重大事故和特大事故报告要报告当地政府、省政府、国务院归口管理部门。

经营者的报告要及时、快速、真实、准确。报告方式可以是电话报告的口头形式，短信、调查报告的书面形式。旅游安全事故报告书的内容包括事故发生的时间、地点、单位、简要经过、伤亡人数、初步估计的经济损失、事故发生原因的初步判断、事故发生后采取的措施、事故控制情况等。

经营者向事故和事件相关机关和组织的报告与协作处理：发生旅游交通事故、旅游食品中毒事故、景区游览娱乐伤害事故等旅游安全事故和突发旅游事件时，经营者在向上级机关报告时，还要及时报告公安机关，公安机关来保护现场、现场侦查、维持秩序、组织救援、疏通道路；经营者还要及时报告医疗卫生部门，医疗卫生部门进行现场抢救、消毒；经营者还要及时报告保险公司，保险公司到现场了解事故情况，收集事故证据，了解受害人的保险情况，以有利于快速进行保险理赔，维护投保的经营者和旅游者的利益。经营者在向有关部门、组织报告时，要保护现场，组织救援，核查伤亡旅游者的姓名、性别、年龄、身份证号、参加的保险、国籍、护照号码、与家属的联系电话，清理事故现场的行李物品并登记造册。经营者

要及时通知事故受害人家属，安慰和接待受害人家属，依法承担相应的事故责任。

（二）违反报告义务的法律责任

旅行社及其委派的导游、领队违反报告义务的行政法律责任：旅行社发现旅游者从事违法活动未及时向公安机关、旅游主管部门或者我国驻外机构报告的，旅行社对出境旅游者在境外非法滞留，随团出境的旅游者擅自分团、脱团未及时向公安机关、旅游主管部门或者我国驻外机构报告，由旅游主管部门处5000元以上5万元以下罚款；情节严重的，责令停业整顿或者吊销旅行社业务经营许可证；对直接负责的主管人员和其他直接责任人员，处2000元以上2万元以下罚款，并暂扣或者吊销导游证、领队证。

景区违反报告义务的行政法律责任：景区在旅游者可能达到或者超过最大承载量时未向当地人民政府报告、未及时采取疏导分流等措施，或者超过最大承载量接待旅游者的，由景区主管部门责令改正，情节严重的，责令停业整顿1个月至6个月。

违反报告义务的民事法律责任：经营者及其工作人员违反报告义务，不仅要承担被责令改正、被罚款、被吊销旅行社业务经营许可证、导游证、领队证的行政法律责任，还要承担其违反报告义务或违法行为给旅游者造成的财产损失、人身伤害赔偿的民事责任。

【思考题】

1. 旅游经营一般原则的内容是什么？
2. 怎样理解旅行社不得指定购物场所的法律规定？
3. 经营者怎样全面履行安全警示义务？
4. 怎样理解委托经营连带责任？
5. 简述旅行社的报告义务与行政法律责任。

第十三章

旅游合同法律制度

旅游合同法律制度是旅游市场交易规则的法律体现，是调整旅游者与旅游经营者之间就其民事权利、义务产生、变更、消灭相关协议的法律制度。较之于《旅游法》的其他规定，旅游合同法律制度具有较强的技术特点，法律规则的操作性更强。旅游合同法律制度既涉及旅游合同的形式、内容等静态构成，也涉及旅游合同的动态发展过程，从旅游合同的订立、成立与履行到旅游合同的变更、转让、解除，还涉及违反旅游合同所应该承担的违约责任等。旅游合同虽然规定在《旅游法》中，但同时也是《合同法》的组成部分，因此也要适用《合同法》等相关法律规范的调整。

第一节 旅游合同概述

"旅游服务合同"的概念是我国《旅游法》首次明确的基本概念，这使得旅游合同第一次成为有名合同。

一、旅游合同的概念

旅游合同是指旅游经营者与旅游者之间签订的以旅游服务为内容的合同。旅游合同在理论上又有广义的旅游合同和狭义的旅游合同之分。广义的旅游合同既包括旅游者与旅游经营者之间签订的旅游服务合同，其典型的是旅游者与旅行社签订的旅游合同，旅游者直接与旅游景区经营者之间签订的合同当然也包括在内；此外还包括旅游经营者之间签订的合同，如旅行社与旅游景区经营者、酒店经营者之间所签订的旅游经营合同，组团旅行社与地接旅行社之间签订的旅游经营合同。狭义的旅游合同仅指旅游者与旅游经营者之间签订的，旅游经营者提供旅游服务、旅游者支付报酬的合同，包括所谓的包价旅游合同和单项旅游服务合同。在狭义的旅游合同概念中，还有一些国家、地区的立法和理论主张最狭义的旅游合同概念，所指向的旅游服务仅指安排旅程及提供交通、膳宿、导游或其他有关之服务，至于仅代订机票或饭店之自助式旅游之服务的经营者与旅游者签订的合同，则属于委托合同①。

旅游合同不同于旅游法规定的合同，前者以旅游经营、服务为内容；后者虽以旅游合同为主，但也可能包括主要由其他法律规范的合同类型。就《旅游法》来讲，该法第五章专章对旅游服务合同进行了详细规定，其中所谓的旅游服务合同不仅包括了最典型的包价旅游合同，而且也包括了旅游安排合同、咨询合同、旅游代订合同，甚至还包括了与旅游密切相关的住宿合同。此外，《旅游法》《旅行社条例》等法律法规还就导游领队人员劳动合同、组团旅行社与地接旅行社之间签订的委托接待合同等做了相应的规定。而劳动合同、委托合同则主要适用《劳动合同法》《合同法》的规定。

旅游法之所以规定并非主要由其调整的合同类型，其理由可能有三：其一，该合同类型在旅游活动中、旅游经营实践中存在问题较多，应予强调，导游领队人员劳动合同的订立即属于此。其二，该合同类型其他法律并未调整，而在旅游活动中占据非常重要的地位，应当予以调整，住宿合同和分时度假合同即属于此。其三，该合同类型虽然可以适用于相关法律的规定，但该法律所确立的规则过于原则，未能体现该合同类型的特殊性，包价旅游合同即属于此种类型。就此来看，旅游法所规定的合同与旅游合同并不相同。在《旅游法》起草过程中，曾经存在的那种将旅游法规定的合同与旅游合同，甚至与旅游行政主管部门主管业务画上等号的理论，也是极端谬误的。

我们认为，坚持最狭义的旅游合同概念比较合适，因为我国《合同法》对委托合同、居间合同、承揽合同等都有明确的规定，如采取相对狭义甚或广义的旅游合同概念，则容易将旅游合同与委托合同、居间合同、承揽合同等相混淆。进而，不利于建立起清晰、明了的旅游法体系，不利于明确旅游经营者的权利、义务和责任，导致旅游活动中法律关系混乱，司法实务中适用法律时的困扰。故本章所述旅游合同，是指《旅游法》第五章所规定的包价旅游合同。

二、旅游合同的特征

旅游合同是由《旅游法》规定的典型、有名合同，较之于《合同法》所规定的其他有名合同而言，具有如下特征。

（一）旅游合同是消费者合同

旅游合同虽属于平等主体的自然人与法人之间的协议，但却与买卖合同、承揽合同、委托合同不同，旅游合同主体双方之间必然是消费者与经营者之间的关系，受《消费者保护法》的调整。

---

① 邱聪智.新订债法各论（中）.[M] 姚志明，校订.北京：中国人民大学出版社，2006：96.

旅游者与旅游经营者之间在谈判能力、专业知识、经济能力、掌握社会资源等方面存在的悬殊，从根本上要求对旅游者这一消费者予以特殊保护。而不能照搬合同法的一般原则，以旅游合同是平等主体之间的法律关系为由，要求对旅游经营者与旅游者进行同等保护。旅游合同是消费者合同这一特点，也要求在特定情形下对合意原则做出调整，如禁止双方通过协议排除旅游者特定权利或者做出对旅游者不利的约定。

（二）旅游合同是以追求精神愉悦为目的的合同

合同法是财产法、交易法，是规范商品交换关系的基本法律，是与商品交换及商品经济的发展相伴而生的。可以说，近代以来的合同，始终充当的是商品经济发展急先锋的角色。所以，传统合同法理论将合同目的的范围限定在财产、劳务的交易、流动这一范围之内，排除了精神感受在合同目的范围内存在的可能性。

然而，旅游的基本出发点，整个过程和最终效应都是以获取精神享受为指向，因此旅游不是一种经济活动而是一种精神活动，这种精神生活是通过美感享受而获得的。因此，旅游又是一种审美活动，一种综合性的审美活动[①]。旅游合同是人们实现旅游目的的法律工具，旅游活动所追求的精神愉悦目的也相应地成为旅游合同的目的。同时，旅游合同是以追求精神愉悦为目的的合同这一特点要求，在违反旅游合同约定，导致合同目的落空时，承认旅游者请求精神损害赔偿的权利。

（三）旅游合同是服务合同

旅游合同以旅游服务的提供为合同标的，这与买卖合同、赠予合同、租赁合同等以物的交易为标的的合同形成了鲜明的差别。较之于物，旅游服务首先具有不可库存性，意味着服务的提供与消费同时进行，从而依赖于特定的时间和场所，离开特定的场所（如旅游景点）旅游服务将无法提供，导致旅游服务很难像买卖标的物有瑕疵时，予以修理或更换。同时，基于旅游服务的不可库存性，旅游服务在提供的同时即被消费，旅游服务即根本无从返还，这也就导致了在旅游合同解除之后，根本无从适用《合同法》第九十七条所规定的"恢复原状"的法律后果。旅游服务具有无形性、难以识别性，这也正是关于服务品质判断上的纠纷远远多于物的瑕疵纠纷的根源之一。旅游合同作为服务合同，在合同的履行过程中，服务的提供者和服务的消费者在个体的特性也对旅游合同造成很大的影响：不同的旅游服务提供者提供的服务品质会有悬殊差别；不同的旅游服务消费者因个人的属性（如年龄、情绪、健康状况、适应性甚至性格等），会在旅游服务需要的协助义务履行方面存在差别，当然也会对相同的旅游服务产生不同的评价。此外，较之于物的交易来讲，旅游服务合同当事人之间的信息不对称性会非常严重，从而信息公开、说明、警示

---

① 谢彦君. 论旅游的本质与特征 [J]. 旅游学刊，1998，13（4）：41-44.

等义务在旅游合同中也占据更加重要的地位①。

（四）旅游合同是以当事人人身受领的服务合同

由于旅游所追求的精神愉悦目的必须通过旅游者的切身体会方能得到，这就意味着在旅游合同的履行过程中，旅游者必须跟随旅游经营者指派的导游、领队前往旅游目的地，以自己的人身亲自受领旅游服务，否则旅游合同所追求的目的无从实现。旅游合同这种将一方当事人人身纳入合同履行过程的特性，与典型的财产权利移转型合同、提供劳务型合同具有明显的区别，而与客运合同、医疗合同等具有相似性。

由于人身自由、健康是法律所追求的、超出契约自由、契约应当严守等一般财产性法律价值的更高级别的法律价值，因此在旅游合同的履行过程中，任何妨碍旅游者人身自由、健康的合同约束都是不成立的。正是基于这一特性，《旅游法》第六十五条规定了旅游者的任意解除权；也正是由于旅游合同中涉及旅游者人身健康等绝对性权利保护的需求，在旅游合同中违约行为往往同时构成侵权行为，在《旅游法》第五章关于旅游服务合同的规定中侵权责任与违约责任并存的现象也就非常突出了。

三、旅游合同的性质

旅游合同的法律性质如何，在理论上一直存在着多种学说主张，主要有：①委托代理说；②居间合同说；③承揽合同说；④混合合同说。

委托代理说主张，旅游经营者与旅游者之间是委托合同关系，旅游经营者作为旅游者的代理人，代为预订交通、住宿、门票等服务，所有的旅游服务均由交通、住宿、景区的经营者提供，交通、住宿、景区等经营者与旅游者之间存在直接的服务提供合同。旅游经营者所承担的义务仅为代为预订，仅对未预订、预订错误等承担责任，而交通、住宿、游览等服务瑕疵，则应由服务的直接提供者负责。此种主张忽视了这样一个事实，即旅行社这一旅游经营者通常是根据自身事先规划好的旅游路线，分别与交通、住宿等旅游服务提供者签订合同，而之后再向市场招徕旅游者、与旅游者签订旅游合同。根据《民法通则》第63条第2款的规定，代理人在代理权限内，以被代理人的名义实施民事法律行为。旅行社在不知道旅游者为何人之前就已经与相应服务提供者签订了合同，本身根本不存在以旅游者的名义与服务提供者签订合同的前提；而且在整个旅游经营过程中，也不存在旅游者对旅行社的授予代理权的环节。委托代理说因其不符合旅行社经营实践、与委托代理合同的要件不符，不足采信。

---

① 周江洪．服务合同研究［M］．北京：法律出版社，2010：16-18．

居间合同说主张，旅行社与旅游者之间存在的是居间合同，旅行社仅是向旅游者报告订立交通、住宿、游览等服务合同的机会或者提供订立相关合同的媒介服务，并不提供相应服务，也不承担服务瑕疵的责任。与委托代理说相同，居间合同说也忽视了旅行社经营者并未获得旅游者授权的事实，而且旅行社经营者是自行与交通、住宿、游览等服务提供者签订合同，而非向旅游者报告订立合同的机会，也不是提供订立相关合同的媯介服务。采纳居间合同说，也将导致旅游者在发生纠纷时，难以获得快速、有效救济的不良后果，故不足信。

承揽合同说主张，旅行社经营者根据旅游合同，负有向旅游者提供旅游服务的义务，旅游服务的直接提供者仅仅是次承揽人，旅行社在承担责任后享有向次承揽人追偿的权利。承揽合同说认为，将旅游合同定性为委托合同、居间合同来限制旅行社责任范围的做法在理论上存在矛盾，也与旅行社业务经营的实际情况不符，而应将旅游合同定性为承揽合同或类似于承揽合同的非典型性合同，从而由旅行社就旅游服务的提供对旅游者承担第一次性的责任。承揽合同说立足于旅行社自行组织旅游服务、在自己公司名义之下招徕旅游者这一事实，其目的在于确认旅行社应向旅游者承担第一次性的责任，有利于对旅游者的保护，是德国、日本、我国台湾地区的有力说。

本书认为，理论上关于旅游合同的争论是建立在法律未就旅游合同进行专门规定的基础之上，以实现将《合同法》关于委托合同、居间合同、承揽合同的规定适用于旅游合同纠纷的目的。在《旅游法》已经明确规定旅游服务合同的前提下，已经没有必要将旅游合同归入《合同法》所规定的有名合同之下，径直适用《旅游法》关于旅游合同的法律规定即可。

第二节　旅游合同的订立与履行

了解旅游合同的订立与履行相关法律要求，是理解旅游合同法律制度的基本要求。

一、旅游合同的订立

（一）概述

旅游合同的订立是旅行社经营者与旅游者之间做出意思表示、达成合意，最终签订旅游合同的过程。旅游合同的订立是旅游交易行为的法律运作层面，不订立合同就不存在交易，也就不存在旅游合同。旅游合同是一个动态的过程，是始于订立、终于合同的适当履行、责任承担和解除。旅游合同的订立是启动旅游合同的履行、保全、担保、变更、转让、解除、消灭等诸多环节的触发器，只有订立了旅游合同，才可能启动上述环节。同时，旅游合同的订立也是后续环节良好运转的基础，审慎、完备、适法地订立旅游合同，可以加速交易进程、提高经济效益。

旅游合同的订立与成立不同。合同的成立仅是合同订立的组成部分，标志着合同的产生和存在。订立旅游合同并不必然成立旅游合同，旅游合同的订立既可能因旅游者与旅游经营者之间达成合意而成立，也可能因为不能达成合意而不成立。旅游合同的订立是对旅行社经营者与旅游者之间磋商谈判直至达成合意过程的描述，法律对此并无特别的规范。而旅游合同的成立，原则上应具备三个方面的要件：①缔约人，即旅行社经营者与旅游者，也可以是双方各自的代理人。②意思表示一致。旅行社经营者与旅游者之间必须就合同条款，至少是主要条款达成合意，合同才能成立。③标的。即旅游合同所指向的对象——旅游服务必须能够确定，主要包括旅游的目的地、旅游服务所包括的主要内容等。

旅游合同的订立、成立不同于旅游合同的生效。旅游合同经旅行社经营者与旅游者或其代理人之间就旅游服务的主要内容达成合意，旅游合同即告成立。但是，旅游合同能否依照当事人所期望的那样发生效力，还需受到如下限制：①旅游合同所约定的内容是否在法律允许的范围之内，如果旅游合同违反法律法规的强制性规定，旅游合同则自始、确定、绝对无效，无从生效。②旅行社经营者与旅游者是否将旅游合同的生效与将来客观上确定或不确定发生的事实（停止条件或开始期限）。例如，团队旅游合同约定了最低成团人数，如不能达到成团人数，则合同不生效力，在最低成团人数达到之前，旅游合同即属于成立但未生效的情形。③旅游合同缔约人双方的意思表示是否健全。旅游合同是缔约双方就旅游相关事宜做出的自我决定，只有在健全、无瑕疵的状态下形成的自我决定才值得法律保护[①]。如果签订合同过程中发生欺诈、胁迫、重大误解或者显失公平等情形，旅游合同就可能处于效力待定、可撤销可变更的状态。

（二）旅游合同的成立

根据《合同法》的一般原理，合同的成立有三种模式：要约与承诺意思表示一致、意思实现和交错要约[②]。旅游合同乃为合同之一种，其成立当然也遵循此三种模式。上述三种模式中，最基本的模式为要约与承诺的意思表示一致，其余两种仅在是否存在与要约相呼应的承诺意思表示上有所不同，有学者将其称为要约和承诺程序的变异[③]。因此，要约与承诺意思表示一致乃是旅游合同成立的基本模式，以下分

[①] 陈自强. 民法讲义 I：契约之成立与生效 [M]. 北京：法律出版社，2002：351.
[②] 王泽鉴. 债法原理 [M]. 北京：北京大学出版社，2009：121-122.
[③] 崔建远. 合同法 [M]. 5 版. 北京：法律出版社，2010：69.

述之。

1. 要约

要约是希望和他人订立合同的意思表示，在商业活动和对外贸易中，要约常被称作发价、发盘、出盘、报价等。构成要约须符合以下要件。

（1）要约必须是特定人所为的意思表示。要约的目的在于得到受要约人的承诺并成立合同，只有要约人是特定的人，受要约人才能对之承诺。因此，要约人必须是特定人。在旅游合同的订立过程中，要约人应该是特定的旅行社经营者、旅游者。

（2）要约必须向相对人发出。要约必须经过相对人的承诺才能成立合同，因此要约必须是要约人向相对人发出的意思表示。相对人通常是特定的人，但在特殊情况下，对不特定的人做出又无碍要约所达目的时，相对人亦可为不特定人。例如，旅行社经营者所发布的旅游产品广告内容清楚、确定，又含有希望订立合同的愿望以及受广告拘束的意思，该旅游广告也可以构成要约[1]。

（3）要约必须具有缔结合同的目的。要约人的目的在于订立合同，唯其如此，受要约人才会做出承诺、与要约人签订合同，否则即形同儿戏。关于要约人是否具有缔约目的，原则上应从要约人发出意思表示时的具体情形、实际使用的文句、要约的对象等方面综合判断。

（4）要约的内容必须具体确定。要约的内容必须具体，是指要约的内容必须具有合同的条件，至少是主要条件，得因受要约人的承诺而使合同成立。要约的内容必须确定，是指要约的内容必须明确，而非含糊不清。

要约与要约邀请不同，要约邀请是希望他人向自己发出要约的意思表示。寄送的价目表、拍卖公告、招标公告、招股说明书、商业广告等为要约邀请。商业广告的内容符合要约规定的，视为要约。

要约到达受要约人时生效。要约一经生效，要约人即受到要约的拘束，不得随意撤销或对要约加以限制、变更和扩张。但是要约人在要约生效之前，做出要约撤回的通知，只要该通知先于或同时与要约到达受要约人，就可使要约不发生效力。另外，要约人在要约生效以后，受要约人发出承诺的通知之前，也可以撤销要约，但撤销要约的通知应当于受要约人发出承诺通知前到达受要约人。在下列情况下，要约不得撤销：①要约人确定了承诺期限或以其他形式明示要约不可撤销；②受要约人有理由认为要约是不可撤销的，并已经为履行合同做了准备工作。

2. 承诺

承诺是受要约人做出的同意要约以成立合同的意思表示（《合同法》第二十一

---

[1] 韩世远. 合同法总论[M]. 3版. 北京：法律出版社，2011：84.

条)。承诺的构成要件如下:

(1)承诺必须由受要约人做出。要约对于相对人的效力在于赋予受要约人承诺的资格,相应地也只有受要约人才享有承诺的资格,因此,承诺须由受要约人做出。受要约人的代理人可代为承诺。

(2)承诺必须向要约人做出。承诺的目的在于和要约人订立合同,所以承诺只有向要约人做出才有意义。在要约—承诺这一订立旅游合同的过程中,要求必须在要约人与受要约人之间发生要约与承诺,保证了旅游合同的相对性,即旅游合同在而且仅在旅游合同缔约双方当事人之间发生法律效力。

值得注意的是,并非所有的旅游者都需要亲自参与订立合同的过程,《最高人民法院关于审理旅游纠纷案件适用法律若干问题的规定》(以下简称《旅游纠纷适用司法规定》)第2条即承认了以单位、家庭等集体形式与旅游经营者订立旅游合同的形式,发生纠纷时,除集体以合同一方当事人名义可以起诉外,旅游者个人也可以提起旅游合同纠纷诉讼。

(3)承诺的内容应当与要约的内容一致。承诺是受要约人愿意按照要约的内容与要约人订立合同的意思表示,要产生成立合同的法律效果,承诺就必须在内容上与要约相一致,否则,对要约内容做出实质性变更的要约失效,受要约人的意思表示不构成承诺,而是一项新的要约。

承诺通知到达要约人时生效。承诺可以撤回,撤回承诺的通知应当在承诺通知到达要约人之前或者与承诺通知同时到达要约人,承诺生效时合同成立。

(三)格式合同

旅游合同的订立,除遵循要约—承诺的一般合同订立规则之外,最常见的是通过采用由旅行社经营者提供的格式合同来订立,此种订立旅游合同的方式称为附合缔约,所采用的合同、条款称为格式合同、格式条款。国家旅游行政主管部门和工商行政主管部门也通过公布相关旅游合同示范文本[①],对旅游合同的基本内容、当事人之间的权利义务关系进行规范。

国家旅游行政主管部门和工商行政主管部门公布的相关旅游合同示范文本是否为格式合同,实践中颇有争议。有观点认为,只有作为合同一方当事人的旅行社经营者自行提供的合同文本,才能够称为格式合同,而旅游行政主管部门强制使用的示范文本并非格式合同。本书认为,(1)格式条款的一方事先决定性,并非狭隘地限于合同一方当事人事先决定,也包括超然于双方当事人利益之外的社会团体、

[①] 最新的示范文本为2014年4月14日国家旅游局会同国家工商行政管理总局联合发布的2014年版《团队境内旅游合同(示范文本)》《团队出境旅游合同(示范文本)》《大陆居民赴台湾地区旅游合同(示范文本)》和《境内旅游组团社与地接社合同(示范文本)》。

国家机关[①]，仅以文本实际制定主体为由否认示范文本的格式合同属性，并无理由。
（2）关于格式合同的法律规范，其目的在于保护缔约双方当事人中经济、知识能力较弱的一方，平抑提供格式合同一方当事人所拥有的专业、经济、信息等事实方面的优势地位。示范文本本身并不构成格式合同，仅当旅行社经营者使用示范文本与旅游者订立合同时，以示范文本为内容的具体旅游合同才构成格式合同，适用《合同法》等关于格式合同的法律规范。至于采纳该文本是否基于旅行社经营者的自由意志[②]，则并非旅游合同所应当解决的问题。

二、旅游合同的内容和形式

（一）旅游合同条款

旅行社经营者与旅游者通过合同的订立、达成合意，即形成旅游合同的条款。旅游合同的条款，规定了双方当事人的权利义务，即构成旅游合同的内容。

根据旅游合同条款的功能，可以将旅游合同条款分为：提示性条款、主要条款和普通条款。

提示性条款，是法律为示范较为完备的合同条款，提示缔约人所做的具有示范意义、提示意义的合同条款规定。《合同法》第十二条规定合同的内容一般包括以下条款：①当事人的名称或者姓名和住所；②标的；③数量；④质量；⑤价款或者报酬；⑥履行期限、地点和方式；⑦违约责任；⑧解决争议的方法。示范性条款并不具有法律约束力，当事人在订立旅游合同时，可根据实际情况做出相应取舍。

主要条款，是合同必须具备的条款。欠缺主要条款，旅游合同就不能成立。《旅游法》第五十八条规定，包价旅游合同应当采用书面形式，包括下列内容：①旅行社、旅游者的基本信息；②旅游行程安排；③旅游团成团的最低人数；④交通、住宿、餐饮等旅游服务安排和标准；⑤游览、娱乐等项目的具体内容和时间；⑥自由活动时间安排；⑦旅游费用及其交纳的期限和方式；⑧违约责任和解决纠纷的方式；⑨法律、法规规定和双方约定的其他事项。订立包价旅游合同时，旅行社应当向旅游者详细说明前款第二项至第八项所载内容，其中第一至七项即为旅游合同的主要条款，欠缺其中任何一项，旅游合同就不能成立。

普通条款是合同主要条款之外的合同。旅游合同双方当事人在《旅游法》第

---

① 崔建远.合同法[M].5版.北京：法律出版社，2010：61-62.
② 根据关于印发2014年版《团队境内旅游合同（示范文本）》《团队出境旅游合同（示范文本）》《大陆居民赴台湾地区旅游合同（示范文本）》和《境内旅游组团社与地接社合同（示范文本）》的通知〔旅发〔2014〕72号〕，各地方旅游行政主管部门仅负有大力引导旅行社和广大旅游者使用示范文本的义务，而没有强制使用的权力。实践中出现的旅游行政主管部门强制旅行社经营者使用示范文本、收取高额费用的做法，并无合法依据。

五十八条规定之外,还可能就合同的变更、转让与解除、证照代办与保管等事项做出约定,这些约定都不会影响到合同的成立,即属于旅游合同的普通条款。

(二) 旅游合同权利与义务

从旅游法律关系的角度来讲,旅游合同的内容就是旅游合同当事人基于旅游合同所享有的权利和承担的义务。旅游合同的权利、义务主要由旅游合同条款予以确定,也有些由法律规定而产生,如旅游者的替换权和任意解除权等。

1. 旅游合同权利

旅游合同上的权利包括基于旅游合同的债权、形成权、抗辩权等权利,其中基于旅游合同的债权处于非常重要的地位,此处主要讨论该权利,其他权利在相应部分论述。

旅游合同债权是旅游合同中的债权人根据法律或合同的规定向债务人请求给付的权利。

旅游合同债权是请求权。与所有权等物权可以直接支配标的物不同,旅游合同中的债权人不能直接支配给付的标的,也不能直接支配债务人的给付行为,更不得直接支配债务人的人身,而仅能请求债务人予以给付,来实现自己的债权。

旅游合同债权是给付受领权。旅游合同债权人享有有效受领债务人给付,并保有该给付利益的权利。旅游者享有的旅游合同债权,基本的功能就是有效受领旅行社经营者提供的旅游服务,并享有因旅游服务而获得的利益;旅行社经营者的合同债权也是保证旅行社经营者获得旅游者支付的旅游费用的法律根据。

旅游合同债权是相对权。旅游合同关系具有相对性,仅在旅行社经营者与旅游者之间发生效力,相应地,旅游合同债权也是相对权,仅向特定的相对人主张,而不得向不特定的第三人主张。但由于旅游服务的特殊性,决定了合同约定的旅游服务主要并非由缔约旅行社经营者直接提供,因此《旅游法》在很大程度上突破了旅游合同的相对性。例如,《旅游法》第六十九条就规定地接社应当按照合同相关内容提供服务;提供服务不符合约定的,旅游者有权要求地接社采取措施进行补救。值得注意的是,虽然旅游合同经常以团队方式履行,但合同关系还是存在于特定旅游者与旅行社经营者之间,同一团队的旅游者之间并无旅游合同关系。

2. 旅游合同义务

从整个旅游合同关系来讲,旅游合同义务包括先合同义务、合同义务和后合同义务。

(1) 先合同义务。先合同义务是指旅游经营者与旅游者为缔约而接触时,基于诚实信用原则而发生的各种说明、告知、注意及保护等义务。先合同义务是基于诚实信用原则而产生的,与合同是否成立并无直接关系。《旅游法》第六十二条规定的旅行社的告知义务就是其先合同义务的体现。

（2）合同义务。旅游合同义务是根据旅游合同或法律规定而产生的合同义务。旅游合同义务包括给付义务和附随义务、不真正义务。

给付是指债权债务关系中特定当事人间可请求的特定行为，包括作为和不作为[①]。给付义务，即为债务关系中特定当事人间的作为或不作为的义务，此类义务以旅游合同的有效成立为前提。给付义务又可分为主给付义务和从给付义务。主给付义务是合同关系中固有、必备，并用以决定合同类型的基本义务[②]。在旅游合同中，旅游服务的提供、旅游费用的支付就是主给付义务。从给付义务并不具有独立的意义，仅在于补助主给付义务的目的实现，确保债权人利益的最大化。例如，旅游合同关系中，旅行社经营者对旅游者行李物品的搬运、保管等。

附随义务是依法律规定或诚实信用原则而产生的，当事人之间的照顾、保管、协助、保密、保护等义务。旅行社经营者对旅游者的安全保障义务，即属于典型是附随义务。此类义务的产生不以当事人之间的约定为前提。

不真正义务的主要特征在于，相对人通常不得请求履行不真正义务，违反此种义务并不发生损害赔偿责任，仅使负担该义务的一方遭受权利减损或者丧失利益。《旅游纠纷司法规定》第八条第二款规定，旅游者未按旅游经营者、旅游辅助服务者的要求提供与旅游活动相关的个人健康信息并履行如实告知义务，或者不听从旅游经营者、旅游辅助服务者的告知、警示，参加不适合自身条件的旅游活动，导致旅游过程中出现人身损害、财产损失，旅游者请求旅游经营者、旅游辅助服务者承担责任的，人民法院不予支持。旅游者听从告知警示、不参加不适合自身条件的旅游活动的义务就是不真正义务，违反此义务的结果，是不得就造成的损失要求赔偿。

（3）后合同义务。后合同义务是指合同关系消灭后，当事人依法律规定或者诚实信用原则所负有的某种作为或不作为的义务。《旅游纠纷适用司法规定》第九条所规定的旅游经营者、旅游辅助服务者不得泄露旅游者个人信息或者未经旅游者同意公开其个人信息的义务，即属于此类义务。违反后合同义务的结果，与违反一般合同义务相同，应当承担相应的责任。

（三）旅游合同的形式

合同的形式是当事人合意的外在表现，是合同内容的载体。合同的形式包括口头形式、书面形式和推定形式三种。根据《旅游法》第五十八条、第九十四条的规定，订立包价旅游合同、旅游安排、代订、咨询合同，应当采用书面形式。相应地，未与旅游者签订旅游合同的，由旅游行政管理部门责令改正，处 2 万元以上

---

① 王泽鉴. 债法原理［M］. 北京：北京大学出版社，2009：27.
② 崔建远. 合同法［M］. 5 版. 北京：法律出版社，2010：85.

10 万元以下的罚款；情节严重的，责令停业整顿 1 个月至 3 个月（《旅行社条例》第五十五条）。

但是，值得注意的是，旅行社等旅游经营者未与旅游者签订书面旅游合同，并不必然得出双方之间不存在旅游合同关系的结论。从立法目的来看，要求采取书面形式订立旅游合同主要是为了保存证据，便于事后发生纠纷时有据可查，而不在于否定旅游合同关系。因此，《合同法》第三十六条才规定，法律、行政法规规定或者当事人约定采用书面形式订立合同，当事人未采用书面形式但一方已经履行主要义务，对方接受的，该合同成立。综合上述规定，旅行社等旅游经营者未与旅游者签订书面旅游合同，却向旅游者提供了旅游服务的，旅游合同成立，双方之间的权利义务关系根据旅游合同相关法律规定予以确定；同时由于旅行社等旅游经营者违反《旅行社条例》的规定，则应依《旅行社条例》第五十五条予以行政处罚。

三、旅游合同的履行

旅游合同的履行是指旅游合同中的债务人全面、适当地完成其合同义务，债权人的合同债权得到完全实现。旅游合同的履行，是合同目的的起码要求，没有合同的履行，就不会有合同目的的实现，但仅有旅游合同的履行行为未必就能实现合同的目的。因此，旅游合同的履行必须是债务人全面、适当地完成债务，使债权人实现给付行为与给付结果的统一。所以，旅游合同的履行并非仅指债务人的给付行为，履行注重结果，必须债权人实际获得给付结果，才能称之为履行。旅游合同的履行应当遵循适当履行、协作履行、经济合理、情事变更等基本原则。

（一）适当履行原则

适当履行原则又称为正确履行原则或全面履行原则，是指当事人按照合同规定的标的及质量、数量，由适当的主体在适当的履行期限、履行地点，以适当的履行方式，全面完成合同义务的履行原则。适当履行要求，旅游合同的履行无任何瑕疵，即当事人应当按照约定全面履行自己的义务（《合同法》第六十条第一款）。

（二）协作履行原则

协作履行原则是指当事人不仅应当适当履行自己的合同债务，而且应基于诚实信用原则的要求，在必要的限度内，协助相对人履行债务的履行原则。旅游合同的履行，尤其是旅游服务的提供，只有债务人的给付行为，没有旅游者的受领给付和积极配合，合同目的也是难以实现的。

（三）经济合理原则

经济合理原则要求履行合同时讲求经济效益，付出最小的成本，取得最佳的合同利益。《旅游法》第六十七条第一项规定，因不可抗力等原因导致合同不能完全履行的，旅行社可以在合理范围变更合同，即体现了合同履行过程中尽可能减少成本的经济合理原则。

（四）情事变更原则

情事变更原则是合同依法成立后，因不可归责于双方当事人的原因发生了不可预见的情事变更，致使合同的基础丧失或动摇，若继续维持合同原有效力则显失公平，允许变更或解除合同的原则。旅游活动因其对外部环境具有极强的依赖性，非常容易受到来自天气、交通、政治局势等多方面的影响，而导致按照旅游合同事先约定的内容履行，会产生违反常理、公平的后果。因此，《旅游法》对旅游合同的相应变更、解除做了极为详细的规定。需要注意的是，情事变更原则所要求的情事变更，是指客观情况发生了当事人在订立合同时无法预见的、非不可抗力造成的不属于商业风险的重大变化（《最高人民法院关于适用〈中华人民共和国合同法〉若干问题的解释（二）》第二十六条），而非一般的市场供求变化、价格涨落，或其他属于固有经营风险的履行障碍。

第三节　旅游合同的效力

旅游合同的效力主要包括旅游合同对旅行社经营者的效力和对旅游者的效力。

一、对旅行社经营者的效力

（一）依约提供旅游服务的义务

依照旅游合同的约定提供旅游服务，是旅行社经营者的主给付义务。《旅游法》第五十七条明确规定，旅行社组织和安排旅游活动，应当与旅游者订立合同，并按照约定履行义务。

旅行社依约提供旅游服务的义务，不仅仅是与旅游者签订旅游合同的旅行社（以下简称签约社）的义务，而且也是受签约社委托提供地接服务的旅行社（以下简称地接社）的义务（《旅游法》第六十九条）。《旅游法》第六十九条的规定是对旅游合同相对性的突破。之所以做此突破，针对的是实践中经常发生的，签约社在与旅游者、地接社分别签订的合同中约定不同品质的旅游服务，或者地接社擅自降低旅游服务品质的现象。如严格遵守合同的相对性原则，旅游者仅能向签约社主张权利，再由签约社向地接社做出指示，其过程过于曲折，必然不利于旅游者合法权益的保护。突破旅游合同的相对性，将签约社与地接社之间的交易成本内部化，有利于旅游者合法权益得到最大限度上的保护。

（二）对旅游者的安全保障义务

旅游者必须亲身参与旅游活动才能有效受领旅游服务的特点，决定了旅游合同履行过程中旅游者的人身、财产安全的保障,是旅游经营者的至关重要的义务之一。这与买卖合同、承揽合同、行纪合同等有明显不同。《旅游法》在第五十条、第六十二条、第六十七条、第七十九条等对旅游经营者的安全保障提出了各方面的要求,其重要性可见一斑。此外,《旅游纠纷适用司法规定》第七条也明确规定了旅游经营者、旅游辅助服务者未尽到安全保障义务,造成旅游者人身损害、财产损失,旅游者请求旅游经营者、旅游辅助服务者承担责任的,人民法院应予支持。因第三人的行为造成旅游者人身损害、财产损失,由第三人承担责任;旅游经营者、旅游辅助服务者未尽安全保障义务,旅游者请求其承担相应补充责任的,人民法院应予支持。

(三)信息提供和警示义务

旅游经营者与旅游者之间就旅游活动的相关信息存在着明显的信息不对称,这是旅游合同的重要特征之一。因此,旅游经营者对旅游者负有信息提供和安全警示义务。《旅游法》第六十二条对旅行社经营者的告知义务做了明确的规定,订立包价旅游合同时,旅行社应当向旅游者告知下列事项:①旅游者不适合参加旅游行程的情形;②行程中的安全注意事项;③旅行社依法可以减免责任的相关信息;④旅游者应当注意的目的地相关法律法规、风俗习惯、宗教禁忌,依照中国法律不宜参加的活动等;⑤法律法规规定的其他应当告知的事项。旅游经营者、旅游辅助服务者对可能危及旅游者人身、财产安全的旅游项目未履行告知、警示义务,造成旅游者人身损害、财产损失,旅游者可以请求旅游经营者、旅游辅助服务者承担责任(《旅游纠纷适用司法规定》第八条第一款)。

(四)对旅游者个人信息的保密义务

旅游经营者在订立、履行旅游合同过程中,掌握了旅游者身份证、电话号码、电子邮箱、银行账号、家庭住址等众多个人信息。这些个人信息属于旅游者个人的人格利益,受法律的保护。因而旅游经营者对旅游者的个人信息负有保密义务,避免旅游者遭到不必要的损失。旅游经营者、旅游辅助服务者泄露旅游者个人信息或者未经旅游者同意公开其个人信息,旅游者可以请求其承担相应的责任(《旅游纠纷适用司法规定》第九条)。

(五)妥善办理、保管旅游者证照与保管物品的义务

旅游活动,特别是出境旅游活动,往往需要旅游经营者为旅游者办理相关证照方能成行。旅游经营者受旅游者委托,即应负妥善办理并保管旅游者证照的义务。因过错致其代办的手续、证件存在瑕疵,或者未尽妥善保管义务而遗失、毁损,旅游者可以请求旅游经营者补办或者协助补办相关手续、证件并承担相应的费用(《旅游纠纷适用司法规定》第二十四条)。

在旅游活动过程中,旅游者的行李物品等往往需要旅游经营者、旅游辅助服务者予以保管。旅游经营者或者旅游辅助服务者为旅游者代管的行李物品损毁、灭失，旅游者可以请求赔偿损失，但下列情形除外：①损失是由于旅游者未听从旅游经营者或者旅游辅助服务者的事先声明或者提示，未将现金、有价证券、贵重物品由其随身携带而造成的；②损失是由于不可抗力、意外事件造成的；③损失是由于旅游者的过错造成的；④损失是由于物品的自然属性造成的（《旅游纠纷适用司法规定》第二十二条）。

（六）对旅游者的协助义务

旅游经营者对于旅游者的协助处理的附随义务主要包括如下三项，如有违反，应当承担违约责任：①旅游行程中解除合同的，旅行社应当协助旅游者返回出发地或者旅游者指定的合理地点（《旅游法》第六十八条）；②由于公共交通原因导致旅游者人身伤害或者财产损失的，旅行社应当协助旅游者向公共交通提供者索赔（《旅游法》第七十一条第二款）；③住宿合同中，由于不可抗力、政府因公共利益需要采取措施造成不能提供服务的，住宿经营者应当协助安排旅游者住宿（《旅游法》第七十五条）。

二、对旅游者的效力

（一）支付旅游费用的义务

旅游者的主给付义务是支付约定的旅游费用，按照通常的交易习惯和合同约定，旅游费用应于旅游行程开始之前支付。

根据原国家旅游局和国家工商行政管理总局共同制定的各旅游合同示范文本的规定，旅游费用主要包括：①交通费；②住宿费；③餐费（不含酒水费）；④旅行社统一安排的景区景点的第一道门票费；⑤行程中安排的其他项目费用；⑥导游服务费和旅行社（含地接旅行社）的其他服务费用。出境旅游合同还包括必要的签证、签注费用（旅游者自办的除外）。旅游费用不包括：①旅游者投保的个人旅游保险费用；②合同约定需要旅游者另行付费项目的费用；③合同未约定由旅行社支付的费用；④行程中发生的旅游者个人费用。出境旅游合同还不包括境外小费。

（二）旅游者的替换权

旅游者没有必须参加旅游的义务[①]。旅游行程开始前，旅游者可以将包价旅游合同中自身的权利义务转让给第三人。旅游者的替换权，具有形成权的性质，一经通知到达旅行社经营者，即可生效，无须得到旅行社经营者的同意。旅行社没有正当理由的，不得拒绝，所谓正当理由主要是指基于合同性质不宜转让或者合同另有约定（《旅游纠纷适用司法规定》第十一条第一款）。至于合同所做的不同约定，不

---

① 王泽鉴. 民法概要［M］. 2版. 北京：北京大学出版社，2011：311.

得是单纯地排除旅游者的替换权，而应属于来不及办理相关证照、公务人员出境限制等客观事由。因旅游者替换而增加的费用，如由于形成自然单间而增加的住宿费用等，由旅游者和第三人承担（《旅游法》第六十四条）。同理，如发生费用的减少，旅行社经营者也应予以退还（《旅游纠纷适用司法规定》第十一条第二款）。

（三）旅游者的任意解除权

旅游者任意解除权，是指旅游者在旅游行程结束前，可以随时解除旅游合同的权利。旅游者行使任意解除权，不必具有任何原因。法律赋予旅游者任意解除权的根本理由在于，旅游者的人身自由不受限制。在旅游活动中，旅游者以其人身作为接受旅游经营者服务的受体，无论出于何种理由，旅游者不愿继续接受旅游服务，并不违反强制性的法规，如果不允许其拒绝接受旅游服务，解除旅游合同，将必然导致对其人身自由的限制，甚至强制其接受旅游服务。这种限制显然与现代民主社会公民自由权的基本原则相违背，同时也与旅游活动追求身心愉悦的目的背道而驰。因此，《旅游法》第六十五条明确规定，旅游行程结束前，旅游者解除合同的，组团社应当在扣除必要的费用后，将余款退还旅游者。

有观点认为，境内旅游可以承认旅游者的任意解除权，出境旅游则不应承认旅游者的任意解除权，否则可能造成旅游者非法滞留境外的后果。非法滞留属于违法行为，与旅游者合法行使任意解除权应该区别对待。如发生非法滞留则应根据出入境管理的相关规定，由滞留者承担相应的法律责任，而不能简单地由此而否定旅游者的任意解除权。况且，旅游者在境外行使任意解除权并不必然造成非法滞留的后果，以一种发生与否尚不确定的理由否定旅游者在境外行使任意解除权，并不成立。

（四）协助义务

除支付旅游费用外，旅游者还负有协助履行的义务，此为旅游者的从给付义务。旅游服务的提供，很多情形下需要旅游者的协助方可完成。例如，提交旅游签证申请等，旅游者如果不予协助，旅行社经营者可以催告旅游者在合理期限内完成，旅游者在合理期限内仍不予以协助的，可以类推适用《合同法》第二百五十九条的规定，允许旅行社经营者解除旅游合同。在此，需旅游者协助的事项，必须是旅游者不履行协助义务将致使旅游服务无法完成的事项。

旅游者的协助义务，还包括根据旅游经营者、旅游辅助服务者的要求提供与旅游活动相关的个人健康信息并履行如实告知义务，听从旅游经营者、旅游辅助服务者的告知、警示，不参加不适合自身条件的旅游活动。否则，因此导致旅游过程中出现人身损害、财产损失，旅游者不得请求旅游经营者、旅游辅助服务者承担责任（《旅游纠纷适用司法规定》第八条第二款）。

(五) 依正当方式解决争议的义务

由于旅游服务的品质是否存在瑕疵的判断标准弹性较大，因此旅游合同履行过程中极易发生争议，且争议双方往往难以达成一致意见。实践中，常常出现旅游者采取较为极端的方式解决争议，如因飞机延误纠纷无法得到解决，旅游者冲上飞机跑道。这些极端的争议解决方式不仅对旅游者人身安全形成极大的威胁，而且也不利于旅游市场良好秩序的形成。因此，《旅游法》第七十二条明确规定，旅游者在旅游活动中或者在解决纠纷时，损害旅行社、履行辅助人、旅游从业人员或者其他旅游者的合法权益的，依法承担赔偿责任。

旅游者依正当方式解决争议的义务，具有双重属性。就因此造成自身损失扩大的部分来讲，该义务具有不真正义务的性质，扩大的损失不得要求旅行社赔偿。就其因此造成旅行社、履行辅助人或者其他旅游者损失的部分来讲，具有真正义务的属性，因此造成的损失应当予以赔偿。

第四节 旅游合同的变更、转让与解除

对旅游合同的变更、转让与解除，旅游法有明确的规定。

一、旅游合同的变更

(一) 概述

旅游合同的变更，是指旅游合同的当事人不变，合同的内容予以改变的现象，属于狭义的合同变更。广义的旅游合同变更还包括旅游合同主体的变更，因其本质上是合同权利义务的转让，此处不再赘述。

总体而言，旅游合同变更可分为三种类型：①基于法律的直接规定变更合同，如旅游经营者人违约致使合同不能履行，履行合同的债务变更为损害赔偿债务；②双方当事人协议变更（《合同法》第七十七条）；③基于法律规定的事由，由一方当事人单方行使形成权或者诉请人民法院或仲裁机构予以变更，如在合同因重大误解、显失公平而成立的情况下，以及合同因欺诈、胁迫、乘人之危而成立又不损害国家利益的场合，有权人可诉请变更或撤销合同（《合同法》第五十四条）。

除适用《合同法》关于合同变更的一般规定之外，《旅游法》根据旅游合同履行的实际情况和特殊性，规定了旅游合同特殊的变更事由。

(二) 旅游行程变更的特殊事由

旅游行程体现了旅游合同明确约定的履行时间、顺序、地点和旅游服务的内容，是旅行社经营者所负债务和旅游者所享有权利的具体体现，也是旅游者签订旅

游合同的根据。根据《合同法》第八条的规定，依法成立的合同，对当事人具有法律约束力。当事人应当按照约定履行自己的义务，不得擅自变更或者解除合同。因此，任何一方当事人原则上都不得擅自变更旅游行程，除非"当事人协商一致，可以变更合同"（《合同法》第七十七条）或者有法律规定可以变更合同的特殊事由。根据《旅游法》第六十七条的规定，因不可抗力或者旅行社、履行辅助人已尽合理注意义务仍不能避免的事件，影响旅游行程的，合同不能完全履行的，旅行社经向旅游者做出说明，可以在合理范围内变更合同。

从立法政策来看，《旅游法》虽然对旅行社或旅游者单方面变更旅游行程予以严格限制（《旅游法》第六十九条），但并未排除当事人协商变更旅游行程的可能性。虽然，这可能无法完全杜绝旅行社采取各种方式劝诱旅游者变更行程，侵害旅游者合法权益的现象，但却是合同自由原则的根本性要求。在团队旅游中，如需变更旅游行程，则必须征得全体旅游者的一致同意方可变更，也是《合同法》第七十七条关于协商一致变更的题中之意。

（三）旅游行程变更的效力

因不可抗力、政府因公共利益需要采取措施、旅行社或者履行辅助人已尽合理注意义务仍不能预见的事件，影响旅游行程的，如果导致旅游合同不能完全履行的，旅行社可以在合理范围变更合同，但应当向旅游者做出说明，因此增加的费用由旅游者承担，减少的费用退还旅游者。旅游者不同意变更的，可以解除合同（《旅游法》第六十七条第一项）。解除合同后，旅行社应当协助旅游者返回出发地或者旅游者指定的合理地点（《旅游法》第六十八条）。

二、旅游合同的转让

旅游合同的转让，即旅游合同权利、义务的转让，是指在不改变合同关系内容的前提下，合同关系的一方当事人依法将其合同的权利、义务全部或部分地转让给第三人。按照所转让的内容的不同可以分为：债权让与、债务承担和合同权利义务的概括移转。

（一）债权让与

债权让与是指不改变债权关系的内容，债权人通过让与合同将其债权移转于第三人享有。其中的债权人称为让与人，第三人称为受让人。债权让与应当具备以下三方面的要件：①须存在有效的债权；②被让与的债权须具有可转让性；③让与人和受让人须就债权的转让意思表示一致。在旅游合同实务中，债权让与的现象并不常见，但也不排除发生旅行社经营者将其享有的旅游费用请求权转让给其他人、旅游者将其对于旅行社经营者的费用退还请求权、损害赔偿请求权转让给他人的可能性。

（二）债务承担

债务承担是指债的关系不失其同一性，债权人或债务人通过与第三人订立债务承担合同，将债务全部或部分地移转给第三人承担，该第三人称为承担人。按照承担后原债务人是否免负责任为标准，可以分为免责的债务承担和并存的债务承担。所谓免责的债务承担，是指第三人取代原债务人的地位而承担全部债务，使债务人脱离狭义债的关系的债务承担方式。所谓并存的债务承担，又称附加的债务承担，或重叠的债务承担，指第三人（承担人）加入债的关系之中，与原债务人一起向债权人承担债务的现象。

债务承担因涉及承担人是否能够向债权人履行债务，所以原则上要取得债权人的同意方可生效（《合同法》第八十四条）。旅游合同实务上经常发生的转团，其法律属性多属于债务承担，应当征得旅游者的同意，旅游者不同意的，可以请求解除旅游合同，如转团构成违约的，还可以追究旅游经营者的违约责任（《旅游纠纷适用司法规定》第十条第一款）。如果旅游经营者擅自将其旅游业务转让给其他旅游经营者，旅游者在旅游过程中遭受损害的，可以请求与其签订旅游合同的旅游经营者和实际提供旅游服务的旅游经营者承担连带责任（《旅游纠纷适用司法规定》第十条第二款）。

（三）合同权利义务的概括移转

合同权利义务的概括移转是指原合同当事人一方将其合同权利义务一并移转给第三人，由第三人概括地继受这些权利义务。合同权利义务的概括移转，不仅包括合同权利的转让，还包括合同义务的承担，因此合同权利义务的概括移转，应当取得对方的同意（《合同法》第八十八条）。

旅游者在旅游行程开始前行使替换权，将包价旅游合同中自身的权利义务转让给第三人，即属于合同权利义务的概括移转。旅游者的替换本应征得旅行社经营者的同意，但旅游服务对于旅游者通常并无特殊要求，原则上允许旅游者替换有利于节省交易成本，基于此《旅游法》第六十四条禁止旅行社经营者拒绝替换，除非有基于旅游合同性质等方面的正当理由。

三、旅游合同的解除

（一）合同解除概述

合同的解除是指合同有效成立以后，当解除的条件具备时，因当事人一方或双方的意思表示，使合同关系自始或仅向将来消灭的行为[①]。

根据不同的标准，可以将合同的解除分为：协议解除与单方解除、法定解除和

---

① 崔建远.合同法［M］.5版.北京：法律出版社，2010：238.

约定解除、任意解除和非任意解除。协议解除是当事人双方通过协商同意将合同解除的行为，协议解除是合同自由原则的体现，无须法律的特别规定或当事人的特别约定；单方解除是不必经过相对人的同意，解除权人单方意思表示即可发生合同解除的效果，单方解除以解除权的存在为前提。根据解除合同是否需要具备特定的解除条件，可以将单方解除区分为任意解除和非任意解除，任意解除无须具备特定的解除条件，非任意解除则须具备法律规定或者当事人约定的条件。根据解除权是否由法律规定，单方解除可以分为法定解除和约定解除，前者的解除权依法产生，后者的解除权依当事人的约定产生。

《合同法》针对所有合同类型的解除，规定了一般的解除条件。根据《合同法》第九十四条的规定，有下列情形之一的，当事人可以解除合同：①因不可抗力致使不能实现合同目的；②在履行期限届满之前，当事人一方明确表示或者以自己的行为表明不履行主要债务；③当事人一方迟延履行主要债务，经催告后在合理期限内仍未履行；④当事人一方迟延履行债务或者有其他违约行为致使不能实现合同目的；⑤法律规定的其他情形。旅游合同属于《合同法》所调整的合同关系，具备《合同法》第九十四条所规定的解除条件时，解除权人当然可以解除合同。

此外，《旅游法》及《旅游纠纷适用司法规定》针对旅游合同的特殊属性，规定了旅游合同的特殊法定解除条件。

（二）由于旅行社经营者原因的解除

由于旅行社经营者原因的解除主要根据《合同法》第九十四条的规定处理。除此之外，针对旅游经营者将旅游业务转让给其他旅游经营者，旅游者不同意转让的，《旅游纠纷适用司法规定》第十条第一款规定，旅游者可以解除旅游合同，追究旅游经营者的违约责任。

（三）由于旅游者原因的解除

由于旅游者原因的解除，是指旅游者有下列情形之一的，旅行社可以解除合同（《旅游法》第六十六条）：①患有传染病等疾病，可能危害其他旅游者健康和安全的；②携带危害公共安全的物品且不同意交有关部门处理的；③从事违法或者违反社会公德的活动的；④从事严重影响其他旅游者权益的活动，且不听劝阻、不能制止的；⑤法律规定的其他情形。

因旅游者原因解除合同的，组团社应当在扣除必要、合理的费用后，将余款退还旅游者，因此造成组团社损失的，旅游者应当承担责任。

（四）非因旅游合同当事人原因的解除

非因旅游合同当事人原因的解除包括不能成团的解除和客观原因的解除。

不能成团的解除是指因未达到约定人数不能出团的，组团社可以解除合同，但应当在下列时限内通知旅游者：境内旅游至少提前7天，出境旅游至少提前30天。

因未达到约定人数不能出团的，组团社经征得旅游者书面同意，可以委托其他旅行社履行合同。组团社对旅游者承担责任，受委托旅行社对组团社承担责任。旅游者不同意的，可以解除合同（《旅游法》第六十三条）。因未达到约定的成团人数解除合同的，组团社应当退还已收取的全部费用。

由于客观原因的解除是指因不可抗力、政府因公共利益需要采取措施及旅行社或者履行辅助人已尽合理注意义务仍不能预见的事件，导致合同不能继续履行的，旅行社和旅游者均可解除合同；或者因《旅游法》第六十七条所规定的原因，导致合同不能完全履行，旅游者也不同意变更的，可以解除合同，组团社应当在扣除已向地接社或者履行辅助人支付且不可退还的费用后，将余款退还旅游者。

旅游行程中，无论基于合同原因解除合同，旅行社都应当协助旅游者返回出发地或者旅游者指定的合理地点。如果是由于旅行社或者履行辅助人的过错造成合同解除的，旅游者有权要求旅行社支付返程费用。

第五节　旅游合同的违约责任

旅游合同的违约责任是旅游合同法律制度的重要内容。无论旅游经营者还是旅游者，都应当了解旅游合同的违约责任。

一、概述

旅游合同违约是指违反旅游合同中应当履行的义务。就其基本属性而言，违约是一种违反合同义务的客观现象。至于违约人主观上是否具有过错，则属于违约责任承担范畴的问题，对于违约行为的构成并不发生影响。

旅游合同违约责任是指旅游合同当事人不履行合同义务或者履行合同义务不符合约定时，依法产生的法律责任。旅游合同违约责任除具有一般违约责任所具有的基本属性之外，也有其特殊性质，主要表现为以下几方面。

（一）旅游合同违约责任适用严格责任原则

根据《旅游法》第七十条、第七十一条的规定，旅游合同违约责任适用严格责任原则。旅游合同违约责任适用严格责任原则的原因主要在于：①旅行社经营者组织旅游、收取旅游费等明显具有营业属性是典型的商事行为，对于商事行为适用严格责任原则，以保护作为弱势群体的消费者是现代私法的基本价值取向。②旅游合同最主要的违约形态就是瑕疵给付，对此种违约之归责原则应当适用承揽人瑕疵担保责任的归责原则，即严格责任原则。③旅游合同违约责任原则上采取严格责任原则，不仅符合CISG、PECL等统一实体法规范的立法意旨，而且与传统大陆法系国家关于旅游组织者即使无过错也应承担瑕疵担保责任之规定相吻合。④理论界也普遍将严格责任原则作为旅游合同中基本的归责原则，这也为确定旅游合同违约责任适用严格责任原则提供了现实的支持①。

（二）第三人违约责任的承担

旅游合同的履行通常会借助旅游组织者与旅游者之外的第三人，如旅行社与运输公司签订旅客运输合同、与酒店签订旅客住宿合同、餐饮供应合同及与旅游景点单位签订的景点游览合同等。旅行社经营者不仅就自己的行为向旅游者承担违约责任，也需要就第三人的行为对旅游者承担责任。《旅游法》第七十一条就明确规定了地接社或者履行辅助人提供的服务不符合包价旅游合同约定的，由组团社承担违约责任的规则。

（三）精神损害与时间浪费之救济

旅游合同的本质目的在于，使旅游者在特定时间内通过旅游获得精神上的愉悦。较之于传统的追逐经济利益的合同，当事人对精神享受的追求、所能够接受履行的时间之局限性使得旅游合同履行的适当性要求更为严格，进而导致传统履行障碍救济路径的供给不足。鉴于旅游合同目的的特殊性、传统救济路径的供给不足状况，精神愉悦追求的丧失、时间浪费等逐渐被各国法律纳入合同救济范畴。然而，我国《旅游法》对精神损害与时间浪费的救济均未予以规定，有待实务部门通过法律解释予以填补。

二、旅游合同违约类型

旅游合同违约的类型，可以根据不同的标准进行划分。根据债务是否能够履行可以分为能够履行的违约行为和履行不能，能够履行的违约形态主要包括拒绝履行、迟延（包括债权人迟延）及不完全履行。根据是否已经履行可以分为已经履行中的违约和未履行的违约，已经履行的违约，即为不完全履行；未履行的违约则包括拒绝履行和迟延。

（一）履行不能

履行不能又称为给付不能，是指作为债权客体的给付不可能的状态②。由于旅游活动多属跨地区甚至跨国活动，受到众多因素的影响，因此在各种旅游合同履行障碍中，履行不能占据着非常重要的地位。值得注意的是，对于旅游合同履行不能的判断，应当从一般的社会观念，特别是旅游行业的特殊属性出发，而不能仅仅局限于物理法则及一般合同的履行原则。例如，基于可归责于债务人的原因，不能按照

---

① 梁慧星. 中国民法典草案建议稿 [M]. 北京：法律出版社，2003：272.
② 韩世远. 履行障碍法的体系 [M]. 北京：法律出版社，2006：82.

约定时间出发的，在普通的旅客运输合同中，可能构成履行迟延，但在旅游合同场合，由于旅游时间安排的严格属性（绝对的定期行为），经常会构成履行不能。

（二）拒绝履行

拒绝履行是债务人能履行且应当履行而违法地对债权人表示不履行合同的违约形态。根据我国《合同法》第一百零八条的规定，拒绝履行的表现形式既可以是明示的，也可以是默示的。拒绝履行与不能履行不同，前者是能够履行而不履行，后者则是无能力履行[1]。

（三）期前违约

所谓期前违约，又译为"先期违约""预期违约"，是指在履行期限届至前，合同一方当事人表示将不履行，或者使自己不能履行的违约形态[2]。

作为期前违约的期前履行拒绝，其构成要件包括：其一，要求债务已经发生；其二，履行期尚未届满；其三，给付仍然可能；其四，债务人主管上欠缺债务履行期届满时履行义务的意愿；其五，须将拒绝履行的意思显示于外部；其六，原则上须债务人不履行拒绝履行的债务将构成根本违约。期前履行拒绝在旅游合同中的具体类型表现包括：旅行社无故要求游客提高旅费，否则将取消行程；约定旅客后付款时，旅行社要求游客提前履行其付款义务，否则将停止履行自己的义务；等等。

（四）履行迟延

所谓履行迟延是指债务人能够履行，但在履行期限届满时却可归责于己而未履行债务的现象[3]。履行迟延的构成要件有四：其一，有效债务关系之存在；其二，债务能够履行；其三，债务履行期届满而债务人未履行；其四，债务人未履行无正当理由。就旅游合同而言，要构成履行迟延的违约，即需要旅游合同正式成立、旅游债务未陷于履行不能，并且债务人无正当理由在履行期内未履行其债务。

（五）受领迟延

所谓受领迟延，是指债权人对于已提供的给付，未为受领或未为其他给付完成所必要的协力的事实[4]。从其构成来讲，受领迟延首先应为债务的履行需以债权人的受领或其他协助为必要，其次债务人需依债务之本旨，即须依合同规定之时间、地点及内容等而提出履行，第三个构成要件即为债权人受领拒绝或受领不能的事情。

旅游合同中的受领迟延，以旅游者受领迟延最为常见。其法律上效力主要体现为旅游组织者可以请求其因旅游者受领迟延所增加的负担，如机票改签的费用、增

---

[1] 韩世远. 履行障碍法的体系[M]. 北京：法律出版社，2006：97.
[2] G H Treitel. The Law of Contract[M]. Sweet Maxwell，1995.
[3] 崔建远. 合同责任研究[M]. 长春：吉林大学出版社，1992：101.
[4] 史尚宽. 债法总论[M]. 北京：中国政法大学出版社，2000：322.

加的住宿费用等，但旅游者的赔偿范围以必要者为限①。

（六）不完全履行

不完全履行是指债务人虽然履行了债务，但其履行不符合债务的本旨②。不完全履行通常可划分为瑕疵履行和加害给付两种。瑕疵履行意味着债务人虽然履行了债务，但因履行有瑕疵，以致减少或者丧失其履行本身的价值。瑕疵履行所侵害的时债权人对于正确履行所能取得的利益，即履行利益。加害给付是指因债务人的不当履行造成债权人履行利益以外的其他损失的违约形态③。与瑕疵履行仅为给付品质上的不合格不同，加害给付具有侵权行为的性质④。加害给付的一般构成要件有二：其一，债务人有不适当的履行行为；其二，此种不适当履行造成了债权人超过正常履行利益之外的损害⑤。因加害给付所造成的损失，无论为何种损害，债务人均应当予以赔偿。

三、旅游合同责任的承担方式

（一）继续履行

继续履行又称特定履行、强制实际履行或依约履行，是指违约方不履行合同时，由法院强制违约方按合同规定的标的履行义务，而不得以支付违约金或赔偿金的方式代替履行的违约责任方式。

《旅游法》第七十条明确规定，旅行社不履行包价旅游合同义务或者履行合同义务不符合约定的，应当依法承担继续履行、采取补救措施或者赔偿损失等违约责任。该规定即明确了继续履行作为旅游违约责任的首要承担方式。

（二）损害赔偿

损害赔偿责任是指违约方因不履行或不完全履行合同义务而给对方造成损失，依法或根据合同规定应承担赔偿对方当事人所受损失的责任⑥。

违反旅游合同时的损害赔偿责任之构成要件主要有：①有违约行为的存在。②旅游合同当事人受有损害。一般认为，这里的损害仅指财产损害。但事实上，违约导致之非财产上的损害也已经逐渐为大陆法系国家立法所接受。这一问题，在旅游合同救济中表现得尤为突出，值得注意。③违约行为与损害事实之间有因果关系。

根据《合同法》第一百一十三条第一款的规定，违约方不仅应赔偿受害人遭受

---

① 孙森焱.民法债编总论（下册）[M].北京：法律出版社，2006：461.
② 崔建远.合同法[M].5版.北京：法律出版社，2010：288.
③ 马俊驹，余延满.民法原论[M].北京：法律出版社，2000：635.
④ 同②.
⑤ 黄立.民法债编总则[M].北京：中国政法大学出版社，2002：455-456.
⑥ 马俊驹，余延满.民法原论[M].2版.北京：法律出版社，2005：638-639.

的全部实际损失,还应赔偿合同在适当履行以后可以实现和取得的财产利益,即可得利益的损失。这一规定确立了违约损害赔偿的完全赔偿原则。此外,《旅游法》针对我国旅游市场上极为恶劣的甩团现象,规定旅行社具备履行条件,经旅游者要求仍拒绝履行合同,造成旅游者人身损害、滞留等严重后果的,旅游者还可以要求旅行社支付旅游费用一倍以上三倍以下的赔偿金(《旅游法》第七十条第一款)。

(三)违约金

违约金是指当事人在合同中约定的或法律所规定的,在一方当事人违约不履行或者不适当履行合同时应支付给对方的一定数量货币或其他给付的违约责任形态。

根据违约金的不同发生原因,一般将违约金划分为法定违约金与约定违约金。我国现行《合同法》《旅游法》未规定法定违约金,违约金由当事人约定。但是,我国《合同法》对约定违约金采取干预主义。原则上,违约金一般视为违约造成损失的赔偿金。因此,对于约定违约金过分高于或者低于因违约造成损失的,当事人可以请求人民法院或者仲裁机关适当减少或者增加。

【思考题】

1. 旅游合同的概念、特征和性质是什么?
2. 旅游合同必须包含哪些基本内容?
3. 旅游合同对旅游经营者和旅游者的效力各是什么?
4. 在什么条件下旅游合同可以转让和解除?
5. 旅游合同的违约责任是什么?

第十四章

旅游纠纷解决法律制度

《旅游法》第八章从有利于旅游者合法权益保护和旅游纠纷解决的角度，对投诉处理、调解、仲裁、诉讼做了规定，为解决旅游纠纷提供了较为明确的法律规范。2010年11月1日起施行的《最高人民法院关于审理旅游纠纷案件适用法律若干问题的规定》是人民法院审理旅游纠纷案件的重要指南。2016年2月25日，最高人民法院和国家旅游局联合发出的《关于进一步发挥审判职能作用，促进旅游业健康发展的通知》则是我国有关旅游纠纷解决最新发布的有关文件。本章依据这些法律法规和相关文件对我国旅游纠纷解决法律制度进行阐述。

第一节 旅游纠纷概述

近年来，随着我国旅游业的迅猛发展，旅游纠纷也越来越多。了解旅游纠纷的含义、类型是旅游纠纷解决的前提。

一、旅游纠纷的含义

根据《最高人民法院关于审理旅游纠纷案件适用法律若干问题的规定》第一条，旅游纠纷是指旅游者与旅游经营者、旅游辅助服务者之间因旅游发生的合同纠纷或者侵权纠纷。而在《旅游法》中，虽然第八章的标题是"旅游纠纷处理"，却并没有给旅游纠纷下一个明确的定义。不过，从其第九十二条等规定中可见，旅游纠纷主要是指旅游者与旅游经营者之间发生的纠纷，也包括旅游者与旅游辅助服务人之间的纠纷。以上可谓是严格意义上的旅游纠纷。而从广义上说，旅游纠纷可以指与旅游相关的所有纠纷，如旅游者与交通运输部门的纠纷，旅游者与旅游主管部门之间的纠纷，旅游经营者之间的纠纷，旅游经营者与旅游行政管理部门之间的纠纷等。

二、旅游纠纷的类型

对旅游纠纷的类型划分可以依照不同的标准进行。若以争议内容为标准，旅游纠纷可划分为交通运输业务纠纷、旅行社业务纠纷、导游业务纠纷、旅馆业务纠纷、旅游资源开发利用和保护纠纷、旅游保险纠纷及旅游税收纠纷。若以旅游法的调整对象为标准，旅游纠纷可以分为旅游游览纠纷、旅游经营行为纠纷和旅游管理行为纠纷。以旅游业务范围为标准，旅游纠纷可以分为入境旅游纠纷、国内旅游纠纷和出境旅游纠纷①。

而按照争议发生在何种主体之间的标准划分，在实践中，常见的旅游纠纷主要有三类：①旅游企业和旅游者之间或旅游企业之间发生的纠纷；②旅游管理部门与旅游企业或旅游者之间发生的纠纷；③客源发生国和旅游接待国之间或者客源发生国企业和旅游接待国企业之间的纠纷。其中，最为突出的是旅游者和旅游经营者之间的纠纷，以及由此引起的旅游者、旅游经营者和国家行政机关之间的纠纷。

在最常见的旅游者和旅游经营者之间的纠纷中，由于纠纷主体的地位平等，因此纠纷的形态通常以民事违约或侵权争议的形式表现出来。

违约行为是指合同当事人违反合同义务的行为。违约行为是违约责任的基本构成要件，没有违约行为，也就没有违约责任。一般说来，违约行为从属于违法行为。民事违法行为就包括民事违约和民事侵权两类。根据违约行为发生的时间，违约行为总体上可分为预期违约和实际违约。

预期违约又叫先期违约、事先违约、提前违约、预期毁约，是指当事人一方在合同规定的履行期到来之前，明示或者默示其将不履行合同，由此在当事人之间发生一定的权利义务关系的一项合同法律制度，如旅行社在行程开始之前通知旅游者旅行计划取消。预期违约制度的确立可以使双方当事人的实际损失降低到较低限度，并有利于保护守约方的利益，使守约方能及时解除合同，另订其他补救合同，以实现其所期望的经济利益，符合法律的公平原则。所以，不但美国的《统一商法典》明确规定了预期违约制度，1980年《联合国国际货物销售合同公约》也规定了预期违约制度。而中国《合同法》吸收和借鉴了英美法中的预期违约制度，在第一百零八条做出了规定，即当事人一方明确表示或者以自己的行为表明不履行合同义务的，对方可以在履行期届满之前要求其承担违约责任。理论界和实务界都一致认可这条规定确立了预期违约制度。

而实际违约又可以分为不履行和不符合约定的履行。其中，不履行是指在合同履行期届满时，合同当事人完全不履行自己的合同义务，又分为"根本违约"和"拒绝履行"。根本违约是指当事人一方迟延履行债务或者有其他违约行为，致使不能实现合同目的。比如，旅游经营者将原本定于"十一"黄金周的旅游推迟为11月份的旅游，导致旅游者"十一"期间旅游的目的无法实现。而拒绝履行又叫履

---

① 宋才发，杨富斌. 旅游法教程[M]. 北京：知识产权出版社，2006：263.

行拒绝、给付拒绝,是指履行期届满时,债务人无正当理由表示不履行合同义务的行为。

实际违约中的不符合约定的履行又可分为迟延履行、质量有瑕疵的履行、不完全履行(包括部分履行、履行地点不当的履行和履行方法不当的履行)。迟延履行是指债务人无正当理由,在合同规定的履行期届满时,仍未履行合同债务。合同中未约定履行期限的,在债权人提出履行催告后仍未履行债务,就是迟延履行。质量有瑕疵的履行又叫不适当履行,是指债务人所做的履行不符合合同规定的质量标准,甚至因交付的产品有缺陷而造成他人人身、财产的损害。不完全履行又叫不完全给付,是指债务人虽然以完全给付的意思为给付,但给付不符合债务本旨。与违约纠纷不同的是侵权纠纷。侵权行为是一种侵害他人权益的行为,因此侵权行为也可以称为一种侵害行为。从广义上说,侵权行为是产生责任的根据,但侵权行为不仅仅是指因行为人的过错而导致的侵权行为,还包括基于法律的规定而产生的责任。从广义上来理解,侵权行为不仅包括过错行为责任,还包括行为人依据公平原则产生的责任和无过错责任,这种责任也是法律制度规定所产生的。《民法通则》第一百零六条第二、三款规定,公民、法人由于过错侵害国家的、集体的财产,侵害他人财产、人身的,应当承担民事责任。没有过错,但法律规定应当承担民事责任的,应当承担民事责任。从该规定来看,既包括了因过错产生的责任也包括了非过错责任,可见中国《民法通则》采纳了广义的侵权行为的概念。采纳这一概念的理由主要在于:随着现代侵权行为法的发展归责原则已经多样化,除过错责任原则以外还包括公平原则和无过错责任,而这些责任都属于侵权法上的责任,在探讨侵权行为概念时必须包括这些责任。

在旅游者和旅游经营者之间发生纠纷时,以违约为由提起权利救济请求和以侵权为由提起权利救济请求的结果是不一样的。

第一,在归责原则的适用方面,许多国家的法律规定,违约责任适用过错推定责任原则或严格责任原则。侵权责任在各国法律中通常以过错责任为基本原则,而对某些特殊的侵权行为实行严格责任原则。根据中国侵权行为法的规定,对侵权责任采用过错责任、严格责任、公平责任原则,实际上采用了多重归责原则。在侵权之诉中,只有在受害人具有重大过失时,侵权人的赔偿责任才可以减轻。而在合同之诉中,只要受害人具有轻微过失,违约当事人的赔偿责任就可以减轻。

第二,在举证责任的分配方面,根据大多数国家的民法规定,在合同之诉中,受害人不负举证责任,而违约方必须证明其没有过错,否则,将推定他有过错。在侵权之诉中,侵权行为人通常不负举证责任,受害人必须就其主张举证。当然,在某些侵权行为中,也实行举证责任倒置,但这毕竟只是特殊现象。根据中国民法规定,在一般侵权责任中,受害人有义务就加害人过错问题举证,而在特殊的侵权责任中，应由加害人反证自己没有过错。不过，在合同责任中，违约方应当证明自己没有过错，否则，应承担违约责任。

第三，时效的区别。绝大多数国家的民法典对合同之诉和侵权之诉规定了不同的时效期限。有些国家民法规定，侵权之诉适用短期时效，合同之诉适用长期普通时效。中国《民法通则》规定，因侵权行为所产生的损害赔偿请求权一般适用两年时效规定，但因身体受到伤害而产生的损害赔偿请求权，其诉讼时效期间为一年；因违约行为产生的损害赔偿请求权，诉讼时效一般为两年，但在出售质量不合格的商品未声明、延付或者拒付租金以及寄存财物被丢失或者损毁的情况下，则适用一年的时效规定；货物买卖合同争议提起诉讼或者仲裁的期限为四年。

第四，在责任构成要件和免责条件方面，在违约责任中，行为人只要实施了违约行为，且不具有有效的抗辩事由，就应当承担违约责任。但是在侵权责任中，损害事实是侵权损害赔偿责任成立的前提条件，无损害事实，便无侵权责任的产生。在违约责任中，除了法定的免责条件以外，合同当事人还可以事先约定不承担责任的情况。在侵权责任中，免责条件或原因只能是法定的，当事人不能事先约定免责条件，也不能对不可抗力的范围事先约定。

第五，在责任范围方面，关于合同的损害赔偿责任，法律常常采取"可预性"标准来限定赔偿的范围。对于侵权责任来说，损害赔偿不仅包括财产损失的赔偿，而且包括人身伤害和精神损害的赔偿，其赔偿范围不仅应包括直接损失，还应包括间接损失。

从以上分析可见，由于侵权责任和违约责任存在着重要区别，因此在责任竞合的情况下，不法行为承担何种责任，将导致不同的法律后果的产生，并严重影响到对受害人利益的保护和不法行为人的制裁，所以，责任竞合问题在近百年以来一直是民法界争论的热点。

因此，当纠纷发生时，旅游者维权是选择以侵权作为维权理由还是以旅游合同违约作为维权理由是要慎重的。比如，甲乘坐乙的运营车辆，乙不慎将车开入路边沟中，造成甲受伤，事故经交警部门认定乙负全部责任。甲如何选择案由才能更好地维护自己的合法权益？这种情况，不妨选择侵权之诉，因为侵权之诉的赔偿项目中包括精神损害抚慰金，选择违约之诉，无法得到精神损害抚慰金。

三、旅游纠纷的解决途径

发生旅游纠纷之后，解决纠纷的主要途径有四种：协商、调解、行政处理、仲裁和诉讼。除法律法规有特别规定，当事人在纠纷发生后，可以选择上述任何一种方式解决纠纷。《旅游法》第九十二条明确规定，旅游者与旅游经营者发生争议，可以通过以下途径解决：①双方协商；②向消费者协会、旅游投诉受理机构或者相关主管部门投诉；③申请仲裁；④向人民法院提起诉讼。

第二节 旅游纠纷的协商与调解

旅游纠纷发生之后，首先可以选择以协商和调解的方式来解决。

一、旅游纠纷的协商与调解概述

一般而言，在进行行政投诉、选择仲裁或者诉讼解决旅游纠纷之前，都会经过协商或者调解的纠纷解决程序。

协商是在旅游纠纷发生之后，由当事人双方直接进行磋商，自行解决纠纷的一种纠纷解决方式。由于这种方式是通过协商或谈判达成和解，故这种方式又称为和解。协商是最常见的解决争议的方式。当事人协商达成的解决争议的协议实质上是成立一项新合同，当事人应当自觉履行，否则就构成违约。当然，也有许多争议无法通过协商得到解决，这时当事人可以采取进一步的法律行动，如进行仲裁或司法诉讼。

协商的优越性主要有：第一，协商自始至终都是在自愿的基础上进行的，因此，当事人一旦达成解决争议的协议，一般都能自愿遵守。第二，协商一般是在友好的气氛中进行，一般不仅能使争议得到解决，而且有利于当事人合作关系的进一步发展。第三，协商一般可以节省费用和时间。第四，协商不必遵守严格的法律程序，可以灵活地解决争议。第五，协商中没有第三人参与，有利于保守商业秘密。但协商也有一定的局限性，如由于在协商中当事人并没有达成协议的义务，所以有时会使争议拖延甚久而无法解决，不得不再求助于其他方式。采取协商方式解决旅游纠纷时应遵循如下五个原则：①自愿原则；②平等原则；③合法原则；④协商一致原则；⑤公平合理原则。

旅游纠纷的调解是旅游纠纷当事人自愿将争议提交第三者，并在第三者的主持和促使下，达成和解协议，解决争议的一种方法。调解和协商的主要相同之处在于，两者都是在当事人自愿的基础上进行的；两者的不同之处在于，调解是在第三者介入的情况下进行的，协商则没有第三者的介入。

调解中的第三者称为调解人。调解人可以是组织，也可以是个人。调解人可以由当事人指定，也可以由调解机构指定。在一般情况下，如果调解后达成的协议上仅有当事人签字，该协议称为和解书或和解协议。如果调解人也在协议上签字，该协议称为调解书或调解协议。和解书和调解书具有合同的法律效力。如果一方当事人反悔或不履行协议，应视为违约，另一方当事人可以寻求新的途径解决争议。一般而言，不能以和解书或调解书为依据向法院申请强制执行。在解决民商事争议方面，调解具有如下优越性。①快捷地解决争议；②有利于当事人继续发展友好合作关系；③调解人的介入及其调解人的专业性增加了解决争议的可能性。

《旅游法》第九十三条规定，消费者协会、旅游投诉受理机构和有关调解组织在双方自愿的基础上，依法对旅游者与旅游经营者之间的纠纷进行调解。从该规定可以看出，主持我国旅游纠纷调解的主体具有多元化特点。也就是说，旅游纠纷调解的主体既可以是消费者协会，也可以是旅游投诉机构或其他有关调解组织。

二、旅游纠纷调解的类型

旅游纠纷的调解，根据调解人身份的不同可以分为民间调解、行政调解、仲裁调解和司法调解四种。

（一）旅游纠纷的民间调解方式

旅游纠纷的民间调解是指由旅游纠纷争议当事人选任的非官方的第三者就当事人之间的旅游争议所进行的调解。民间调解人既可以是组织，也可以是个人；既可以是一人，也可以同时为数人。

民间调解可以分为人民调解与其他民间调解，人民调解和其他民间调解最根本的区别是，人民调解是我国《宪法》确认的，人民调解委员会是遵照《宪法》规定经群众直接选举而产生的、基层群众自治性质的、调解民间纠纷的专门组织；人民调解委员会及其组织成员遵照法规对民间纠纷进行调解和主持调解，并接受基层人民政府和基层人民法院的指导；而其他民间调解的调解人员都不是经基层群众选举产生的，其他民间调解，有一些完全是群众自发的调解，是无组织、无章程的行为。

根据2011年实施的《中华人民共和国人民调解法》，人民调解委员会不得受理调解下列纠纷：①法律、法规规定只能由专门机关管辖处理的，或者法律、法规禁止采用民间调解方式解决的；②人民法院、公安机关或者其他行政机关已经受理或者解决的。

人民调解委员会可以根据纠纷当事人的申请，受理调解纠纷；当事人没有申请的，也可以主动调解，但当事人表示异议的除外。人民调解委员会调解民间纠纷不收费。

在人民调解活动中，纠纷当事人享有的权利包括：①自主决定接受、不接受或者终止调解；②要求有关调解人员回避；③不受压制强迫，表达真实意愿，提出合理要求；④自愿达成调解协议。

这些调解的原则和规定同样适用于其他民间调解。如果旅游纠纷当事人经过调解之后达成协议，制作并签署调解协议书的，调解协议书应视为双方当事人意思表示一致的结果,与一般协议一样具有法律效力。

(二)旅游纠纷的行政调解方式

消费者协会、旅游投诉受理机构和除仲裁机关以及司法机关之外的相关旅游主管部门主持的调解都属于行政调解。

旅游投诉处理机构受理投诉后,应当积极安排当事双方进行调解,提出调解方案,促成双方达成调解协议。旅游投诉处理机构应当在受理旅游投诉之日起60日内,做出以下处理:①双方达成调解协议的,应当制作《旅游投诉调解书》,载明投诉请求、查明的事实、处理过程和调解结果,由当事人双方签字并加盖旅游投诉处理机构印章;②调解不成的,终止调解,旅游投诉处理机构应当向双方当事人出具《旅游投诉终止调解书》。调解不成的,或者调解书生效后没有执行的,投诉人可以按照国家法律、法规的规定,向仲裁机构申请仲裁或者向人民法院提起诉讼。

在下列情形下,经旅游投诉处理机构调解,投诉人与旅行社不能达成调解协议的,旅游投诉处理机构应当做出划拨旅行社质量保证金赔偿的决定,或向旅游行政管理部门提出划拨旅行社质量保证金的建议:①旅行社因解散、破产或者其他原因造成旅游者预交旅游费用损失的;②因旅行社中止履行旅游合同义务、造成旅游者滞留,而实际发生了交通、食宿或返程等必要及合理费用的。

(三)旅游纠纷的仲裁机构调解方式

仲裁机构调解是在仲裁机构主持下进行的调解。国际上,各仲裁机构进行调解的做法有所不同。一种做法是把调解程序和仲裁程序分开。分别定有调解规则和仲裁规则,调解由调解委员会进行,仲裁由仲裁庭主持,调解不成而需仲裁时,原调解人不得为同一争议的仲裁人。另一种做法是将调解纳入仲裁程序,由仲裁庭主持,在仲裁开始前或开始后,仲裁庭可主动征得当事人的同意后进行调解,调解成功后即结案,调解不成时则继续仲裁。中国国际经济贸易仲裁委员会和中国海事仲裁委员会采用后一种做法。

仲裁调解并非仲裁中的必经程序,其依据是《中华人民共和国仲裁法》(以下简称《仲裁法》)第五十一条规定,仲裁庭在做出裁决前,可以先行调解。当事人自愿调解的,仲裁庭应当进行调解。调解不成的,应当及时做出裁决。调解达成协议的,仲裁庭应当制作调解书或者根据协议的结果制作裁决书。调解书与裁决书具有同等法律效力。调解书应当写明仲裁请求和当事人协议的结果。调解书由仲裁员签名,加盖仲裁委员会印章,送达双方当事人。调解书经双方当事人签收后,即发生法律效力。在调解书签收前当事人反悔的,仲裁庭应当及时做出裁决。

(四)旅游纠纷的司法机关调解方式

司法机关调解也称法院调解、诉讼调解,是指由法院主持下进行的调解。法院调解也必须遵守当事人自愿原则,依法院调解达成的协议而制作的调解书具有强制执行的法律效力。未能达成调解协议或者在调解书送达后当事人一方反悔的，法院应及时判决。

司法调解以当事人之间的私权冲突为基础，以当事人一方的诉讼请求为依据，以司法审判权的介入和审查为特征，以当事人处分自己的权益为内容，实际上是公权力主导下对私权利的一种处分和让与。旅游纠纷案件以及其他民商事案件的当事人之间往往有着千丝万缕的联系，解决纠纷后仍然要在一起工作、生活。司法裁判针对的仅仅是个案而言，解决的是分清是非，划分责任，结果易导致矛盾激化，不能根除矛盾，化解纠纷。而司法调解是通过做深、做透当事人的思想工作，彻底消除矛盾，解除心结，理顺社会关系。司法调解作为重要的诉讼机制，使诉讼更加人性化，诉讼当事人可以平等地协商，自主选择。当事人对纠纷的真相和自己的利益所在十分清楚，经过自愿选择的处理结果，应当最符合他们自己的利益需求，也最接近当事人追求的实体公正。调解结案更符合司法公正的实质要求。此外，在诉讼过程中调解一起案件可能要投入大量的时间和精力，但它减少了不必要的诉累，案件调解结案后，双方当事人通常不上诉、不申请再审、不再上访，解除了很多后顾之忧，既稳定了社会，又节约了司法资源，一定程度上提高了司法效率。

第三节 旅游投诉及其解决方式

一、旅游投诉概述

根据 2010 年国家旅游局颁行的《旅游投诉处理办法》第二条的规定，旅游投诉，是指旅游者认为旅游经营者损害其合法权益，请求旅游行政管理部门、旅游质量监督管理机构或者旅游执法机构（以下统称旅游投诉处理机构），对双方发生的民事争议进行处理的行为。地方各级旅游行政主管部门应当在本级人民政府的领导下，建立、健全相关行政管理部门共同处理旅游投诉的工作机制。

二、旅游投诉处理机构

一般来说，发生旅游纠纷，旅游者可先与旅游经营者沟通，协商解决；协商不成，再向旅游质量监督管理部门或消费者协会投诉，亦可向人民法院提起诉讼。旅游者向法院提起诉讼并已被法院受理的案件，消费者协会、旅游质监部门将不再受理。

游客在旅行过程中遇到旅游服务质量问题，合法权益受损时，可以立即去当地旅游质量监督管理部门投诉；如果游客已旅行归来，可到组团社所在地的旅游质量监督管理部门递交投诉状。

旅游行政主管部门和相关部门在执法过程中或者处理举报、投诉时发现违法行为的，属于本部门管理事项的，应当依法及时做出处理；不属于本部门职责范围的事项，应当及时书面通知并移交相关部门查处。比如，旅游投诉处理机构在处理旅游投诉中，发现被投诉人或者其从业人员有违法或犯罪行为的，应当按照法律、法规和规章的规定，做出行政处罚，向有关行政管理部门提出行政处罚建议或者移送司法机关。

《旅游法》的颁行使得投诉过程中综合处理责任机制得以建立，在这一机制下，县级以上地方人民政府建立旅游违法行为查处信息的共享机制，对需要跨部门、跨地区联合处理的违法行为，应当进行督办。旅游行政主管部门和相关部门应当按照各自职责，及时向社会公告监督检查的情况。

三、旅游投诉的管辖

旅游投诉由旅游合同签订地或者被投诉人所在地县级以上地方旅游投诉处理机构管辖。需要立即制止、纠正被投诉人的损害行为的，应当由损害行为发生地旅游投诉处理机构管辖。上级旅游投诉处理机构有权处理下级旅游投诉处理机构管辖的投诉案件。发生管辖争议的，旅游投诉处理机构可以协商确定，或者报请共同的上级旅游投诉处理机构指定管辖。

四、旅游投诉的处理

投诉人可以就下列事项向旅游投诉处理机构投诉：①认为旅游经营者违反合同约定的；②因旅游经营者的责任致使投诉人人身、财产受到损害的；③因不可抗力、意外事故致使旅游合同不能履行或者不能完全履行，投诉人与被投诉人发生争议的；④其他损害旅游者合法权益的。

根据《旅游投诉处理办法》第九条的规定，有一些事项是处理机构应当拒绝受理的，具体包括：①人民法院、仲裁机构、其他行政管理部门或者社会调解机构已经受理或者处理的；②旅游投诉处理机构已经做出处理，且没有新情况、新理由的；③不属于旅游投诉处理机构职责范围或者管辖范围的；④超过旅游合同结束之日90天的；⑤不符合本办法第十条规定的旅游投诉条件的；⑥本办法规定情形之外的其他经济纠纷。属于前款第③项规定的情形的，旅游投诉处理机构应当及时告知投诉人向有管辖权的旅游投诉处理机构或者有关行政管理部门投诉。

进行旅游投诉时，应当符合的条件包括：①投诉人与投诉事项有直接利害关系；②有明确的被投诉人、具体的投诉请求、事实和理由。

旅游投诉一般应当采取书面形式，一式两份，并载明下列事项：①投诉人的姓名、性别、国籍、通信地址、邮政编码、联系电话及投诉日期；②被投诉人的名称、所在地；③投诉的要求、理由及相关的事实根据。但是，投诉事项比较简单的，投诉人可以口头投诉，由旅游投诉处理机构进行记录或者登记，并告知被投诉人；对于不符合受理条件的投诉，旅游投诉处理机构可以口头告知投诉人不予受理及其理由，并进行记录或者登记。

投诉人委托代理人进行投诉活动的，应当向旅游投诉处理机构提交授权委托书，并载明委托权限。投诉人4人以上，以同一事由投诉同一被投诉人的，为共同投诉。共同投诉可以由投诉人推选1名至3名代表进行投诉。代表人参加旅游投诉处理机构处理投诉过程的行为，对全体投诉人发生效力，但代表人变更、放弃投诉请求或者进行和解，应当经全体投诉人同意。

旅游投诉处理机构接到投诉，应当在5个工作日内做出以下处理：①投诉符合本办法的，予以受理；②投诉不符合本办法的，应当向投诉人送达《旅游投诉不予受理通知书》，告知不予受理的理由；③依照有关法律、法规和本办法规定，本机构无管辖权的，应当以《旅游投诉转办通知书》或者《旅游投诉转办函》，将投诉材料转交有管辖权的旅游投诉处理机构或者其他有关行政管理部门，并书面告知投诉人。

在证据调查方面，被投诉人应当在接到通知之日起10日内做出书面答复，提出答辩的事实、理由和证据。投诉人和被投诉人应当对自己的投诉或者答辩提供证据。旅游投诉处理机构应当对双方当事人提出的事实、理由及证据进行审查。旅游投诉处理机构认为有必要收集新的证据，可以根据有关法律、法规的规定，自行收集或者召集有关当事人进行调查。需要委托其他旅游投诉处理机构协助调查、取证的，应当出具《旅游投诉调查取证委托书》，受委托的旅游投诉处理机构应当予以协助。对专门性事项需要鉴定或者检测的，可以由当事人双方约定的鉴定或者检测部门鉴定。没有约定的，当事人一方可以自行向法定鉴定或者检测机构申请鉴定或者检测。

第四节　旅游纠纷的仲裁

一、旅游仲裁概述

发生旅游纠纷时，如果通过协商和调解无法达成一致意见，除了进行旅游投诉之外，旅游仲裁也是一种便捷的纠纷解决方式。仲裁在性质上是兼具契约性、自治性、民间性和准司法性的一种争议解决方式。

旅游仲裁一般是旅游纠纷的当事人根据他们之间自愿订立的仲裁协议，自愿将其争议提交由非官方身份的仲裁员组成的仲裁庭进行裁判，并受该裁判约束的一种制度。

仲裁活动和法院的审判活动一样，关乎当事人的实体权益，是解决民事争议的方式之一。仲裁机构和法院不同。法院行使国家所赋予的审判权，向法院起诉不需要双方当事人在诉讼前达成协议，只要一方当事人向有审判管辖权的法院起诉，经法院受理后，另一方必须应诉。仲裁机构通常是民间团体的性质，其受理案件的管辖权来自双方协议，没有协议就无权受理旅游仲裁。协议签订有两种方式：一种是在争议发生之前订立的，它通常作为旅游合同中的一项仲裁条款出现；另一种是在争议之后订立的，它是把已经发生的争议提交给仲裁的协议。这两种形式的仲裁协议，其法律效力是相同的。

二、旅游仲裁的特点

旅游仲裁作为解决旅游纠纷的一种方式，其自身的法律特点主要有如下几个方面。

（1）提交仲裁是以当事人双方自愿为前提。仲裁机构对争议事项的仲裁权，是基于当事人双方的协议而取得。仲裁的整个过程都贯穿着仲裁当事人自愿的原则：当事人自愿决定采取仲裁方式解决哪些争议事项、自愿决定由哪个仲裁机构仲裁、自愿决定由哪些仲裁员仲裁，甚至可以选择仲裁所适用的法律。当然为了仲裁制度本身的需要，当事人的自愿要遵循一定的规定，受到一定的限制。如当事人在仲裁规则规定的期限内没有选定或委托仲裁机构制定仲裁员，仲裁机构有权代为指定。

（2）仲裁不是国家裁判行为，它与法院对民事案件的裁判在性质上截然不同。仲裁机构不是国家行政机关，而是专门仲裁组织，处于第三者地位。仲裁机构以其自身公正的仲裁活动树立自己的威信，其仲裁权的取得完全基于当事人的授权，而不是依据国家行政或司法职权。同时，虽然国家承认仲裁裁决具有法院判决同等效力，可以通过法院强制执行，但国家享有对仲裁的监督权。

（3）仲裁的事项应当是当事人可以自由处分的部分民事权利和财产权利，对于当事人无权处分的民事权利，如由婚姻、继承、收养、监护、扶养等所引起的争议，仲裁机构不能受理。旅游纠纷不属于当事人无权处分的民事权利事项。但是根据《仲裁法》第十七条的规定，出现下列情况之一的，也会导致仲裁协议无效：①约定的仲裁事项超出法律规定的仲裁范围的；②无民事行为能力人或者限制民事行为能力人订立的仲裁协议；③一方采取胁迫手段，迫使对方订立仲裁协议的。

（4）仲裁裁决——仲裁庭。仲裁庭一经做出裁决即发生法律效力，当事人不能到法院起诉，也不能复议和上诉。对仲裁裁决不经一定的法律程序不得撤销，当事人必须履行。由于这种裁判的一次性特征，仲裁协议在形式上要求比一般民事协议更为严格，必须是书面形式的，不承认口头形式。仲裁协议中必须包含：请求仲裁的意思表示；仲裁事项；选定的仲裁委员会。

（5）仲裁庭审理案件具有"保密性"，案情不公开，裁决不公开。而人民法院实行案件公开审理原则，但依法不应公开审理的除外。

（6）独立、公平、公正。仲裁案件可以得到公正妥善的处理，原因包括：第一，仲裁是由仲裁庭独立进行的，任何机构和个人均不得干涉仲裁庭。第二，仲裁委员会聘请的仲裁员都是公道正派的有名望的专家，由于经济纠纷多涉及特殊知识领域，由专家断案更有权威，而且仲裁中处于第三人地位，不是当事人的代理人，由其居中断案，更具公正性。第三，为了保证仲裁公正公平，仲裁委员会对所聘任的仲裁员进行了系统规范的严格管理，以确保仲裁员在仲裁的过程中遵纪守法。

（7）选择的排他性。我国法律明确规定，选择仲裁方式处理纠纷的，就不能再选择以诉讼方式解决纠纷，反之亦然，即"或裁或审"。当事人签订了仲裁协议即排除了开启诉讼解决旅游纠纷。

由于仲裁具有上述特点，因而也产生了收费较低、结案较快、程序较简单、气氛较宽松、当事人意愿得到了广泛尊重的优点。

三、旅游仲裁机构

对旅游纠纷进行仲裁的机构与对普通民商纠纷进行仲裁的机构并无不同。各国对仲裁的规定并不一致，但一般多表现为机构仲裁，因为常设的仲裁机构备有较为完善的仲裁规则和仲裁员名册，并有完整的管理和服务，有利于仲裁程序的顺利进行。我国仲裁法规定的仲裁是机构仲裁，常设的仲裁机构是仲裁委员会。目前，我国的仲裁机构有中国国际经济贸易仲裁委员会、中国海事仲裁委员会等。中国国际经济贸易仲裁委员会设在北京。在深圳经济特区设有仲裁委员会深圳分会，在上海设有仲裁委员会上海分会。仲裁委员会及其分会是一个整体。双方当事人可约定将其争议提交仲裁委员在北京进行仲裁，或者约定将其争议提交仲裁委员会深圳分会在深圳进行仲裁，或者约定将其争议提交仲裁委员会上海分会在上海进行仲裁；如无此约定，则由申诉人选择，由仲裁委员会在北京进行仲裁；作此选择时，以首先提出选择的为准；如有争议，应由仲裁委员会做出决定。中国海事仲裁委员会设在北京。根据仲裁业务发展的需要，仲裁委员会可以在中国境内其他地方设立仲裁委员会分会。上述两个仲裁委员会是按国际惯例和各国通常做法组建的。中国国际经济贸易仲裁委员会主要受理产生于国际或涉外的契约性或非契约性的经济贸易等争议，包括外国法人、自然人与中国法人、自然人之间，外国法人、自然人之间，中国法人、自然人之间发生的上述争议。

根据《仲裁法》第十条第一款规定，仲裁委员会可以在直辖市和省、自治区人民政府所在地的市设立，也可以在其他设区的市设立，不按行政区划层层设立。目前，全国已有100多个城市组建了仲裁委员会。仲裁委员会在组织机构上实行委员会制度，设主任一人，副主任若干人，委员若干人；总会设秘书局，分会设秘书处，各有秘书长一人、副秘书长若干人；设仲裁委员会委员会议、主任会议、秘书长会议和专家咨询委员会。

四、旅游仲裁的方式和方法

根据我国仲裁规则定，申诉人和被申诉人各自在仲裁委员会仲裁员名册中指一名仲裁员，并由仲裁委员会主席指定一名仲裁员为首仲裁员，共同组成仲裁庭审理案件；双方当事人亦可在仲裁委员名册共同指定或委托仲裁委员会主席指定一名仲裁员为独任仲裁员，成立仲裁庭，单独审理案件。仲裁庭审理案件的形式有两种：一是不开庭审理，这种审理一般是经当事人申请，或由仲裁庭征得双方当事人同意，只依据书面文件进行审理并做出裁决；二是开庭审理，这种审理按照仲裁规则的规定，采取不公开审理，如果双立事人要求公开进行审理时，由仲裁庭做出决定。

裁决是仲裁程序的最后一个环节。裁决做出后，审理案件的程序即告终结，因而这种裁决被称为最终裁决。根据我国仲裁规则，除最终裁决外，仲裁庭认为有必要或接受当事人的提议，在仲裁过程中，可就案件的任何问题做出中间裁决或者部分裁决。中间裁决是指对审理清楚的争议所做的暂时性裁决，以利于案件的进一步审理。部分裁决是指仲裁庭对整个争议中的一些问题已经审理清楚，而先行做出的部分终局性裁决，这种裁决是构成最终裁决的组部分。仲裁裁决必须于案件审理终结之日起45天内以书面形式做出，仲裁裁决除由于调解达成和解而做出的裁决书外，应说明裁决所依据的理由，并写明裁决是终局的和做出裁决书的日期地点，以及仲裁决员的署名等。

当事人对于仲裁裁决书，应依照其中所规定的时间自动履行，裁决书未规定期限的，应立即履行。一方当事人不履行的，另一方当事可以根据中国法律的规定，向中国法院申请执行，或根据有关国际公约或中国缔结或参加的其他国际条约的规定办理。

按照各国际仲裁规则的一般规定，仲裁裁决如系以下情况，当事人可在法定期限内，请求仲裁地的管辖法院撤销仲裁裁决，并宣布其为无效。

（1）在无仲裁协议的情况下做出的，或以无效（呈过期）的仲裁协议为据做出的裁决。

（2）仲裁员的行为不当或越权所做出的裁决。

（3）以伪造证据为依据所做出的裁决。
（4）或裁决的事项是属于仲裁地法律规定不得提交仲裁处理的裁决等。

第五节　旅游诉讼

在协商、调解不成的情况下，旅游者或旅游经营者通常会选择采取诉讼的方式来解决旅游纠纷。通常，比较严重的旅游纠纷，旅游者或旅游经营者愿意通过诉讼途径来解决。

一、旅游诉讼的概念

旅游诉讼是指人民法院和旅游案件当事人在其他诉讼参与人的配合下，为解决旅游纠纷，依据法定程序全部活动。诉讼是解决旅游纠纷的最终办法。旅游中涉及的诉讼主要为民事诉讼和行政诉讼。

二、旅游诉讼的特点

随着旅游业的不断发展，旅游纠纷问题也逐渐凸现出来。在日常生活中，诸如飞机火车晚点、合同约定的旅游路线变更、参观景点减少、住旅店及娱乐时的人身财产安全难以保障、食品卫生不达标、购物中的强买强卖等问题和因此而引起的纷争不胜枚举。当这些纠纷求助于诉讼方式进行解决时，即表现出法律关系复杂化、诉讼主体多元化、诉讼内容广泛化等特征。

以涉讼主体为标准，由旅游纠纷而引起的诉讼有个人诉讼、合伙诉讼、群体诉讼、混合诉讼（公民和法人作一方诉讼主体）等形式。而由于旅游本身的特点，近年来旅游纠纷中呈现出群体诉讼[①]不断攀升的特点，但对这一类诉讼解决的效果却很难令人满意。究其原因，除了该类诉讼本身所具有的复杂性常常令当事人和司法裁判者均难以适从之外，当事人进行群体诉讼的成本过大也往往使这类诉讼半途而废。

---

① 群体诉讼是泛指各国为解决多数人纠纷的一种诉讼制度，如美国的集团诉讼、英国的代表诉讼，德国和法国的团体诉讼、日本和中国台湾的选定当事人制度，我国大陆的代表人诉讼等。现代社会工商业发达，公害、事故、商品瑕疵或其他本于同一原因事实而被害之事件，受害人有时可能多达千百人，设由其全体起诉，难免影响诉讼之迟缓，并增加诉讼费用，且此类损害多属小额，若由受害人个别起诉，亦有违诉讼经济之原则，受害人更有不知如何谋求救济，以致产生社会大众权益受损而无从补偿之弊，为保护这些"易腐权利"，被称为现代型诉讼的群体诉讼便应运而生了［王甲乙所著《民事诉讼法之研修》（讲义）第3页］。也即，在我国，"群体诉讼"是以"代表人诉讼"的形式和概念出现的。

在旅游群体诉讼中，一般而言，"群体"一方是作为原告的旅游者。而原告主体的设立大致有三种"群体"形成的情况：一是原告为多名旅游者，他们的旅游活动是采取团体包价的形式进行的。当这种旅游活动引发诉讼时，他们具有相同的事实和相同的利害关系，目前我们一般将其按共同诉讼合并审理。二是原告人数众多，则由当事人推举或者由人民法院指定诉讼代表人进行诉讼，诉讼代表人的诉讼行为对其所代表的其他当事人均有约束力。三是原告众多的旅游者是同一单位的职工，且是单位公费组织集体旅游或公费、自费结合组织集体旅游的，目前一般由单位充当原告进行一般诉讼。

就第二种情况，代表人诉讼（我国的群体诉讼模式）而言，在旅游纠纷中，旅游代理商的大量的侵权行为的受害者是为数众多的旅游者。因此从理论上推断，我国旅游纠纷中的群体诉讼的发生应当很多，但实际情况却并非如此。在仔细研究分析以后，我们发现，旅游中的大量未发生的"隐性"群体诉讼属于"小额多数"的现代纠纷。旅游者一般都是临时聚结而成的一个群体，人数众多，居住分散，因此按照目前我国的群体代表诉讼的立法模式达成协议起诉，推举代表人、登记等费用都十分庞大；而诉讼成败又往往处于未知状态，即使具有相对的确定性，可预期的诉讼收益又相对过小，因此旅游者往往放弃这种诉讼方式。总的来说，在旅游者提起群体诉讼的交易成本[①]中，无论是契约成本、信息成本，还是控制成本都太高，由此造成了群体诉讼方式在我国旅游纠纷中调控能力的低迷。

基于对这一局面的考虑，《旅游法》第九十四条专门旅游中共同争议的解决做出了规定：旅游者与旅游经营者发生纠纷，旅游者一方人数众多并有共同请求的，可以推选代表人参加协商、调解、仲裁、诉讼活动。该规定的出台为旅游中的群体诉讼的进行给出了明确的法律基础。

三、旅游诉讼的管辖

《旅游法》没有对旅游诉讼的管辖原则做出专门规定，可见，我国旅游诉讼的管辖遵循的还是民事诉讼管辖的基本原则，包括：①便于当事人进行诉讼原则；②便于法院行使审判权原则；③有利于案件公正审判原则；④兼顾各级法院的职能和工作负担的均衡原则；⑤确定性与灵活性相结合原则。

---

① 提起交易成本，人们自然会想到著名的"科斯定理"：若交易成本为零，无论权利如何界定，都可以通过市场交易达到资源的最优配置。这一论点派生出的结论是：由于现实世界交易成本不能为零，因而经济制度结构，包括不同形式的合约及其不同的法律制度的存在才具有必要。或更准确地说，不同的制度安排，正在于节约交易成本，并努力使其最小。制度结构的形成同市场价格机制的形成一样，都被认为是资源配置过程中的一个重要组成部分。交易成本是人类之间相互作用的代价，可分为三类：契约成本、信息成本、控制成本。

在选择管辖法院时，首先要选定案件管辖法院的级别，这就涉及级别管辖的概念。级别管辖是要划分上下级法院之间受理第一审民事案件的分工和权限。我国有基层人民法院、中级人民法院、高级人民法院和最高人民法院四级法院，都可以受理第一审民事案件，但受理案件的范围不同。基层人民法院（指县级、不设区的市级、市辖区的法院）管辖第一审民事案件，法律另有规定的除外。这就是说，一般民事案件都由基层法院管辖，或者说除了法律规定由中级人民法院、高级人民法院、最高人民法院管辖的第一审民事案件外，其余一切民事案件都由基层人民法院管辖。

中级人民法院管辖的第一审民事案件包括：第一，重大涉外案件（包括涉港、澳、台地区的案件）。所谓涉外案件，是指具有外国因素的民事案件，如原告或被告是外国人、涉及的财产在外国等。所谓重大涉外案件，是指争议标的额大、案情复杂，或者居住在国外的当事人人数众多或当事人分属多国国籍的涉外案件。第二，在本辖区有重大影响的案件。所谓在本辖区有重大影响的案件一般是指在政治上或经济上有重大影响的案件。在政治上有重大影响的案件，主要是指诉讼当事人或诉讼标的及标的物涉及的人或事在政治上有重大影响，如当事人是党、政、军界要员或人大代表等。在经济上有重大影响的案件，主要是指诉讼标的金额较大、争议的法律关系涉及国家经济政策的贯彻等类案件。第三，最高人民法院确定由中级人民法院管辖的案件。目前这类案件主要有海事和海商案件、专利纠纷案件、商标侵权案件。海事、海商案件只能由海事法院管辖（海事法院与普通中级人民法院同级），其他法院不能管辖；专利纠纷案件只能由省级政府所在地的中级人民法院及青岛、大连和各经济特区的中级人民法院管辖，其他法院没有管辖权。

高级人民法院管辖的案件是在本辖区内有重大影响的第一审民事案件。最高人民法院管辖在全国范围内有重大影响的案件及它认为应当由自己审理的案件。所谓在全国有重大影响的案件，是指在全国范围内案件性质比较严重、案情特别复杂、影响重大的案件，这类案件为数极少；所谓最高人民法院认为因当由本院审理的案件，是指只要最高人民法院认为某一案件应当由其审理，不论该案属于哪一级、哪一个法院管辖，它都有权将案件提上来自己审判，从而取得对案件的管辖权。这是法律赋予最高审判机关在管辖上的特殊权力。但应明确的是，由最高人民法院作为第一审管辖的民事案件实行一审终审，不能上诉。

在确定了级别管辖之后，纠纷当事人需要进一步确定具体管辖的法院，即根据地域管辖的规定选择具体法院受理案件。根据民事诉讼法的规定，因合同纠纷提起的诉讼，如果合同没有实际履行，当事人双方住所地又都不在合同约定的履行地的，应由被告住所地人民法院管辖。法律规定，因合同纠纷提起的诉讼，由被告住所地或者合同履行地人民法院管辖。合同的双方当事人可以在书面合同中协议选择被告住所地、合同履行地、合同签订地、原告住所地、标的物所在地人民法院管辖,但不得违反本法对级别管辖和专属管辖的规定。没有约定管辖,适合合同的一般管辖,即被告住所地或者合同履行地。

四、旅游诉讼的当事人

旅游纠纷引发的诉讼多为民事诉讼,旅游诉讼中的当事人是指在旅游诉讼中以自己的名义要求人民法院保护民事权利或者法律关系、受人民法院裁判约束的起诉方和被诉方。当事人有狭义当事人和广义当事人之分,狭义当事人仅包括原告和被告。从诉讼中直接对抗的当事人结构来讲,当事人也只包括原告和被告。当事人必须符合以下的特征:①以自己的名义进行诉讼;②与案件有法律上的利害关系,即争议的民事权益属于自己的或受其管理支配的,没有这种关系参与诉讼的人,不是诉讼当事人;③受人民法院的裁判、调解书的拘束。当事人在不同的程序中有着不同的称呼。在第一审程序中,向人民法院起诉的一方当事人称为原告。应诉的一方当事人称为被告。在上诉程序中,则相应地被称为上诉人与被上诉人,其中既包括一审的原告和被告,也包括有独立请求权的第三人和被人民法院判决承担民事责任的无独立请求权的第三人。在审判监督程序中,若适用第一审程序审理,分别称为原审原告、原审被告、原审第三人;若适用第二审程序审理,则分别称为原审上诉人、原审被上诉人、原审第三人;在执行程序中,则称为申请人和被申请人(或申请执行人和被执行人)。

旅游诉讼中,当事人的权利和义务如下。

当事人的诉讼权利包括:《中华人民共和国民事诉讼法》规定了双方当事人享有充分而又广泛的诉讼权利,而且在行使诉讼权利中处于平等的地位。当事人的主要诉讼权利是:双方当事人都有使用本民族的语言文字进行诉讼的权利;在诉讼中,原告有起诉的权利,并且有放弃、变更诉讼请求和诉讼理由的权利;被告对原告的诉讼请求和理由,有全部承认、部分承认、进行反驳和反诉的权利;双方当事人都有委托代理人进行诉讼的权利;双方当事人都有用口头或书面的方式申请审判人员、书记员、翻译员、鉴定人员回避的权利;双方当事人都有提出各种证据,通过摆事实、讲道理、开展辩论,阐明有利于自己的事实和理由的权利;双方当事人都有请求传唤证人、进行鉴定和勘验的权利;经过法庭许可,双方当事人都有向证人、鉴定人、勘验人发问的权利;经人民法院许可,双方当事人都有请求重新进行鉴定、调查或者勘验的权利;双方当事人都有申请用调解的方式解决纠纷的权利;双方当事人都有用自行和解的方式解决纠纷的权利;当事人的一方或双方,如果认为法庭笔录对自己的陈述记载确有遗漏或者差错时,都有申请补正的权利;双方当事人都有申请诉讼财产和证据保全的权利;法庭辩论终结时,按照先后顺序,双方当事人都有提出最后意见的权利；经人民法院准许，双方当事人都有查阅本案庭审材料的权利；除涉及国家机密和个人隐私的材料外，双方当事人都有请求自费复制本案的庭审材料和法律文书的权利；双方当事人都有对未发生法律效力的判决、裁定提起上诉的权利；裁判发生效力后，享有权利胜诉的一方当事人，都有申请强制执行的权利；双方当事人对已生效的判决、裁定或调解协议如果认为确有错误，都有提出申诉或申请再审的权利。

当事人的诉讼义务包括：双方当事人必须严格依照国家的法律规定行使诉讼权利，而不允许滥用法律赋予的权利，无理缠讼；双方当事人必须客观真实地陈述案情，说明真相，而不允许歪曲事物的本来面目，捏造事实，伪造证据；双方当事人对已生效的判决、裁定或调解书，都应当自觉履行；双方当事人都要严格遵守诉讼秩序，服从人民法院的统一指挥，尊重对方当事人和其他诉讼参与人的诉讼权利，以保证法律的统一实施。

【思考题】

1. 甲乘坐乙的旅游运营车辆，乙的车辆与丙的农用车相撞，造成甲受伤，事故经交警部门认定，乙、丙负同等责任。乙有赔偿能力，丙赔偿能力有限。甲选择侵权之诉还是违约之诉能更好地维护自己的合法权益？
2. 发生旅游纠纷之后，旅游者可以选择以什么方式解决其与旅游经营者之间的纠纷？
3. 旅游诉讼的特点是什么？
4. 解决旅游纠纷时，适用仲裁方式与适用诉讼方式的区别是什么？

后 记

本书是《中华人民共和国旅游法》(以下称《旅游法》)颁布之后,我国第一部根据《旅游法》体系结构和内在逻辑精心编写的一本具有一定权威性的旅游法教材。其主要特点可概括为如下几点:

首先,体系结构新。本教程按照我国《旅游法》的内在逻辑体系安排章节,建构本书的叙述体系。全书的体系结构内在地反映了我国《旅游法》的体系结构,这是我国旅游法学者迄今关于旅游法学体系的最新构想。

其次,观点新。本教材的内容反映了我国旅游法立法的最新成果,把我国旅游法中的多项制度创新,以简明扼要的语言和条理清晰的归纳做了系统阐述。既表现了作者对我国旅游法律规范的深刻理解和独到见解,也表现了作者深厚的旅游法学术功底和丰富的旅游法教学实践经验。我们相信,教程中的许多观点对学习和研究我国旅游法的读者会有重要的参考价值。例如,第一章"旅游法概论"阐述了我国旅游法的立法原则和立法宗旨;第二章专门阐述了"旅游者权益保护法律制度";第三章阐述了"旅游促进法律制度";第四章阐述了"旅游规划法律制度";第七章阐述了"旅游安全法律制度";第十一章阐述了"旅游新业态法律制度";第十三章阐述了"旅游合同法律制度"——这些章节和内容,都是我国以前出版的旅游法教材中所没有的新内容。而且,这些章节严格地根据《旅游法》的相关法律规范编写,加上作者的研究和体会,具有一定的权威性。其中有些章节的内容和概括,如旅游者权益保护制度、旅游促进制度和旅游合同制度等,甚至超出了现有旅游法规范的字面内容,从法理上进一步做出了新的探讨。这对我国旅游法学的进一步发展无疑具有重要的推动作用。从这个意义上说,本教程的内容具有一定创新。

再次,作者队伍阵容强大,具有一定的权威性。例如,杨富斌教授、侯作前教授、王玉松教授、王天星副教授、申海恩副教授、王惠静副教授等,从 2009 年 12 月至 2013 年 4 月,作为国家旅游局特邀专家,为国家旅游局配合全国人大起草《旅游法》提供了专业支持,为我国旅游法制建设做出了积极贡献,受到国家旅游局的表彰。王天星副教授和申海恩副教授还被借调到国家旅游局政策法规司挂职两年,专门从事旅游法立法理论研究和其他相关工作。其他作者,如汪传才教授、戴秀丽教授、魏振铭副教授、汤静教授、郑晶副教授、史广峰副教授、韩阳副教授等,也都是多年从事旅游法教学和研究的法学专家。其中有些作者，还参加了《中华人民共和国旅游法释义》（以下称《旅游法释义》）的撰写工作，对旅游法相关条文的含义十分熟悉。相信他们撰写的有关章节，能为读者提供可靠的旅游法知识。

最后，尚需说明的是：第一，由于本书是根据我国旅游法体系编写的第一部旅游法教程，无论在体系结构的设计上，还是在对我国旅游法有关内容的理解和解释上，随着时间的推移和旅游法的适用，难免会存在这样或那样的误读和解释，敬请读者在使用过程中，给我们提出宝贵的意见和建议，以便在将来修订时予以纠正。第二，每一章的初稿为作者所写，主编根据全书的需要，参考《旅游法释义》有关内容做了部分修改和补充。如果这些修改和补充中出现观点错误，由主编杨富斌教授负责。其中的观点创新，归各位作者。同时，由于本教程参考和引用了《旅游法释义》的相关观点和内容，在此对《旅游法释义》作者表示感谢。

各章作者如下：第一章旅游法概论，由杨富斌撰写。第二章旅游者权益保护法律制度，由王惠静撰写。第三章旅游促进法律制度，由王天星撰写。第四章旅游规划法律制度，由戴秀丽撰写。第五章旅行社法律制度，由郑晶撰写。第六章导游人员法律制度，由侯作前、傅林放撰写。第七章旅游安全法律制度，由杨帅撰写。第八章涉外旅游监管法律制度，由汤静撰写。第九章旅游饭店法律制度，由史广峰撰写。第十章旅游景区法律制度，由汪专才撰写。第十一章旅游新业态法律制度，由王玉松撰写。第十二章旅游经营法律制度，由魏振铭撰写。第十三章旅游合同法律制度，由申海恩撰写。第十四章旅游纠纷解决法律制度，由韩阳撰写。

北京市旅游法研究会会长
北京第二外国语学院法政学院院长
旅游法律与产业规制研究中心主任　杨富斌
2013年6月18日记于望京花园

再版后记

《旅游法》自 2013 年 10 月 1 日实施以来，国务院法制办依据《旅游法》修订了《旅行社条例》等相关行政法规，国家旅游局出台了《导游管理办法》等一系列行政规章，并与国家工商行政管理总局联合印发了 2014 版《团队境内旅游合同（示范文本）》《团队出境旅游合同（示范文本）》《大陆居民赴台湾地区旅游合同（示范文本）》和《境内旅游组团社与地接社合同（示范文本）》等。国家旅游局还先后发布了《国家旅游局关于执行〈旅游法〉有关规定的通知》《国家旅游局关于严格执行旅游法第三十五条有关规定的通知》《国家旅游局关于放宽旅行社设立服务网点政策有关事项的通知》《国家旅游局关于打击旅游活动中欺骗、强制购物行为的意见》和《国家旅游局关于打击组织"不合理低价游"的意见》等规范性文件。因此，在本教程使用了四年多后，我们对之进行了修订，以便把这些新的行政法规、部门规章和规范性文件中的基本观点补充到教材之中。

本修订版除第六章由傅林放博士独自修订以外，其他各章均由原作者修订。主编杨富斌教授对全部修订稿进行了通读和校改，并对相关概念和观点做了统一表述，对章节前面的导言做了统一修改，以使全书的表述方式保持一致。

同时，为了与本修订版教程相配套，我们还编写了《旅游法判例解析教程》，选取了 2013 年 10 月 1 日以后我国各级地方人民法院依据《旅游法》和其他相关法律法规判决的 30 个典型判例，由中国旅游出版社于 2017 年 11 月出版。读者在阅读本教程的同时，可对照阅读《旅游法判例解析教程》中的相关真实判例，以增加对相关法学观点和理论的理解。

杨富斌

2018 年 1 月 27 日于望京花园

项目策划：段向民
责任编辑：段向民
责任印制：谢　雨
封面设计：何　杰

图书在版编目（CIP）数据

旅游法教程 / 杨富斌主编. -- 2版. -- 北京：中国旅游出版社，2018.6

21世纪高等学校旅游管理专业本科教材

ISBN 978-7-5032-6033-9

Ⅰ.①旅… Ⅱ.①杨… Ⅲ.①旅游业－法规－中国－高等学校－教材 Ⅳ.① D922.296

中国版本图书馆CIP数据核字（2018）第113978号

书　　名：	旅游法教程（第二版）
作　　者：	杨富斌主编
出版发行：	中国旅游出版社
	（北京建国门内大街甲9号　邮编：100005）
	http://www.cttp.net.cn　E-mail:cttp@cnta.gov.cn
	营销中心电话：010-85166503
排　　版：	北京旅教文化传播有限公司
经　　销：	全国各地新华书店
印　　刷：	三河市君旺印务有限公司
版　　次：	2018年6月第2版　2018年6月第1次印刷
开　　本：	720毫米×970毫米　1/16
印　　张：	15.5
字　　数：	319千字
定　　价：	36.80元
ISBN	978-7-5032-6033-9

版权所有　翻印必究
如发现质量问题，请直接与营销中心联系调换